国家哲学社会科学规划办研究项目

技术扩散的溢出效应与区域经济发展研究（09BJL061）

The Spillover Effect of Technology and
Regional Economic Development

技术溢出效应与
区域经济发展

熊义杰 ○ 著

科学出版社

北　京

图书在版编目（CIP）数据

技术溢出效应与区域经济发展/熊义杰著 .—北京：科学出版社，
2016.7
　　ISBN 978-7-03-047650-0

　　Ⅰ . ①技…　Ⅱ . ①熊…　Ⅲ . ①技术转移 — 关系 — 区域
经济发展 — 研究 — 中国　Ⅳ . ① F127

中国版本图书馆 CIP 数据核字（2016）第 049078 号

责任编辑：石　卉　张翠霞 / 责任校对：王晓茜
责任印制：徐晓晨 / 封面设计：有道文化
编辑部电话：010-64035853
E-mail：houjun1in@mai1.sciencep.com

科 学 出 版 社 出版
北京东黄城根北街 16 号
邮政编码：100717
http://www.sciencep.com

北京建宏印刷有限公司 印刷
科学出版社发行　各地新华书店经销
*

2016 年 7 月第 一 版　开本：720×1000　1/16
2017 年 7 月第三次印刷　印张：17 3/4
字数：358 000
定价：95.00元
（如有印装质量问题，我社负责调换）

前　言

　　本书以国家哲学社会科学规划办 2009 年批准立项的研究项目"技术扩散的溢出效应与区域经济发展研究"（批准号：09BJL061）的课题报告为主体内容整理而成。

　　第一篇主要是课题的计划研究内容，包括三个部分。①从目前学术界关于技术溢出效应的不同理论入手，分析影响技术溢出产生的原因和结果，分别从宏观和微观两个空间尺度分析技术溢出的方式、影响因子和扩散效果等方面，探讨技术溢出的主要因子。该内容主要体现在本书第一篇的第 3 章和第 4 章。②对基于技术扩散的技术溢出效应进行分析，构建技术溢出效应测度的计量分析模型，进一步分析技术溢出与区域经济增长的机制，从而确定技术溢出与区域经济增长的关系模型，并对模型进行检验。该内容在研究中共形成示图 32 个，数据表 16 个，建立经济计量模型 38 个，主要体现在第一篇的第 5 章和第 6 章中。③提出我国中西部欠发达地区利用技术溢出效应的对策与建议。该内容主要体现在第一篇的第 6 章和第 7 章。第二篇和第三篇主要是在课题结项后的后续研究中形成的。开展后续研究的主要目的是为了弥补课题计划的不足，同时对相关的问题进行进一步的深入研究。

　　这里需要特别说明的一个问题是，本书中的三个篇章都是在相对独立的情况下进行的，其中所使用的概念和方法在不同的板块之间可能会不完全一致。尤其是在每个篇章的研究动态及相关理论部分，甚至可能会有少量的交叉和重复，这在对每个篇章的研究相对独立的情况下是难免的。在本书出版的过程中，笔者尽可能地对这些部分进行了统一处理，删除了一些重复的内容，对使用的概念也进行了认真的订正，但因为研究的对象、内容和要求不同，完全一致是不可能的，实际上也没有必要。对于后面的两个篇章，读者完全可以当做本研究成果的两个相关的辅助材料来阅读。在对这两个篇章的进一步研究中，笔者指导的西安理工大学 2011 届区域经济学方向硕士生马喜林、郭梅两位同学做出了多方面的突出贡献，在此表示感谢。

另一个特别说明的问题是研究方法问题。本书中的三个篇章在对技术溢出进行分析时使用的实证分析方法并不完全相同。这是容易理解的，因为按照辩证唯物主义的观点，具体问题必须具体分析，由于三个篇章分析的问题性质完全不同，因此不可能使用完全划一的方法。虽然三个篇章在对技术溢出效应分析时使用的都是经济计量学中的多元线性回归分析方法，然而反映溢出效应使用的参数和变量却完全不同。

在第一篇中，不管是对陕西省的分析还是对全国的分析抑或是对东、中、西三大区域的分析，分析的都只是同一区域内的技术溢出现象，因此在进行多元线性回归分析时我们采用了先使用索洛余值法计算技术水平，然后以不同时期或不同省份的技术水平为因变量，以影响技术水平变化的全要素生产率即资本产出率和劳动生产率、第三产业从业人员比重、每万人劳动力中从事研发活动的人员比重、FDI 占全部投资总额的比重，以及研发经费占国民生产总值比重等相关因素为解释变量，以模型中的常参数反映溢出效应，把技术水平分解为受系统因素影响的部分和溢出部分。如果常参数统计检验显著就有溢出，不显著就没有溢出。

第二篇的实证分析目的是要分析不同梯度地区间的技术溢出。因此在多元线性回归分析中我们使用了各地区不同时期的研发活动产出，即人均专利申请量作为因变量，而以相关的影响因素（如研发经费占 GDP 的比重，人均 GDP，进口商品总额的 GDP 占比，第二、第三产业从业人数比等）为解释变量。因为估计的参数反映弹性系数，所以回归时需要取每个变量的对数值进行分析。为了分析某个地区对本地区的技术溢出，则在本地区的模型中加入某地区技术研发活动产出的一阶滞后变量。如果加入的变量参数估计值统计检验显著，就有溢出，否则便没有溢出。

在第三篇的实证分析中，我们把不同产业间的技术溢出区分为产品内涵型技术溢出和资本内涵型技术溢出。在分析产品内涵型技术溢出时，我们选择了柯布-道格拉斯函数的对数形式作为基本模型，即以该产业历年的总产值的对数为因变量，以该产业历年的资本投入和从业人员数的对数为解释变量。在分析某个产业对本产业的技术溢出时则在本产业的模型中加入某产业的新产品产值的对数。为全面分析其他产业对该产业的影响，对每个产业的新产品产值都分为当期变量和滞后变量两种情况进行分析。在分析资本内涵型技术溢出时，则在本产业的模型中只加入某产业历年资本投入量的滞后变量的对数值。同样，如果加入的变量参数估计值统计检验显著，就有溢出，否则便没有溢出。

参加本课题研究的主要成员包括：熊义杰（西安理工大学区域经济学科首席教授，管理学博士，课题主持人）、刘景东（西安理工大学经济与管理学院2010级博士生）、崔影慧（西安理工大学经济与管理学院副教授，经济学硕士）、王文莉（西安理工大学经济与管理学院教授，管理学博士）、刘泽双（西安理工大学经济与管理学院教授，管理学博士）、任静（西安财经学院副教授，管理学博士）、关娜（西安工业大学北方信息工程学院讲师，经济学硕士）。课题组的每一位成员都对课题的完成做出了积极而富有成果的贡献，在此，笔者对课题组全体成员的鼎力合作表示衷心感谢。

课题报告形成后，课题组的崔影慧副教授、王文莉教授、刘泽双教授都反复认真地进行了阅读，并多次提出宝贵意见。在课题组主要成员反复通读报告的基础上，课题组还专门召开了小规模的课题研讨会，就报告中提出的问题反复进行研讨。当然，课题报告的顺利完成，首先得益于初期深入扎实的课题调查。因此，在这里首先我们要感谢在对环渤海经济区调查的过程中，燕山大学管理学院陈业华教授和黄元美老师，以及承德市双桥区办公室主任曹洪伟先生所给予的多方面帮助，同时，也要感谢在对珠江三角洲经济区调查的过程中，珠海市农业银行的谢百雪先生给予的大力协助，还要感谢珠海市统计局等有关方面所提供的方便。

对于经济问题的研究，方法是第一位的。方法不同分析的结论可能会完全不同。没有科学的方法，要得出科学有用的结论是根本不可能的。比如，日心说的提出，就是得益于观测手段的突破。在本书三个篇章所使用的实证分析方法中，第一篇中使用的方法在学术界尚属首次使用，后面两个篇章使用的方法其思路虽有学者做过，然而变量及参数的使用也是独树一帜的。由于认识水平的限制，缺点或考虑不周在所难免，所以竭诚欢迎各位同仁批评指正。

笔者的邮箱地址为 xiongyj@xaut.edu.cn 和 xiong-yijie@163.com，QQ 为1125853607。

熊义杰

2015 年 12 月于西安

目　录

「第二篇」技术梯度转移中的溢出效应

「第三篇」产业集群的技术溢出效应

第一篇
技术溢出与区域经济

　　本篇首先从技术扩散溢出效应研究的动态入手，梳理技术溢出效应的研究现状和区域经济增长的相关理论，并运用规范分析的方法，分析技术扩散溢出效应的概念、分类、特点和表现形式，确定本篇中使用的技术溢出概念，提出并讨论技术溢出效应的三种表现形式，即资本形式的、人员形式的和文化形式的。规范技术溢出效应的概念，提出技术溢出效应的三种形式是本书的一个创新。然后，分析技术扩散的溢出效应、企业集聚、产业集聚及其与区域经济增长的相互联系和相互促进机制。分析表明，任何一国（或地区）的经济增长与技术水平增长均线性相关；不同形式的技术溢出具有不同的路径；经济要素的聚集是技术溢出的根本原因；同时技术扩散溢出效应必然会推动企业集群的形成；在技术溢出与区域经济发展的各种模式中，区域生产率的提高是区域经济增长的关键要素。

　　其次，本篇运用现代经济计量学方法，实证讨论了溢出效应的影响因素及其分离和溢出效应在我国不同地区的表现。技术水平通常可以分解为两部分，即受系统因素影响的部分和非系统因素影响的溢出部分；用技术水平作因变量对相关因素进行回归得到的多元线性回归方程模型中的常参数可用来表示技术溢出的大小。这一研究方法的提出和运用，是本书的又一重要创新。对陕西省的实证分析表明，在陕西省 1978~2009 年技术水平的演化中，主体的部分是技术溢出部分，受系统变量影响的部分不大。其平均的技术水平为 75.4，而溢出部分则达到 69.3。就全员劳动生产率与资本产出率两个必要生产因素而言，全员劳动生产率影响微弱，而资本产出率每增加一个单位则可使技术水平提高 1.349 个单位。这与陕西省社会经济发展所处的初级阶段特点是相一致的。对全国 31 个省（自治区、直辖市）[①]的实证分析表明，导致我国不同地区技术溢出效应差异的根本原因是我国经济技术发展水平的不均衡。从 2009 年我国技术水平的排名情况可知，国内不同区域经济技术发展的不均衡现象十分明显。其中，中部地区技术经济的发展完全不同于东、西部地区，其技术水平的提高更多地受到非系统因素即技术溢出的影响。运用不同于一般的实证研究方法，对陕西省 1978~2009 年的技术溢出和全国 31 个省（自治区、直辖市）分东、中、西不同区域的技术溢出进行研究，是本书的另一独到之处。

_____

① 如无特别说明，本篇数据不含港澳台

第1章 导 论

1.1 问题的提出

改革开放以来，我国的区域经济得到了异乎寻常的迅速发展。以陕西省为例，截至 2009 年，陕西省借着西部大开发的机遇，着力培育优势产业，积极发展地方经济，全省 GDP 增速连续 8 年保持两位数增长，2009 年经济总量达到 8186.65 亿元，在全国 33 个省份① 中排名第 17 位，比上年前移 2 位，增长速度 13.6%，全国排名第 6 位，人均 GDP 从 1978 年的 278 元增加到 2009 年的 21 732 元，净增 77 倍还多。

而东部沿海地区的发展更加显著。以浙江省为例，借着改革的东风，浙江省的发展十分迅速。1978 年全省 GDP 总值仅 124 亿元，居全国第 12 位；人均 GDP 331 元，居全国第 16 位。而到 2009 年，GDP 总值达 22 832 亿元，是陕西省经济总量的近 3 倍。人均 GDP 由 1978 年的 331 元增加到 2009 年的 44 335 元，是陕西省人均 GDP 的 2 倍还多，位列上海、北京、天津 3 个老牌直辖市之后，居全国第 4 位。特别是 32 年来的年均增长率达到了 13.1%，比同期全国平均年增长率高 3.3 个百分点，成为全国范围内经济增长最快、最有活力的地区之一。

我国的区域经济为什么会得到如此迅猛的发展？其中一个重要的原因是，在改革开放的过程中，技术引进发挥了重要作用。首先，从我国利用外资合同投资项目的数量上看，从 1985 年到 2008 年，合同项目数从 3073 个增加到 27 514 个，净增近 8 倍；实际利用外资额更是大幅度增加，从 1985 年的

① 台湾省数据未统计

19.6 亿美元增加到 2008 年的 923.95 亿美元，增加了 46 倍多。其次，我国在改革开放之初，由于国内技术十分落后，即使引进技术含量一般的技术都可能是填补国内空白的项目，而随着我国技术实力的不断提升，技术引进中我们越来越注重企业的消化吸收和再创新，技术引进的质量也在不断加强。根据《中国科技统计年鉴 2009》的数据，专利与专有技术许可和转让支出的合同金额比例由 1991 年的 13.82% 增长到 2008 年的 54% 以上，成为最主要的技术引进方式；成套与关键设备支出比例由 1991 年的 84% 左右逐渐下降到 2008 年的 8%；技术咨询与技术服务支出比例由 1991 年的 0.5% 增长到 2008 年的 29%。

技术进步对于区域经济发展的作用主要包括两个方面，一个是技术进步对于区域经济的直接作用，即通过使用技术获得技术效益，如直接使用新材料、新设备和新工艺等。这方面的作用是毋庸置疑的，在学术理论界没有异议。另一个是技术扩散中的溢出效应。

何谓技术扩散的溢出效应？技术扩散的溢出效应实际上是指这样一种现象，即技术在扩散的过程中客观存在的一种"示范—学习—促进发展"的现象。在这里，发挥示范作用的技术，通常都是大规模的成熟技术。而学习，则通常是指具有群体性、自发性和免费性特点的一种学习活动，即这种学习首先不是少数人或个别人的学习活动，它是一群人自觉不自觉的学习活动，无需付费，学了就会产生一种效果，而且是不同于过去的一种显著效果，即促进发展和进步。需要特别强调的是，这种促进发展和进步的作用，即使技术受益方并不否认，通常示范方也无法从中获得收益或报酬。也正是因为如此，不少学者常常将这种"促进发展和进步"的作用称作技术扩散过程中的"外部性"。当然，促进发展和进步的作用可能是多方面的，本书所要考察的主要是这种溢出效应对区域经济发展的作用。

就已有的研究来看，技术扩散的溢出效应问题自从 20 世纪 90 年代中后期在我国学术界提出以来，关于外国直接投资（FDI）技术溢出问题的研究已经比较普遍。在学术理论界，我国对于 FDI 的溢出效应的研究从 1998 年开始受到了学术界的重视，不少学者的研究证明了技术扩散过程中这种溢出效应的客观存在。例如，沈坤荣和胡凡（1999）使用 1996 年 29 个省份的外商直接投资总量与各省份的全要素生产率资料，进行横截面的相关分析表明，FDI 占 GDP 的比重每增加一个单位，全要素生产率就可以提高 0.37 个单位。关于这种溢出效应的实证研究详见本书第 2 章的表 2-2 和表 2-3。

　　然而，也有不少学者的研究表明，这种溢出效应或者不存在，或者表现并不明显。例如，秦晓钟（1998）利用1995年工业普查数据，对采掘业、电力煤气等39个行业进行了检验，肯定了FDI技术溢出效应明显的结论。但同时，他按照外资企业的技术水平和销售收入进行分组检验，之后指出了三方面的事实：第一，外资独资企业技术水平的高低，对溢出效应的产生没有显著影响；第二，当外资企业的销售水平较高时，会阻碍溢出效应的发生；第三，当外资企业技术水平、销售水平相对都比较高时，不利于技术溢出效应的产生。在本书第2章的表2-2和表2-3中，我们还可以看到其他一些相反的例证。

　　虽然大多数实证研究认为FDI对中国经济具有显著的技术溢出效应，但是我们不难发现，这些研究结果存在很多冲突的地方，对技术溢出效应的表现形式（省际、省内或行业内）和表现范围有许多截然相反的研究结果。这说明，国内学者对FDI技术溢出的理解和把握还不够准确，对技术溢出的表现形式、范围、制约因素等的认识还不够清楚，研究工作尚有待进一步深入。那么，技术扩散过程中的这种溢出效应究竟是一种客观存在的作用，还是一些学者的错觉呢？如果是一种客观存在，在区域经济的发展过程中我们又应如何利用这种溢出效应呢？毫无疑问，这就需要我们进行认真地研究和探索。

　　本篇的目的一是要把技术扩散的溢出效应放在一般的意义上进行研究，因为不论是国外引进技术还是国内发明技术，其在扩散的过程中，都必然地会产生溢出效应。正如我们在前文已经指出的，不管你是否承认，技术扩散的溢出效应都是一种客观存在的现象。二是要把技术扩散的溢出效应与区域经济发展联系起来。就已有的研究成果来看，大多数的实证研究成果都只是从特定地区的技术溢出角度进行研究的，并没有从区域经济发展的一般意义上进行探讨。因此，从一般的意义上把区域经济发展与技术扩散的溢出效应联系起来，探讨在区域经济的发展中如何充分有效地利用好技术扩散的溢出效应，就成为本篇研究的又一重要目的。

1.2　研究的方法和思路

　　毋庸讳言，关于技术扩散溢出效应的研究，是一项具有复杂性的研究项目。其复杂性主要表现在：第一，溢出效应虽然是一种客观存在的现象，但是这种现象的存在却并非所有的人都能意识到和看到。这种情况就决定了在这一问题的研究中实证研究方法的重要性。第二，在现实的经济世界中，关于溢出效应并没有实实在在的统计指标供我们观察和考证，这无疑就增加了研究的难度。因此，对于技术扩散溢出效应的研究应如何进行、怎样展开、如何取得经验数据、用什么方法进行分析，以及如何得出可靠结论就显得非常重要。

就已有的研究成果来看，在关于技术溢出效应的实证研究中，使用比较多的方法主要有以下四种。①单方程计量模型方法。这种方法依使用的因变量不同又分为：以产出 Y 为因变量的多元线性方程计量模型；以当地企业的劳动生产率为因变量的多元线性方程模型；借鉴 Feder 模型（把全部经济划分为外资和内资两个部门）的多元线性计量模型。②联立方程模型方法。③索洛余值法或全要素生产率方法，这种方法是先运用索洛余值法或全要素生产率方法测算技术水平，以此作为因变量，然后建立相关因素的多元模型。④其他方法，如问卷调查、案例分析，以及从东道国的吸收能力角度的研究等。

笔者认为，不管是什么方法，最重要的是用什么样的变量来表示技术的溢出效应。从这一点出发，本篇认为，在众多的研究方法中索洛余值法或全要素生产率方法具有更多的合理性成分。因为在相同的时空条件下，如果其他的所有因素相同，毫无疑问，技术水平越高技术的溢出效应也就越强，技术水平越低技术的溢出效应也就越弱。技术水平与技术溢出效应的这种正相关性，无论如何在理论上都应该是成立的。因此，索洛余值法或全要素生产率方法将成为本篇研究的主要方法。

本篇将首先从对已有的文献和成果的梳理入手，以寻求可供借鉴的相关理论。然后对技术扩散的溢出效应进行规范分析，包括溢出效应的概念、特点和形式等；在此基础上，将进一步对溢出效应促进区域经济发展的机制展开分析；最后进行实证研究。

1.3 研究意义

1.3.1 理论意义

首先，"区域经济发展"问题作为当今一个广泛而深刻的社会经济问题，已经引起了很多国家政府、企业家和经济学家的重视，成为经济学、发展经济学、区域经济学、区域科学及社会文化地理学、经济地理学的重要研究对象。大量的理论性和实证性成果的涌现，使得这方面的研究在方法论上取得了巨大进展，其对国家、地区社会经济进步的指导意义也越来越大。在知识经济时代，技术创新是产业发展、生产率增长及人们生活水平提高的基本推动力，是解决科技与经济脱节和推动企业进步的根本手段，是一个国家兴旺发达的决定因素，是区域经济快速协调发展的重要力量，科技进步对经济发展的贡献日益显著。国内外区域经济发展的实践都反复证明，技术扩散已经成为促进区域经济发展的关键，对于促进产业结构的合理化、高级化，提高科技投入的经济效益，有效地将技术渗透到各行业、部门或其他领域，从而改善地区、行业间的不均衡，促进区域经济发展都起着举足轻重的作用。所以，本篇的研究将推动技术溢出效应与区域经济发展理论研究的进一步深化。

其次，对于区域经济的发展的聚集要素的分析，多少年来一直是经济学家们研究的重要方面。最早的可以说是马歇尔和韦伯。马歇尔（Marshall，1890）是最早对经济集聚的机制进行经典系统分析的学者。他认为，决定经济集聚的关键性因素是外部性，它会产生类似于锁定效应或滚雪球效应的作用。德国经济学家韦伯在分析单个产业的区位分布时，首次使用了"集聚因素"的概念。虽然经济活动的集中是局域技术溢出的重要条件，但是，关于技术溢出和企业集聚之间的关系以及它们在区域经济增长中的作用的研究却并没有在同一个框架下进行。对于技术溢出与区域经济增长和企业集聚与区域经济增长这两个问题，在以往的研究中，通常被分开讨论，本篇则将建立这两个方面的联系，并放在同一个框架下进行分析，对技术溢出和企业集聚之间的关系的内生性质进行讨论，重点围绕经济增长问题研究中的技术要素由外生因素到内生因素的历史演进，从而说明技术溢出与区域经济发展之间的关系。

1.3.2 现实意义

首先，我国改革开放以来经济发展取得了举世瞩目的成就，资源配置的方式经历了由计划经济向市场经济的转变，由于地理形态的差异、自然资源空间分布不均匀，以及各个区域经济增长基础不同，我国区域经济增长呈现出非均衡性，区域经济格局发生了深刻变化。随着市场经济的发展，缩小区域差异，促进社会和谐发展已成为必然的趋势。同时随着改革开放的不断深入，区域间的竞争与合作导致彼此间产品、要素交流日益频繁，经济联系日益密切，区域间经济增长的相互依赖和相互作用也越来越重要。因此，研究技术的溢出效应对于促进区域经济协调发展、缩小区域差距无疑有着十分重要的现实意义。

其次，由于我国区域间经济发展的差距日益加大，本篇将从区域间经济联系的视角分析我国区域经济增长的溢出效应，理清各区域经济增长相互带动和相互影响的具体特征和溢出效应的强弱大小，利用发达地区技术的溢出效应来缩小区域经济差异，为制定相关的科技、区域发展政策提供理论支持和决策依据，因此具有重要的实践意义。

1.4 研究内容

本篇研究的主要内容包括如下几个方面。

第一，对技术扩散溢出效应的规范分析。本部分为理论分析部分，首先需要界定技术扩散和技术扩散的溢出效应的概念，分析技术扩散溢出效应的类别、特点，然后重点就技术扩散溢出效应的表现形式，即资本形式的技术溢出、人员形式的技术溢出和文化形式的技术溢出展开讨论。

第二，技术扩散溢出效应促进区域经济发展的机制分析。本部分是本篇研究的主体部分，首先分析区域经济发展过程中的技术要素和集聚要素，然后重点分析技术扩散的溢出效应促进区域经济发展的机制，提出技术扩散的溢出效应与区域经济发展的理论模型。

第三，技术扩散溢出效应的影响因素及其分离。技术扩散的溢出效应是客观存在的现象，然而如何将其客观地展示出来，或者说怎样将其从技术水平中分离出来是个十分重要的问题。这与技术扩散溢出效应的影响因素密切相关。然而它究竟受哪些因素影响，如何将其从技术水平的变化中客观地分离出来，则是我们必须确切弄清楚的重要问题。对这两个方面的问题进行分析，在这里方法是第一位的。

第四，技术扩散溢出效应在我国不同地区的表现。由于不同地区的条件不同，技术扩散的溢出效应在不同地区的表现也不同。然而，技术扩散的溢出效应在不同的地区将会是什么样的表现，这种差异主要受何种因素影响，弄清楚这些问题，无疑对于区域经济发展是十分重要的。对这些问题的研究将主要通过实证研究方法和经济计量学方法展开。

本篇研究内容的基本框架如图 1-1 所示。

```
                          ┌──────────┐
                          │   导论    │
                          └──────────┘
         ┌──────────────┬──────┴──────┬──────────────┐
   ┌──────────┐   ┌──────────┐   ┌──────────────┐
   │研究背景及意义│   │ 研究内容  │   │研究思路和方法 │
   └──────────┘   └──────────┘   └──────────────┘
                          ┌──────────────┐
                          │研究动态和理论综述│
                          └──────────────┘
         ┌──────────────┬──────┴──────┬──────────────┐
   ┌──────────┐   ┌──────────┐   ┌──────────┐
   │国外研究动态 │   │国内研究动态 │   │ 理论综述  │
   └──────────┘   └──────────┘   └──────────┘
                          ┌──────────┐
                          │ 理论分析  │
                          └──────────┘
```

| 技术扩散溢出效应的相关概念 | 技术扩散溢出效应的表现形式 | 集聚经济中技术要素分析 | 技术扩散的溢出效应与区域经济发展理论模型 |

```
                          ┌──────────────┐
                          │ 计量与实证分析 │
                          └──────────────┘
```

| 影响因素：陕西省情况 | 不同地区：全国总体 | 不同地区：三大地区 |

```
                          ┌──────────┐
                          │ 结论与展望 │
                          └──────────┘
```

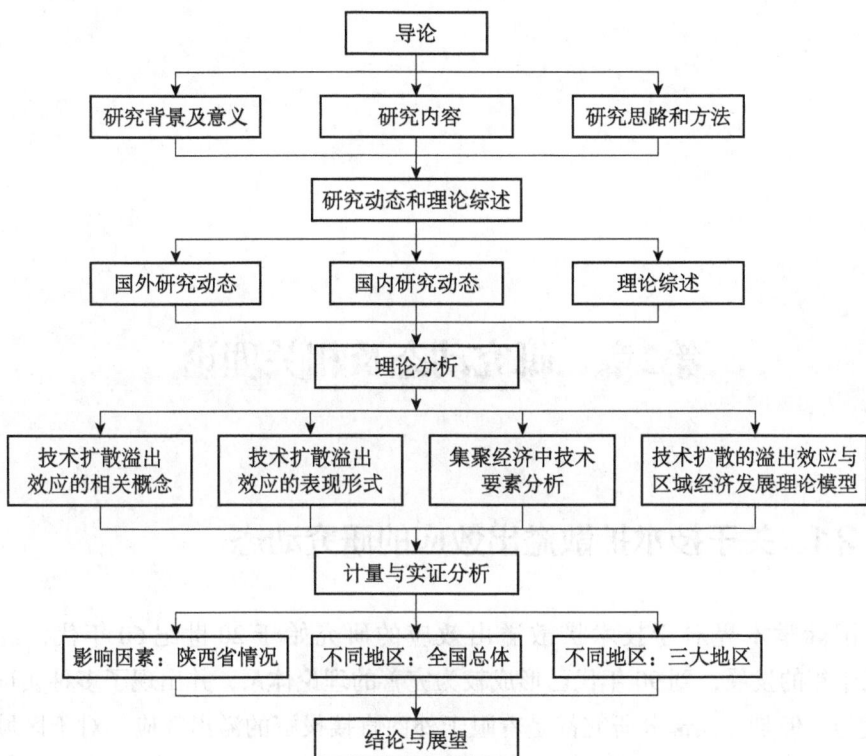

图1-1　本篇研究的基本框架

第2章 研究动态及相关理论

2.1 关于技术扩散溢出效应的研究动态

国际学术界对于技术扩散溢出效应的研究始于 20 世纪 60 年代，经过二三十年的发展，到 90 年代已形成较为完善的理论体系，并出现了多种实证测度模型。但是，大部分研究都是着眼于外商直接投资的溢出效应，对于区域间技术溢出效应的研究甚少。本章将从国内外关于技术扩散溢出效应的研究入手，对学术界已有的相关文献进行梳理。

2.1.1 国外学者关于技术扩散溢出效应的研究

1. 国外学者关于技术溢出效应的理论研究

在技术转移的过程中，跨国公司多采用对外直接投资的方式，这种技术转移方式往往会为东道国带来外部经济，即技术溢出。

国外学者对 FDI 技术溢出效应的理论研究最早可以追溯到 20 世纪 60 年代初。麦克多加（MacDougall，1960）在分析 FDI 的一般福利效应时，第一次把技术的溢出效应视为 FDI 的一个重要现象，从此引起了各国学者对这一问题的普遍关注。科登（Cooden）于 1960 年、卡维斯（Caves）于 1971 年分别考察了对最佳关税、产业模式和福利的影响，其中多次提及溢出效应。卡维斯于 1974 年根据技术扩散对当地厂商的不同影响，第一次比较全面地把溢出效应分为三类：①跨国公司的强行进入打破了东道国的垄断，使垄断扭曲受到遏制，优化了资源配置；②竞争或示范效应刺激了当地厂商提高技术；③由于竞争、反复模仿等其他原因，跨国公司的进入加快了技术转移和扩散的速度。

芬德莱（Findlay，1978）进一步考虑到了跨国公司子公司承认存在技术溢出的事实，但他并没有研究当地企业的行为对溢出的影响。他认为对于一定的外资数量，本地企业与跨国公司之间的技术差距越大，技术溢出效应就越强烈。此外他还分析了跨国公司和当地企业技术的相对增长速率的决定机制，以及各种参数发生变化会给当地企业技术进步带来的影响。

达斯（Das，1987）选用一个寡头垄断模型分析了在竞争状况下从母公司向子公司进行的技术转移。他得出结论认为，虽然存在技术的"泄漏"，但跨国公司还是从母公司向子公司的技术转移中获得了利益。所以，跨国公司还是应该引进更好的技术，这样对双方都是有利的。

科高（Kokko，1992）首次将模仿与竞争放在一起讨论，并在《外国直接投资、东道国特征和溢出》一书中系统描述了技术扩散溢出效应的产生机制。他认为技术溢出效应主要来源于两个方面：一是示范、模仿和传播；二是竞争。前者是技术信息差异的增函数，后者取决于跨国公司与东道国企业的市场特征及其相互影响。

更多的国外学者对 FDI 技术溢出问题研究的内容和代表人物见表 2-1。

表2-1　国外学者关于技术溢出效应的理论研究

序号	作者	发表年份	主要内容
1	卡维斯（Caves）	1974	第一次比较全面地把溢出效应分为三类
2	海默（Hymer）	1976	创建跨国公司专有知识和技能将有可能不通过市场行为转移到当地企业手中产生技术溢出效应
3	科伊朱米和科佩基（Koizumi and Kopecky）	1978	指出溢出水平与外资的份额正相关
4	芬德莱（Findlay）	1978	本地企业与跨国公司之间的技术差距越大，技术溢出效应将越强烈
5	达斯（Das）	1987	虽然存在技术的"泄漏"，跨国公司还是从母公司向子公司的技术转移中获得了利益
6	旺和布罗姆斯罗姆（Wang and Blomstrom）	1992	溢出促进了当地企业的技术进步，缩小了技术差距
7	科高（Kokko）	1992	技术溢出效应主要来源于两个方面：示范、模仿和传播，竞争
8	齐斯（Ziss）	1994	在博弈的条件下，利用两阶段寡头模型，得出技术溢出可以改善福利
9	科洛姆波和莫斯考尼（Colombo and Mosconi）	1995	"边干边学"使技术溢出效益递增发展
10	木下（Kinoshita）	2001	东道国的技术与引进的技术相匹配时，技术溢出明显
11	卡图里亚（Kathuria）	2001	研究了当地的学习能力及研发与技术溢出的关系

2. 20 世纪 90 年代以来涉及技术溢出的其他相关研究

其一，以溢出为前提的厂商理论。主要以科利巴诺夫（Klibanoff）、莫德克（Morduch）、里（Lee）、博伊索特（Boisot）、波亚戈（Poyago）和西奥托基（Theotoky）等为代表。

其二，博弈论中的溢出分析。主要以卡珀（Kapur）和齐斯（Ziss）等为代表。

其三，策略联盟中的溢出分析。主要以古格勒（Gugler）和邓宁（Dunning）等为代表。

其四，溢出效应和"边干边学"理论。主要以帕伦特（Parente）、科洛姆波（Colombo）和莫斯考尼（Mosconi）等为代表。

其五，组织技术的溢出分析。主要以麦肯德里克（Mckendrick）、巴思扎克彻（Buzzacchi）、科洛姆波和马里欧蒂（Mariotti）等为代表。

其六，以需求网络外部性为前提的理论分析，主要以塔克亚玛（Takeyama）、乔伊（Choi）、Bental&Spiegel（本托和斯皮格尔）为代表。

此外，还有一些其他方面的理论模型，比如史蒂文斯（Stevens）1994 年构建的不完全竞争下工作培训及其人力资本流动模型，考旺（Cowan）和福雷（Foray）1995 年构建的军事和民用研发双重技术溢出模型等。

3. 国外学者关于技术溢出效应的实证研究

关于 FDI 技术溢出效应为正还是为负的问题，国外学者做了大量的实证研究，包括对发达国家的研究和发展中国家的研究。关于技术溢出效应的存在问题已得到了学者们的普遍认同，但是技术扩散的溢出效应给东道国带来的影响如何，学者们对不同国家的不同时期进行的大量研究得出的结论却大相径庭。大多数学者们的研究都证实了技术扩散溢出效应促进了东道国的经济的发展，然而也有一些学者认为，FDI 的技术溢出效应并不明显，或者说至少不是在所有的行业里都是正效应，具体参见表 2-2 所列。

典型的如卡维斯于 1974 年选用加拿大和澳大利亚两个国家 1966 年制造业的行业截面数据进行分析，结果表明，加拿大当地企业的利润率及澳大利亚当地企业的劳动生产率都与行业内的外资数量成正相关。由此他得到结论，在加拿大和澳大利亚的制造业中均存在 FDI 的正技术溢出效应。Globerman（1979）采用加拿大制造业 1972 年的截面数据进行的实证研究，也得出了与卡维斯

（Caves）在 1974 年所做研究相似的结论。

表2-2　国外学者关于技术溢出效应的实证研究

序号	作者（发表年份）	研究的国别或地区	研究年份	研究数据范围	研究结果
1	Caves（1974）	加拿大和澳大利亚	1966	行业截面数据	正溢出
2	Blomstrom和Persson（1983）	墨西哥	1970	行业截面数据	正溢出
3	Kokko（1994，1996）	墨西哥、乌拉圭	1970	行业截面数据	正溢出
4	Cantwen（1989）	欧洲（针对美国企业）	1955～1975	产业	正溢出或负溢出
5	Driffield（2001）	英国	1989～1992	行业面板数据	正溢出
6	Girma 和 Wakelin（2001）	英国	1991～1996	企业面板数据	正溢出或负溢出
7	Barry等（2001）	爱尔兰	1990～1998	企业面板数据	负溢出
8	Barrios和Strobl（2001）	西班牙	1990～1994	企业面板数据	负溢出
9	Damijan等（2001）	捷克等8个经济转型国家	1994～1998	企业面板数据	正溢出或负溢出
10	Haddad和Harrison（1993）	摩洛哥	1985～1989	企业面板数据	负溢出
11	Aitken和Harrison（1999）	委内瑞拉	1976～1989	企业面板数据	负溢出
12	Kinoshita（2001）	捷克	1995～1998	企业面板数据	正溢出或负溢出

　　Kokko（1994）研究了当地技术条件对技术扩散的溢出效应的影响，他通过对墨西哥 1970 年行业截面数据的分析得出结论，认为在当地企业与跨国公司之间技术差距较小时，更有利于溢出效应的吸收。

　　Damijan 等于 2001 年对 8 个经济转型国家（保加利亚、捷克、爱沙尼亚、匈牙利、波兰、罗马尼亚、斯洛伐克和斯洛文尼亚）制造业 1994～1998 年的企业面板数据进行了考察，结果发现上述国家的制造业都不存在明显的溢出效应。在深入研究当地企业吸收能力以后，他们发现罗马尼亚存在正溢出效应，捷克和波兰却存在负溢出效应，而其他国家则不存在明显的溢出效应。

　　Girma 和 Wakelin（2001）选用英国制造业 1991～1996 年的企业面板数据研究发现，从总体上看没有证据表明有技术扩散溢出效应的发生，不过，在竞争程度较高的行业中则存在正溢出效应；同时，当地企业与跨国公司之间的技术差距越大则溢出效应越小。2001 年 Harris 和 Robinson 选用 1974～1995 年英国制造业的企业面板数据进行了分析，分别对三种情况中的溢出效应进行了检验，即行业中存在外资、地域内存在外资，以及产业上下游存在外资时的技术溢出效应。结果表明，行业内溢出效应、行业间溢出效应及集聚导致的溢出效应三种都不明显。

从上述有关研究的回顾中我们看到，在国外关于技术扩散的溢出效应的研究基本上可以说是莫衷一是。即使在相同的国家如英国，不同学者的研究也会得出截然相反的结论（表 2-2）。纵观这些研究不难发现，在所有获得正溢出效应结论的研究中，学者们大多数采用的是行业截面数据，而在获得负溢出效应或无溢出效应结论的研究中，则基本采用的是企业面板数据。很明显，研究方法的设计与数据的选用对检验结果具有很大的影响。这种情况表明，在这方面研究的空间还非常的广阔。

2.1.2 国内学者关于技术扩散溢出效应的研究

技术扩散的溢出效应自从被提出以来，在一些国家某些行业的存在已经在理论上获得了普遍的认同。自从我国改革开放引进外资以来，国内学者利用不同的统计方法、统计指标和数据，对外商直接投资的技术溢出效应做了大量的实证分析，所得出的计量结果却不尽相同。下面对我国学者近年来的实证研究成果进行分类综述，参见表 2-3。

表2-3　国内学者关于技术扩散溢出效应的研究动态

序号	作者（发表年份）	研究年份	研究数据范围	类别	研究结果
1	秦晓钟和胡志宝（1998）	1995	39个行业数据		正溢出
2	祖强和梁俊伟（2005）	2005	15个行业时间序列数据	行业数据	正溢出或负溢出
3	Liu（2002）	1993～1998	深圳特区29个制造业		正溢出
4	陈斌和袁怀中（2000）	—	江苏省工业部门		正溢出
5	刘贝和徐勇（2007）	—	广东省国有企业		正溢出
6	张盛林和吴海鹰（2005）	—	西部地区		没有溢出效应
7	沈坤荣和耿强（1999）	—	29个省、市面板数据	地区数据	正效应
8	何洁（2000）	—	29个省		正效应
9	潘文卿和李子奈（2008）	—	中国三大增长极		正效应
10	何洁和许罗丹（1999）	1985～1997	我国总的工业部门		正效应
11	吴林海和陈继海（2003）	1993～2001	全国样本		正效应
12	王海云和史本山（2007）		全国样本	总体数据	正效应
13	曹广喜（2009）	1993～2006	全国省际面板数据		正效应或不显著
14	姚洋（1998）	1995	14 670家企业样本		正效应
15	王志鹏和李子奈（2003）	2000	5 000家工业企业	企业数据	正效应

1. 使用行业数据的分析

研究外商投资的溢出效应，从行业的层面考察是一个常见的切入点。利用行业数据可以计量得出该行业内的外资企业对整个行业的溢出效应。

秦晓钟和胡志宝（1998）利用1995年全国第三次工业普查数据中全部39个行业的数据，通过对扩展的柯布-道格拉斯生产函数进行对数回归，发现FDI产生了正面溢出效应，并且这种技术外溢效应对内资企业工业总产出的贡献甚至超过了内资企业员工的贡献。

祖强和梁俊伟（2005）采用15个行业的90组时间序列数据，对各个行业的技术扩散的溢出效应进行了量化分析，发现FDI对于我国不同的行业技术溢出效应虽然为正，但不明显；制造业、建筑业吸收能力较强，故接受FDI的技术辐射效应比其他各个行业都要显著；采掘业、交通运输等行业的技术溢出指数呈中性；农业、社会服务等八个行业的技术溢出指数为负值。

2. 使用地区数据的分析

选定一个或多个地区，分析该地区内部的外资企业对当地的生产率是否存在促进作用，也是一种较为常见的研究方法。利用该方法一来可得到各地区外资企业技术溢出的具体数据，二来还能就所考察的不同地区进行比较分析，思考各地区技术溢出效应不同的原因及如何提高该地区的技术溢出效应。

陈斌和袁怀中（2000）对江苏省工业部门的相应数据进行了分析，证明存在正的外部效应，而且随着江苏省外资工业部门投资的增加，外资工业部门对内资工业部门的溢出效应也在增加。刘贝和徐勇（2007）采用广东省国有工业企业和外商投资工业企业的数据进行分析，结论表明，外商直接投资对广东省国有企业的技术进步具有明显的溢出正效应。张盛林和吴海鹰（2005）就FDI对西部地区经济增长的贡献进行了回归分析，发现西部地区FDI的外溢效应并未有效发挥。

潘文卿（2003）采用面板数据模型方法，对1995～2000年外商直接投资对中国工业部门技术扩散溢出效应进行分析，结果表明，我国工业部门引进外资在总体上对内资部门产出的增长有积极影响，外商投资的溢出效应为正但不明显。对中、东、西部的进一步研究发现，西部地区经济发展水平尚未跨过外资起积极作用的门槛，外资在该地区甚至产生了不太显著的负溢出效应；而东部地区内资工业部门技术水平的提升已使得外商投资的正向溢出效应变小；中部地区当前外资的正溢出效应相对较大。同时潘文卿和李子奈（2008）对我国三大增长极（长江三角洲、珠江三角洲及环渤海地区）对中国内陆地区经济的外溢性影响进行了研究，发现三大增长极对中国内陆地区的外溢效应只有10.9%，而且主要集中在对中部地区的外溢效应上，对东北地区、西北地区与西南地区的外溢效应则十分有限。

此外，沈坤荣和胡凡（1999）对南京市的研究、周研（2002）对浙江省的研究、吴德进（2003）对福建省的研究等都认为FDI在当地产生了显著的溢出效应。

3. 使用全国总体数据的分析

总体数据包括时间序列和截面数据，使用全国总体数据的分析即在全国的范围内计量历年外商投资企业的技术水平与我国内资企业产量间的关系。

何洁和许罗丹（1999）借鉴 Feder 在 1982 年的做法将整个工业经济划分为外资部门和内资部门，并且利用了 Moschos 于 1989 年提出的"经济发展门槛效应"，对我国 1985 ～ 1997 年工业部门的统计数据建立回归方程，结果表明，外商直接投资带来的技术水平每提高 1%，以产量增加表示的我国内资工业企业的技术溢出效应就会提高 2.3%。

4. 使用企业数据的分析

按外商企业的引资来源划分，外资可分为美资、日资和欧盟资本等。这些不同来源的资本，其技术的核心性、先进性和适用性都存在着较大差异，对我国企业的溢出效应必然会有所不同。这方面的研究以姚洋（1998）的研究为比较典型。

由以上我们不难看出，对于技术扩散的溢出效应的研究，经过众多学者的努力，已经涌现出了一批相关的成果，也构造了一些相关的模型，研究正在逐步地趋向于精细化。但是同样我们可以发现，该领域仍存在一些问题没有得到很好的解决，如对于一个创新能力相对薄弱的地区如何引进技术，以及引进什么样的技术来带动本地的区域经济发展，是否只要引进技术就一定能够促进地方经济发展，技术溢出效应如何测度等，这些问题仍然需要做进一步的研究和探讨。

2.2　区域经济增长的相关理论

早在 20 世纪 50 年代，发展经济学结构主义学派就从不同的角度分析了非均衡发展与经济增长的关系，认为不同区域之间的经济增长是相互影响和相互作用的，不同区域的均衡与非均衡发展是相对的、动态的。以此作为区域经济发展的理论，实际就隐含着先发地区对后发地区存在着辐射和带动作用。由此也就开创了区域经济理论关于聚集与扩散研究的先河。

2.2.1　增长极理论

经济增长极理论为法国学者佩鲁等于 20 世纪中期所创，曾是西方区域经济增长的重要理论。佩鲁起初强调的增长极是抽象的经济空间，这种经济空间是存在于经济元素之间的经济联系而非确定的地理空间或行政区域。他认为，增长并非同时出现在所有地方，它将以不同的强度首先出现于一些增长点或增长极上，然后通过不同的渠道向外扩散，并对整个经济产生不同的最终影响。增长极通过支配效应、乘数效应、极化效应与扩散效应而对区域经济发展产生作用。从支配效应看，佩鲁认为，一个单位对另一个单位施加的不可逆转或部分不可逆转的影响，就是支配效应。在现实的经济发展中，经济单位之间由于相互间不同程度的影响而产生一种不对称关系，一些经济单位处于支配地位，而另一些经济单位则处于被支配地位。增长极具有技术、经济方面的先进性，能够通过与周围地区的要素流动关系和商品供求关系对周围地区的经济活动产生支配作用。

从乘数效应看，这种作用主要是指增长极中的推进型产业与其他产业间的联系，有的是前向联系，有的是后向联系，有的是侧旁联系。从极化效应与扩散效应看，极化效应是指迅速增长的推进型产业吸引和拉动其他经济活动，不断趋向增长极的过程。扩散效应是指经济中心将通过一系列联动机制而不断向周围地区进行要素和经济活动输出，最终将对周围地区产生较大的促进作用。极化效应与扩散效应均随距离而衰减，极化效应和扩散效应的综合影响就是溢出效应。如果极化强于扩散，溢出效应为负值，这对周围落后地区不利；反之则为正值，这对周围落后地区有利。

2.2.2 循环累积因果论

缪尔达尔（Myrda1）于 1957 年提出的循环累积因果论是用扩散效应（spread effect）和回波效应（backwash effect）来解释区域性二元经济产生的原因及其解决的对策，并阐述了区域经济增长的相互作用机制及政府干预的必要性。他对新古典主义传统的静态均衡分析方法进行了批判，认为生产要素自由流动、市场机制自发调节可以使各地区经济得到均衡发展的观点并不符合发展中国家及地区发展的实际，市场自发作用的结果是区域经济发展的不平衡。他认为，在经济发展初期，各地区人均收入、工资水平和利润率都是大致相等的，且生产要素可以自由流动。这时，如果某些地区因外部因素比其他地区先发展起来，则前者具有逐渐累积起来的优势，这种优势将造成区域间经济发展差距逐渐扩大并长期存在，形成地区性二元结构。由于这种地区二元经济结构的存在，各地区之间要素和产品流动会阻碍某些落后地区的发展。这种因劳动力、资本、技术等要素收益率差异而发生的要素由落后地区向发达地区流动的现象称为回波效应。当发达地区发展到一定程度后，由于人口稠密、污染严重、资本过剩、交通拥挤、自然资源相对不足等原因，发达地区生产成本上升，外部经济效益逐渐变小，从而又会产生资本、技术、劳动力等向落后地区流动的扩散效应。为防止积累性因果循环造成的贫富差距无限扩大，不应消极地等待发达地区产生扩散效应来消除这种差别，政府有必要采取措施促进落后地区的发展。

2.2.3 区域经济增长传播理论

在经济发展过程中，往往会有一个或几个区域经济中心首先得到发展，增长点或增长极的出现必然意味着增长在不同区域间的不平衡是增长本身不可避免的伴生物和前提条件。增长点或增长极的增长动力来自核心企业家善于发挥聚集经济的优势和动态增长气氛。著名发展经济学家赫希曼（Hirschman）认为，经济增长的累积是必然的。在一部分国土上的经济增长显然会变为促进其他部分国土经济增长的动力。赫希曼将经济相对发达的区域称为"北方"，欠发达的区域称为"南方"。北方的经济增长对南方必然存在有利和不利两种影响，分别称为涓滴效应（trickling-down effects）和极化效应（polarization effects）。涓滴效应形成的原因，主要是北方对南方的购买力和投资的增加会刺激南方的经济增长；同时，北方可能吸收一部分南方的隐性失业者，使南方的边际劳动生产率和人均消费水平相对增加；特别是，北方先进的技术、管理、制度、观念会向南方渗透，对南方的经济和社会进步产生重要推动作用。极化效应的形成，则是由于北方有效率的生产者通过竞争会抑制南方的经济活动；另外，由于选择性移民，使得南方失去了关键的技术人员、企业家和有进取心的年轻人；同时，由于北方投资机会多、收益高，南方有限的资本也会流入北方。赫希曼与缪尔达尔不同，他认为涓滴效应最终会大于极化效应，北方的发展长期来看将带动南方的经济增长。北方集聚不经济的出现将导致工业从北方向南方扩散，而南方的落后会从国内市场需求方面限制北方的发展，最终也会损害整个国民经济的发展。因此，国家将干预经济发展，加强北方的涓滴效应，促进南方的经济发展，同时也有利于北方经济的持续发展。

2.2.4 新经济地理学派的区域经济增长思想

新经济地理学理论认为，导致经济集聚的最为本质的经济力量是收益递增，其核心思想是，即使两个地区的经济地理条件非常接近，也可能由于一些历史偶然因素导致经济活动开始在其中一个地方集聚，由于经济力量的收益递增作用，在地区间交易成本没有大到足以分割市场的条件下，就可能导致经济活动的集聚。经济活动的空间集聚主要通过货币外部性（pecuniary externality）和技术外部性（technology externality）来传导。

货币外部性是指生产者彼此之间通过市场所产生的外部性，即由市场机制带来的外部性。例如，某企业增加投资，扩大生产规模，使产品产量增加，带来该产品及相关产品价格的下降，消费者受益，同时以该产品或相关产品为原料的生产也因降低生产成本而受益。货币的外部性主要包括两个方面。首先，劳动力的跨地区流动可以带来集聚。克鲁格曼（Krugman，1991）假定制造业人口可以由工资低的地区向工资高的地区自由转移，从而证明了在不完全竞争和规模报酬递增的前提下，产业集聚来源于厂商和消费者之间的相互需求，而后者又是贸易成本和厂商的固定成本相互作用的结果。其次，产业内的垂直联系和分工有助于经济集聚。1996 年 Venables 认为，不依赖劳动力流动，上下游产业间的投入产出联系也会促成集聚，即通过前向联系和后向联系带来的投入品供给增加和需求扩大，也会使得某一地区吸引越来越多的厂商而形成集聚。这两种由经济上的交互活动通过市场价格调节机制而带来的好处都属于货币外部性。

与货币外部性相对应的是技术外部性。技术外部性是指纯粹由于技术上或其他方面的原因，而不是由于市场产生的外部性。比如，邻居家的花园为周围的住户提供了宜人的景色和良好的环境，企业生产中的废弃物给周围的环境带来了负面影响等，这种机制实际也就是通常所说的溢出效应。技术外部性强调企业从技术溢出效应中获益也是经济活动在空间上集聚的重要原因之一。 1997年，Baldwin 通过在模型中引入研究开发活动，认为通过要素的内生积累也可以促成集聚；1998年，Martin 和 Ottaviano 认为研发部门通过投入多样化而获得的收益与克鲁格曼模型中的劳动力流动扮演的角色相同，要素积累中的局部技术外溢会使集聚强化。

新经济地理学对区域经济集聚机制的解释表明，不论是货币外部性还是技术外部性都反映了不同区域之间经济增长的相互影响作用，是区际要素流动、产业联系和知识溢出推动了区域经济增长。新经济地理学用新的技术把已经为区域经济学家和发展经济学家所熟悉的循环因果机制进行了漂亮的形式化处理并用以解释经济集聚的形成机制，并且预测了区域长期增长的趋势，不论是内容上还是方法上，这都是对传统区域经济学理论的拓展，也为区域经济发展过程中后发区域利用先发区域的优势奠定了理论基础。

2.3 技术扩散中溢出效应的相关理论

2.3.1 关于FDI内生经济增长理论

内生经济增长理论是产生于 20 世纪 80 年代中期的一个西方宏观经济理论分支，其主要观点是，认为经济能够不依赖于外力推动实现持续增长，内生的技术进步是保证经济持续增长的决定因素，即它把技术看作经济系统的内生变量，强调研发、人力资本和外部性的作用。在他们看来，一个企业的技术和人力资本作为生产投入要素，不仅促进了本企业的发展，还对其他企业具有积极的技术溢出效应。随着全行业技术与人力资本积累的增加，技术溢出效应也不断增大，进而促进了经济的持续增长。阿罗（Arrow, 1962）将技术进步看作经济增长中的内在因素，解释了技术溢出对经济增长的作用，提出了"干中学"（1earning by doing）的理论。阿罗认为新投资具有溢出效应，溢出效应使社会的收益超过了个体的收益。因为即使投资于知识或研发会遇到收益递减问题，但在生产中使用知识却存在着收益递增。

Romer（1986）沿着阿罗的思路，将知识作为独立要素引入生产函数，建立了知识溢出模型。Romer 于 1990 年指出，研发不仅具有直接效应而且具有间接效应。研发的直接效应是指研发的成果为企业所带来的收益；研发的间接效应是指研发增加了知识存量，在没有获得任何补偿的情况下有可能被其他的企业所使用，即研发具有溢出效应。Romer 认为，知识是具有非竞争性和部分非排他性的准公共物品，由于知识具有部分非排他性，因而知识的溢出不可避免。

内生经济增长理论虽然没有直接涉及技术溢出效应问题，但是其"干中学"、知识溢出、人力资本投资等理论对于本篇的研究具有重要的借鉴意义。它使得我们对内生经济增长理论达成了这样的共识，由于（技术）知识具有外部性，政府应该为教育事业提供资助。

2.3.2 知识溢出理论

知识溢出理论研究知识在不同部门间的溢出机制与途径，并不区分内资部门与外资部门。然而，知识对不同部门的溢出与 FDI 对内资部门的技术溢出并无本质的区别。

自从 Marshall（1890）首次提出了产业集聚与知识溢出效应的观点后，Arrow（1962）和 Romer（1986）等许多学者也都认为产业在特定地区的集聚可以促进知识在同一产业内部不同企业间的扩散，从而促进了企业的创新活动。许多学者的研究都表明，产业空间集聚有利于知识溢出，行业间的知识溢出与行业内知识溢出的大小受行业技术特征的影响。然而知识溢出的空间范围到底有多大，却与知识的特征密切相关。

知识是由显性知识和隐性知识共同构成的。显性知识在溢出范围上不受地理边界限制。而隐性知识具有黏性，这种知识在传播、理解和吸收上较为困难，只能通过面对面交流及频繁的接触，因而隐性知识往往与特定的企业、特定的环境相联系，这导致了知识溢出具有较强的区域性。离开了特定的企业和特定的区域，隐性知识就失去了存在的基础，也就毫无意义了。因此，如果知识结构中隐性知识的比例很高，知识溢出就变得非常困难，其他企业吸收学习的效率就会大大降低。Fallah 和 Ibrahim（2004）认为隐性知识只能在个人层面上交流，而显性知识则可在个人、企业、行业乃至国家层面上交流。Kesidou（2004）认为由于高技术产业比传统部门涉及更多的隐性知识，因此其知识溢出的地方性特征更加显著。

知识溢出的途径有：①人员流动，技术人员通过正式及非正式的交流促进知识溢出；②产品流动，产品本身包含了大量的知识与信息，这些知识和信息可以被竞争者通过逆向工程等手段学习和掌握，另外产品本身所包含的知识与信息可以在上下游企业间传播；③知识公开，通过可编码知识如书籍、论文、专利等手段使知识向外溢出。人员流动是知识溢出，特别是隐性知识溢出的主要途径。

2.3.3 区位优势理论

区位优势理论源于区位理论（Location Theory）。区位优势理论认为，区位因素在跨国公司选择进行对外直接投资与否及在何处投资的决策中发挥重要作用：区位因素不仅影响 FDI 的投资方向，而且也影响 FDI 投资的行业结构和类型；区位因素不仅对跨国公司在全球范围内选址产生作用，而且对跨国公司在东道国内部的选址也会产生作用。

1977 年，邓宁认为区位优势是决定 FDI 在何处发生的关键因素，并认为区位因素主要包括：要素投入和市场的地理分布、生产要素成本和质量、运输成本与通信成本、基础设施、政府干预、金融状况、东道国市场特征、由于经济条件而形成的与他国的空间距离，以及由于历史、文化、偏好等形成的心理距离等。

东道国吸引 FDI 的区位优势条件，是跨国公司进行海外直接投资的重要动因。区位优势理论说明了东道国吸引 FDI 具有区域分布的特征，同时也暗示了 FDI 技术溢出效应必在一定的区域内发生，为学者从区域角度研究 FDI 的技术溢出效应提供了理论基础。

第3章 技术扩散溢出效应的规范分析

3.1 技术扩散及技术扩散溢出效应的概念

3.1.1 技术的概念

技术一词源于希腊文 technikos，原指个人的技能和技艺。英语中的技术是 technology，意为：①工艺的科研与应用科学（如工程技术）、工艺学、工程学；②（工业等方面的）技术应用。文艺复兴时期，技术被理解为经验和技能。随着产业革命的兴起，以及生产力的飞速发展，人们把技术的物质手段看成是技术的标志，认为技术是物质手段的总和。

在内生经济增长理论中，技术被视为知识，它主要有三个特征。第一，技术是非竞争性的，即其他厂商或个人使用技术的边际成本可以忽略不计。技术的这种非竞争性是说技术知识可以被其他人使用，而且并不增加技术使用者的成本。第二，新技术投资的回报同时具有私人产品和公共产品双重特征。即一方面技术发明者将获得暂时的技术垄断，技术的暂时垄断性将激励技术发明者不断地投资于创新活动；另一方面新技术发明也将增加其他厂商、个人的知识基础，他们也将从新技术发明中受益，这就是技术知识的外部性或外溢性。第三，技术变化或技术进步是私人主体将资源投向新产品或新工艺开发的结果。由于本篇主要讨论技术扩散的溢出效应与区域经济发展的关系，所以本篇中技术的含义包括了广义、狭义、宏观和微观各个层面所有技术的特征。

技术在某种程度上讲是知识的一种，而且是知识中层次较高的一部分，并且有的技术如管理心得、创新思维等是不能够通过实体方式传播的，它和知识一样，具有隐性的特点，不易编码整理，并且其认知往往又具有偶然性，故我们可以参照知识的分类把技术按其传播属性分为显性技术和隐性技术。不同的技术传播的距离往往差别很大，隐性技术的传播通常以邻近区域为主，其表现形式可以是人员形式的技术溢出或者是文化形式的技术溢出。人们在长期的实践中积累获得的技术知识，与个体的体验和经验紧密相关，往往不易用语言表达，也不易通过语言和文字等传播方式来学习，都属于隐性技术，如专门技术、实践经验、操作技能、思维观念、组织方式等。这类技术一般是含糊的，不易编码整理的，并且其认知往往具有偶然性，但它却是创新的重要源泉。显性知识的传播可以跨越千山万水，几乎不受地理因素的制约，其表现形式可以是人员形式的技术溢出或者是资本形式的技术溢出。通常以语言、书籍、文字、数据库、公式、图表、配方、中间品、资本品等为载体的技术，都属于显性技术。

还有一类技术知识是具有高度语境限制的、不确定的技术，通常称为黏性技术。黏性技术和隐性技术的最好的传播方式是面对面的交流和连续的、重复的接触与联系。这类技术的传播往往与个人、社会及环境密切相关，所以就产生了技术溢出明显的地域性，使得产业集聚在知识传播中具有特殊的意义。显性技术的扩散主要通过大众媒体，因此，通信革命使得显性技术跨空间传递的边际成本变成了恒定变量。但是，隐性技术和黏性技术的扩散必须通过面对面的交流，因此隐性技术和黏性技术传播的边际成本却是随距离递增的。由于隐性技术和黏性技术传播的最佳方式是面对面的交流，因此地理相邻特别有利于隐性技术和黏性技术的传播。总之，不同类型的技术其传播的距离因素差别很大，隐性技术和黏性技术的传播以邻近区域为主，显性技术的传播可以跨过千山万水，几乎不受地理因素的制约。也有些技术介于显性技术与隐性技术之间，如人力资本的溢出，其传播范围也介于显性技术与隐性技术之间，随着人才的流动或迁移，其波及范围可能是地方性的也可能是世界性的。

3.1.2 技术扩散的概念

人们对技术扩散的理解是一个逐步深入的过程，早期的学者 Smith 于 1980 年提出技术扩散就是技术从一个地方运动到另一个地方或从一个使用者手里传到另一个使用者手里，而 1981 年 Gee 提出技术扩散应是以期给新使用者带来预期经济效益的技术新应用。1988 年，Glinow 和 Teagarden 认为技扩散过程包括三个阶段：技术文件的传播；将文件转化为产品的专有技术的转移；设备、部件等硬件的转移。有效的技术扩散包括：基本组织体制、存货控制、生产计划和安排、会计控制、市场营销，特别是人力资源的管理技术。1986 年，Komoda 认为技术扩散应该是对理解和开发所引进技术的能力的一种转移。因此，技术扩散概念的界定必须与技术转移的过程紧密联系起来。判断技术扩散成功与否的标志是技术引进方在无外在帮助下，能完全独立地加以吸收、操纵和维修所引进的技术，并具有一定的改进、扩展和开发所引进技术的能力。

在研究技术扩散的文献当中，还经常见到"技术转移"这样一个概念。1987 年，陈文等指出，技术转移与技术扩散不同，前者是一种以技术应用为目的，有意识、有计划、有组织的活动，而后者则是指技术的自然传播，具有自发性。绝大多数学者都认为，技术扩散的概念与技术转移的概念既有联系又有区别。其联系表现在，二者都指技术通过一定的渠道在不同领域或地域之间发生的移动。其区别主要体现在：①技术转移主要是指一种有目的的主观经济行为，参与技术转移的双方都抱有明确的目的；而技术扩散既包括有意识的技术转移，又包括无意识的技术传播，但更强调后者。②技术转移的受方一般来说只有一个，且是明确的对象；而技术扩散的受方一般不止一个而是多个，而且以潜在采用为主。从供方来看，技术扩散存在一个扩散源。③从技术移动过程结束的标志看，技术转移以单个受方掌握技术为结束标志，而技术扩散则要等到所有潜在使用者都采用该技术停止，其扩散过程更长，空间波及范围更大（范小虎等，2000）。

本篇认为，把技术扩散与技术转移相区别是必要的。但是两者又是紧密联系的，有技术的扩散必然有技术的转移，没有技术转移的技术扩散是不存在的；反过来说，有技术的转移，也就必然有技术的扩散，因为任何技术转移都不可能在密封的环境下进行。换一种说法，技术的转移必然伴随着技术的扩散，技术的扩散也必然伴随着技术的转移。因为技术的转移不仅仅是对生产技术的简单获取，而且是对引进技术进一步的消化、吸收和再创新，以形成本地区的生产力。而技术扩散正是一个不断地示范、学习和再创造的过程，它不是简单的模仿，而是要在学习的过程中，不断地降低生产成本，增加经验，使技术使用能力有所增加，所以说技术扩散的过程实际上也就是技术能力的转移过程。所以本篇认为，技术转移实质就是有意识的技术扩散，而技术扩散实质也就是无意识的技术转移，这种无意识的技术转移或技术扩散实质上也就是我们所说的技术溢出。

3.1.3 技术扩散溢出效应概念的界定

溢出（spillover）的概念最早由马歇尔在其著作《经济学原理》中提出，他认为溢出的概念就是我们通常所说的外部性。他的学生庇古（Pigou）1920年在研究福利经济学时将外部经济与外部不经济都当做溢出的积极效应和消极效应。1997年，斯蒂格利茨认为在市场交易中没有被包含的额外成本与收益即为溢出效应。

关于溢出效应的概念，目前在理论界主要有两种不同说法。一种说法是在国外直接投资过程中，由研发活动所引起的经济的外部性表现就称为溢出效应。持这种看法的学者认为，溢出是指跨国企业在东道国设立子公司，从而推动当地技术或生产力的进步，但跨国企业子公司却又无法获取全部收益的情形。另一种说法是，把增长极的聚集或极化效应和扩散效应的综合影响称为溢出效应，即溢出就等于要素的扩散与聚集的差。

本篇认为，这里的后一种理解更具有普遍意义，因为区域经济发展的共同规律是，要加快区域经济的发展，就必须不断地发现和培养新的经济增长极，以便利用增长极的聚集和扩散效应不断地带动区域经济发展。一个增长极实际也就是一个经济中心。增长极理论告诉我们，聚集和扩散是经济增长极或经济中心的两个基本属性，聚集推动了经济中心或增长极的不断发展壮大，而扩散则带来周边腹地的不断繁荣，两个方面一起作用从而推动了地区经济不断快速发展。实际上，也正是由于一个又一个新的增长极或新的经济中心的不断形成，才带来了区域经济的不断发展和繁荣。对于一个特定的区域而言，聚集与扩散的差额就是溢出，这种溢出必然带来区域经济的增长，这种效应就是我们所说的技术溢出效应。在上述的前一种说法中，所谓的国外直接投资过程中由研发活动所引起的经济的外部性，其实只是我们所研究的技术溢出效应的一种，即文化形式的技术溢出效应。

技术是一个广义的概念，技术在扩散的过程中对技术溢出接收者必然产生一定的影响，因此技术溢出效应实际上包括了技术溢出的接收者在生产、管理、市场、研发甚至理念等方面受到的多方面影响。技术溢出之所以产生，就是因为技术在扩散过程中产生了自愿和不自愿的转移。国内外学者的大量研究表明，技术在扩散的过程中都有意无意地产生了溢出效应，至于溢出效应的正负或大小应该与技术的溢出方和吸收方都有着密切的关系。所以说，技术溢出是一种过程，一种影响，一种结果。技术溢出效应则不再表现为过程，而更多地显示出它的影响、作用或结果。

需要指出的是，国内外文献在研究中对于溢出效应、外溢效应、技术溢出效应、技术外溢效应等概念通常并不作严格区分，其本质含义是一样的，所以在本篇中这些概念也是通用的。本篇将着重研究技术扩散溢出效应对区域经济所产生的效果。其实技术溢出效应与技术扩散的溢出效应一般情况下是同一个概念，但是，技术扩散的溢出效应主要强调技术传播的动态效应，即技术的溢出不是单方面的，而是互动的。所以本篇在没有特别强调的情况下，两者也是通用的，属同一个概念。

3.2 技术扩散溢出效应的特点

跨国公司在东道国投资一般是为了取得高额的利润，因而总会设置相关的技术壁垒，以防止技术的溢出。但是在一国内部，一般情况下不存在此类情况，虽然作为拥有高技术的企业往往也会采取一定的保护措施，但是溢出总是会发生的。所以，技术扩散的溢出效应既有跨国公司技术溢出的特点，也有自身特点。

3.2.1 外部性

这是技术扩散溢出效应的最主要也是最重要的特点。区域经济在发展过程中之所以要强调引进高新技术企业，引进高技术人才，就是因为这些高新技术企业和高技术人才在当地区域经济发展过程中具有很强的外部性。这种外部性主要是由于技术的非排他性和准公共性特点引起的。当某一个经济行为人使用某种技术生产商品和服务时，并不妨碍其他的经济行为人也使用此种技术，这就意味着技术能够产生溢出效应。技术溢出的外部性直接导致了技术溢出效应的非市场化，即技术溢出没有市场价格，它在给本企业或其他企业带来损害或收益时无从测量，这就是当地政府总是给外地企业各种优惠以鼓励其在本地增加投资的原因所在。因此很显然，从理论上弄清楚哪些区域或产业具有正的或负的溢出，从而采取相应的鼓励或限制政策，对于我国不同地区区域经济的发展和引进外资都具有十分重要的意义。

3.2.2 隐含性

有的技术是人们在长期的实践中积累获得的技术知识，与个体的体验和经验紧密相关，往往不易用语言表达，也不易通过语言和文字等传播方式来学习，所以技术溢出不需要借助市场交易就能够完成，以致在现实经济生活中如何测度技术溢出就显得非常困难。目前学术界在对技术扩散溢出效应进行实证分析时，一般都是利用对技术溢出发生后会受到影响的某一因素进行统计回归分析，以确定是否存在技术溢出效应，如果统计检验结果显著就认为存在技术溢出效应，否则则认为不存在技术溢出效应。但是，实际的经济生活中往往有成百上千的因素会对被检验的因素起作用，因此，由于技术溢出隐含性所造成的实际中技术溢出测度难的问题一直是这一领域研究中的一个重大课题。

3.2.3 多样性

技术在扩散过程中，按其传播方式通常有发散式、直线式和混合式或网络式三种。相应地，技术溢出就其过程来看也存在此三种模式。

（1）发散式技术溢出。发散式溢出模式是指技术创新成果由一个技术源向其他多个需求主体进行技术溢出，或者由一个技术源向其他多个需求主体进行技术转移，具体方式如图 3-1 所示。

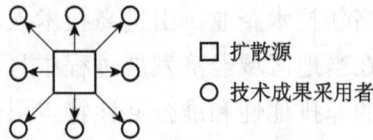

図3-1 发散式技术溢出

（2）直线式技术溢出。直线式溢出模式，是指创新技术经初始扩散源扩散到第一家采用企业，然后初始扩散源与第一家采用企业再成为新的扩散源，扩散到第二家采用企业……如此一直扩散下去，具体方式如图 3-2 所示。该模式揭示出创新技术溢出不仅可以由初始扩散源扩散，而且也可以由先采用创新技术的企业向其他企业扩散。

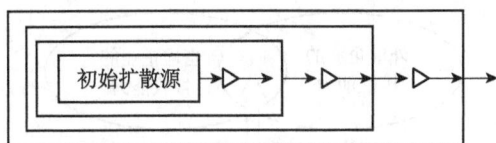

图3-2 直线式技术溢出示意图

（3）混合式或网络式技术溢出。混合式或网络式技术溢出模式，是指创新企业通过向外进行技术转让的方式来扩散技术。与一般普通商品相比，技术商品的一个最大特点是拥有者可以多次转让，而接收者在得到被转让的创新技术后，不但可以自己使用，而且在改造创新的基础上可以向第三者再次转让。这种通过转让扩散的模式其扩散过程往往呈网络状形式，具体如图3-3所示。在这种网络状的技术扩散过程中，必然自觉不自觉地伴随着技术的溢出效应。

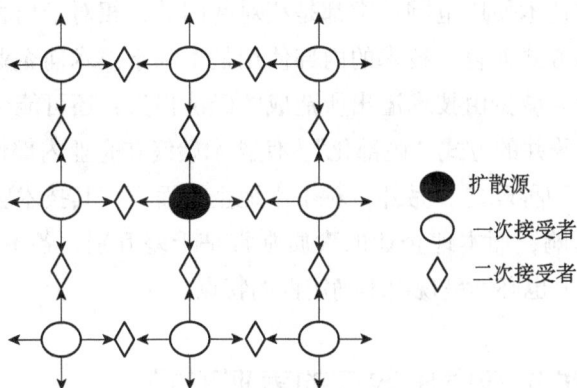

图3-3 网络式技术溢出示意图

3.2.4 互动性

在技术扩散的过程中，当地政府和企业要想获得外来企业的技术溢出效应，就必须积极主动地创造有利的条件，来吸收和利用这些溢出效应。同时作为高科技企业，要大量利用当地人员和相关的资本，才能够充分发挥其溢出效益。所以说，在技术溢出的过程中，任何一方都不能单独决定技术外溢的成效，它体现的是溢出技术的拥有者与技术溢出的接收者之间的一种关系，这种关系是由他们所组成的当地市场环境共同作用决定的。这也正是技术溢出效应在不同地区会产生不同结果的原因所在。我们可以将技术溢出的这种互动过程表述为如图3-4所示。

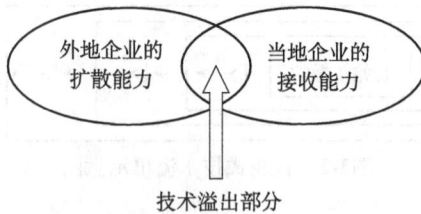

技术溢出部分

图3-4　技术溢出效应的互动性

3.2.5 不确定性

技术溢出效应的不确定性是指技术外溢的途径和效果具有不确定性。因为技术本身的作用就很难以度量，技术能力和技术水平等本身往往也很难准确界定，作为一种外部效应的技术溢出就更加无法直接衡量了。首先，由于技术溢出方式的多样性，技术溢出的途径显然是不确定的。同时，对于拥有高技术的企业来说，它的技术使用范围通常都是相对封闭的，相对于出售技术、授权等外部化技术使用方式而言，技术的内部使用是不利于技术向企业外溢出的。并且，高技术企业为减少由技术溢出所造成的经济损失，还可能会将潜在的技术溢出收益方通过兼并的方式"内部化"，使技术始终在企业内部使用。这无疑为技术溢出设置了种种障碍。另外，对于本地企业而言，其技术吸收能力对技术溢出有重要的影响，而本地企业的素质常常是千差万别、各不相同的。因此，技术溢出在效果上也必然呈现出不确定性的特点。

3.3 技术扩散溢出效应的表现形式

技术扩散的溢出效应的表现形式是复杂的、多样的，它不是单一形式的简单溢出。本篇认为，技术的扩散与载体是不可分的。从技术扩散与载体的不可分性来看，技术溢出的表现形式至少可以区分为三种，即资本形式的、人员形式的和文化形式的。

3.3.1 资本形式的技术溢出

1. 何为资本形式的技术溢出

根据研究的作用和范畴，资本通常会有着不同的定义，撇开资本所反映的社会关系，本篇将资本定义为"能为其所有者带来价值增值的价值"。资本最根本的特性是增值性，这种增值性是通过流动和进行投资来实现的。它的表现形态有两种，一种是以货币形态存在的，另一种是以生产设备或专有技术形态存在的实物资本。而作为技术的一种载体，在这里更多的是指实物形式的资本。

资本形式的技术溢出是指技术设备及原材料等硬件要素的净扩散，其具体的表现形式即资本的溢出。这种形式的技术溢出，负溢出即聚集大于扩散时将带来增长极或经济中心的繁荣，而净溢出即聚集小于扩散时将带来周边腹地的发展。

为什么资本形式的技术溢出不论是净溢出还是负溢出都能带来区域经济的增长呢？这与资本作为生产要素的稀缺性是分不开的。我们知道，市场经济是高度发达的商品经济。在现代商品经济条件下，没有一定数量的资本投入，任何以产出为目的的经济活动都是不可能进行的。尽管劳动力的投入和资本的投入都是必要生产因素投入，但是在市场经济条件下，资本的投入往往是第一位的。这一点，在增长极的成长过程中及经济相对落后的周边腹地的发展中，尤其如此。一般地说，在经济发展的早期阶段，通常都会表现为负溢出；而在经济发展的后期阶段，则多表现为正溢出或净溢出。这是不难理解的。

根据钱纳里的两缺口模型，发展中国家的经济在发展过程中，主要受三种形式的约束，即技术约束、投资约束和贸易约束。技术的约束也就是说经济在发展过程中，落后国家或地区由于缺乏一定的技术、企业家和管理人才，就难以有效地利用外资和充分地利用资源优势来提高生产率，以致影响了经济的发展，这说明落后地区要有一定的吸收能力才能够有效地消化吸收来自发达地区的先进技术；投资的约束是指国内或地区内储蓄不足，没有足够的资金支持投资的扩大，以致会影响到经济发展，这说明区域经济发展过程中增加资本投入的重要性；贸易的约束是指由于出口收入小于进口支出，有限的外汇不足以支付经济发展需要的技术和设备等，必然会阻碍国内生产和出口的发展，在区域经济发展过程中落后地区也会遇到类似的情况。

资本在不同区域间的流动可分为借贷资本流动和区域直接投资两种形式，它们与企业创建和企业迁移相联系，引起劳动力、技术等要素的流动，资本的再配置必然伴随着劳动力的再配置，从而就产生了技术的溢出效应。所以说，在区域经济发展过程中，一方面，对落后地区来说，由于资本供给不足，本地的储蓄率又难以提高，这就给外来资本的流入提供了可能；另一方面，对于发达地区而言，当资本供给充裕，难以充分发挥其效率的时候，或者说当区域内产业发展和资源配置对资本的需求不是很强烈时，在不同的区域就有可能形成资本的技术溢出现象。在我国，最能够说明资本形式的技术溢出的例子就是坚持了十余年的三线建设。

1964~1978 年，在中国中西部的 13 个省份进行了一场以加强战备为指导思想，以国防、科技、工业和交通为内容的大规模的基础设施建设，称为三线建设。它历经三个五年计划，13 个省份共投入资金 2052.68 亿元，投入人力高峰时达 400 多万人，安排了 1100 个建设项目。决策之快，动员之广，规模之大，时间之长，堪称中华人民共和国建设史上最重要的一次战略部署，对以后的国民经济结构和布局产生了深远的影响。

三线建设中，包括工人、干部、知识分子、解放军官兵和成千上万人次的民工在内的几百万建设者，在"备战备荒为人民""好人好马上三线"的时代号召下，打起背包，跋山涉水，来到祖国大西南、大西北的深山峡谷、大漠荒野。他们风餐露宿，肩扛人挑，用十几年的艰辛、血汗和生命，建起了 1100 多个星罗棋布的大中型工矿企业、科研单位和大专院校。其中一部分后来被称为西部脊柱，如攀枝花、酒泉、金川等钢铁冶金基地，酒泉、西昌航天卫星发射中心，葛洲坝、刘家峡等水电站，六盘水、渭北煤炭基地，长城、水城等大型钢厂，成昆、襄渝、川黔、阳安、青藏（西格段）等 10 条铁路干线，贵州、汉中航空基地，川西核工业基地，长江中上游造船基地，四川、江汉、长庆、中原等油气田，重庆、豫西、鄂西、湘西常规兵器工业基地，湖北中国第二汽车厂、东方电机厂、东方汽轮机厂、东方锅炉厂等制造业基地，中国西南物理研究院、中国核动力研究设计院等科研机构。从而形成了中国可靠的西部后方科技工业基地，初步改变了中国东西部经济发展不平衡的布局，带动了中国内地和边疆地区的社会进步。三线建设堪称中华人民共和国历史上空前的建设战略。它凝聚了第一代中央领导在当时复杂的国际国内形势下的战略思考和筹划。

三线建设虽然是以战备为中心，但客观上初步改变了国家工业东西部布局的不合理状况，建成了一批以能源交通为基础、国防科技为重点、原材料工业与加工工业相配套、科研与生产相结合的战略后方基地，建成了一批重要的铁路、公路干线和支线，促进了经济和科技文化发展，给西部以后的建设提供了条件。如果没有当年的大规模建设改善了西部的工业、交通和科技基础状况，今天中国东部与西部地区的经济差距将更加悬殊，西部大开发的任务将更加繁重和困难。

在三线建设过程中，资本既有聚集又有扩散，既有负溢出也有净溢出。即从全国来看，表现为扩散和净溢出，从建设基地来看，则表现为聚集和负溢出。在这里，净溢出和负溢出都有力地促进了国民经济和区域经济的协调发展。

2. 资本形式技术溢出的原理

资本形式的技术溢出发生的前提是资本流动。在一国经济发展过程中，区域间的资本流动是不可避免的，它是促进区域间经济合作和交往的主要动力之一。在一个成熟完备的开放市场中，由于资本追逐利润和规避风险的特点，它必然会流向高收益低风险的地区，一般情况下都是资本从经济相对发达的地区流向经济相对落后的地区，由于资本的边际收益逐渐递减，随着资本的流动，最终两个地区的资本边际收益率相等，资本不再流动，区域间经济发展收敛。我们用两区域模型分析如下。

模型的假定条件是：

（1）两个区域 A 和 B，只存在两种要素资本和劳动；

（2）区域间资本市场完全竞争；

（3）区际资本流动成本为零，劳动力不发生转移；

（4）企业的目标是追求利润最大化；

（5）两区域总资本为 K_aK_b，区域 A 的初始资本存量为 K_aK_0，区域 B 的初始资本存量为 K_bK_0，且 $K_aK_0 > K_bK_0$，区域 A 资本的边际生产率为 MPC_a，区域 B 资本的边际生产率为 MPC_b。

如图 3-5 所示，最初当区域间没有贸易时，区域 A 的资本会在 P_1 价格（即 MPC_a）下进行生产（在资本的最优使用条件下，MVP = MIC，即边际价值产品等于边际投入成本。在这里，MIC 即资本价格 P），区域 B 资本在 P_2 价格下进行生产。此时，区域 A 的资本总产出为 ABK_0K_a（总产出量是边际产出量的积分），资本收益为 $P_1BK_0K_a$，劳动力的收益为 ABP_1［依线性方程 $y = a + bx$，即总收益（TR）= 其他要素收益 + 边际收益 × 变动资源投入］。同样区域 B 的资本总产出为 DCK_0K_b，资本收益为 FCK_0K_b，劳动力收益为 DCF。两区域的资本总产出为 $ABK_0K_a + DCK_0K_b$。

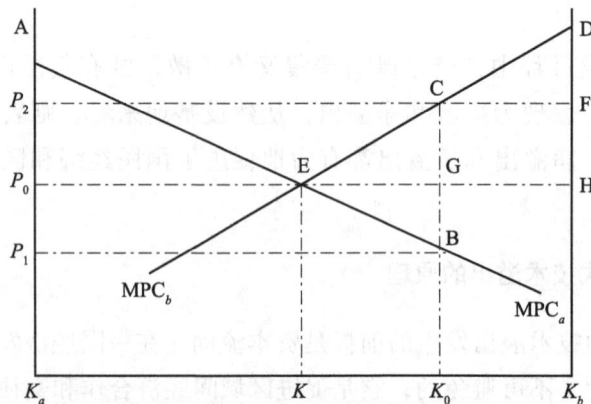

图3-5　资本形式的技术溢出模型

根据边际收益递减规律，在 K_0 处，由于 $K_aK_0 > K_bK_0$，所以 $MPC_a < MPC_b$，资本必然会由区域 A 流向区域 B，这时 K_aK_0 逐渐减小，K_bK_0 逐渐增加，MPC_a 逐渐增加，MPC_b 逐渐减小（即 A 区域表现为净溢出，B 区域表现为负溢出），当 $MPC_a = MPC_b$ 时，资本不再流动，两个地区资本边际收益率相等，此时都在 P_0 的价格下进行生产，区域 A 的资本存量为 K_aK，区域 B 的资本存量为 K_bK。通过资本的流动，区域 A 的资本总产出由 ABK_0K_a 增加到 $AEKK_a + EGK_0K$，也就是一方面区域 A 将 K_aK 部分资本存量投入本区域内，而将其余的部分 K_0K 投入到区域 B，所以对于区域 A 通过资本流动增加了资本的总产出；另一方面对于区域 B，通过资本的流动，生产总值也增加了，比原来增加了面积 CEG，这就意味着对于区域 B 而言，由于资本的流入，带来了经济的增长。这时两个地区的总产出是 $AEKK_a + DEKK_b$，比原先两个地区的总产出增加了 CBE。所以通过资本的区域流动，提高了资本利用效率，促进了区域经济发展。

同时我们还可以从生产要素的总收益来分析资本流动所产生的技术溢出效应。在区域 B，资本流动使得工人工资由 DCF 增加到了 DEH，增加了面积 $FCEH$，因此，区域 B 的工人总收入提高了。在区域 A 中，由于现在所能使用的资本减少了，工人的收入则由 ABP_1 减少到了 AEP_0，减少了面积 P_1BEP_0。不过，从两个区域内部的国民总收入来看，虽然区域 B 的资本所有者的收益减少了 $FCGH$，但总工资却提高到了 DEH，由于工人工资提高的幅度大于资本所有者收益下降的幅度（梯形 $CEHF$ 的面积大于矩形 $CGHF$ 的面积），因此，对于区域 B 来说，资本流入使其总的国民收入增加了，增加量为三角形面积 CEG。同样，区域 A 由于资本流出导致总工资收入下降了 P_1BEP_0，但资本所有者的总收益提高了 P_1BGP_0，而且资本所有者总收益提高的幅度大于工人工资收入下降的幅度（矩形 P_1P_0BG 的面积大于梯形 P_1P_0BE 的面积），因此，对于区域 A 来说，资本流出使其总的国民收入也增加了，增加量为三角形面积 BEG。由此，两区域均从资本的流动中获得了由于资本形式的技术溢出所带来的技术溢出效应。

该模型是根据新古典经济学家麦克多加（MacDougall，1960）的资本流动的福利效应模型简化而来的。模型说明了资本在不同区域间的流动可以带来区域总收益的增加。该模型用简化的数学模型解释了区域间资本形式的技术溢出，可以帮助我们充分认识资本形式的技术溢出效应究竟是如何发生的。

3.3.2 人员形式的技术溢出

技术的扩散首先是通过人员扩散的形式实现的。任何技术的传播都离不开人的作用，首先需要通过人掌握技术，然后才能谈到利用技术。毫无疑问，要实现技术的扩散，只能利用知识型的人才方可以实现。

1. 人员形式技术溢出的机制

第一，以人为载体的技术溢出。这又分为三种途径：首先，是发达地区的人才流向落后地区，他们通过投资办厂或担任相关企业的重要职位，从而产生了技术溢出。其次，也是最主要的，是通过对当地人员的培训进而发生人员流动产生的技术溢出。外资或外地企业往往为了投资项目的有效运作，都比较注重对东道国或当地人力资源的开发，因此必然要通过培训向工人提供比当地企业更多的技术，通过对当地员工进行在职的或脱产的岗位培训，使他们更好地适应不断变化的工作要求。最后，是其他的非正式途径，如外资或外地公司派本公司技术人员与当地技术及管理人员一起工作，从而形成知识和技能的溢出；或者让当地技术人员到总公司参与技术、产品和工艺的改进甚至研发活动，实现研发当地化；或者让当地高级管理人员通过参与公司的运作过程，了解和掌握更高级的经营理念、模式和战略。所有这些都会形成人员形式的技术溢出。

第二，由技术信息的传播所产生的技术外溢。根据内生技术进步理论，技术具有非竞争性和技术投资收益的半公共性等重要特征，这些特征一方面决定了技术的边际收益是递增的，另一方面也决定了技术投资的正的外部性，它可以给发明者以外的人带来好处，也就是产生技术或知识的外溢和扩散。在这里，这种正的外部性指的就是技术信息传播过程中的"示范 - 学习"效应。而这种"示范 - 学习"效应，多数情况下可能都是通过一些非正式途径发生的。例如，在美国硅谷通过人际网络产生这种效应，一种高度保密的芯片之所以在面市后不久就能成为国际半导体行业的一般性知识，主要就在于硅谷企业集聚的溢出效应，有时甚至只要与创新厂商的关键员工"闲聊"上 10 分钟，就能获取这种产品的关键技术。所以在企业高度集聚的地区，产生技术溢出是相当普遍的。我国北京中关村高科技产业的发展也有力地证明，有过外商企业经历的本国人员独立创办企业是中关村软件产业发展的一个重要原因。

2. 人员形式的技术溢出效应

第一，促进了当地的人力资本积累。人力资本的积累是区域经济发展的首要条件之一，而人员形式的技术溢出的首要作用，就是直接促进了当地的人力资本积累。人们在选择是否接受更高水平的教育时要考虑高学历高智力的未来期望收益是否足以弥补接受教育的成本。期望收益取决于就业后工资的高低及获得该份工作的可能性。在开放经济条件下，大学毕业者都存在着到发达地区工作而获取更高工资的倾向，这就提高了接受教育的期望收益，鼓励人们更多地投资于教育，更多地进行人力资本积累。例如，巴格瓦蒂等就认为，当国外实际工资高于本国，同时向国外迁移流动存在着可能性时，发展中国家的个人决策者就会增加对教育收益的预期（等于国外的工资乘以迁移的可能性概率），并据此做出教育决策。存在迁移可能性时，教育期望收益高于封闭经济下的期望收益，这就鼓励更多的人选择接受更高的教育，以增加技术移民的可能性。而且，知识技能常常会通过各种途径进行代际传递，从上一代传给下一代，下一代可以通过接受教育来巩固和扩展继承来的技能。不仅如此，国内外发达地区区域经济发展的实践都反复证明，某一代的人力资本水平越高，下一代的人力资本形成就越有效率。事实表明，人力资本的积累是区域经济发展必备的首要条件之一。

第二，促进了当地的技术进步。专门技术、实践经验、思维观念、操作技能、组织方式等对提高企业生产率非常重要，但这些技术大多没有具体的形式，多是内化在那些从事相关技术和管理工作的人员的大脑中的隐性知识。写在纸面上的技术虽然可以以物化的形式存在，但要使这些技术发挥作用必须有一个技术人员的内化过程，并通过技术人员得以实现和发挥作用。物化形式的知识是公共的显性知识，而内化后的知识则是技术团队和个人的隐性知识。因此，获取显性知识不等于获取到技术，企业只有获得了掌握关键技术的人才才意味着获得了相关的技术。所以，人员形式的技术溢出的另一个显著作用，就是直接促进了当地的技术进步。这一点，在人员形式的技术溢出中不管是哪一种途径，都是毋庸置疑的。

第三，促进了当地的区域经济增长。一般地说，当地的企业在吸收了这些溢出的技术人才后，就必然地会促进当地的技术进步，形成企业集聚，带动产业发展，从而促进区域经济增长。同时由于人员的流动本质上就是技术在各区域之间的转移，而拥有技术的人员一旦成为企业及区域经济增长的核心资源，也就必然成为企业及区域可持续发展的竞争优势的重要来源，人员流动所产生的技术溢出效应使得区域能够在人力资本积累、企业聚集及产业布局过程中获得递增的收益与经济增长，这种情况同样可以用类似于图 3-5 所示的要素流动模型来解释，只是在这里流动的要素是人，而不再是资本。所以通过人员流动产生的知识及技术信息在区域间的转移，是发展中国家或落后地区形成产业聚集、生产率增加等促进经济增长与发展的一个关键。人员流动而产生的技术知识跨区域转移及所产生的技术溢出，必然促进人员流入地区的经济增长。

3. 人员形式技术溢出效应产生的条件

由于受客观条件和生产力发展规律的制约，人员形式的技术溢出有时并不一定带来区域经济的增长；而相反地，这种形式的负溢出即聚集却能够带来区域经济的更快增长。这主要是由于中心城市和周围腹地或农村发展过程中的基础设施和条件差异造成的。同时，也与生产力发展的规律密切相关。比如，将拥有一定知识和技术的劳动力由城市扩散到农村，由于农村基础设施条件太差，无法提供知识型劳动力充分发挥作用的必要条件，而生产力的发展又要求一个劳动力必须与一定量的资本相结合方可实现，因此这种扩散必不能带来相应的效益。这是被我国社会经济发展的实践所证明的。

比如，1956 年年底开始的"左"倾错误，特别是 1958 年的"大跃进"，使当时我国城镇发展脱离了经济社会发展的客观需要，犯了盲目冒进的错误，造成了工农业的比例失调，出现了城镇人口膨胀、生活供应紧张等问题。为了克服这一系列问题，从 1961 年起国家采取了一系列措施压缩城镇人口，减少城镇数目。1961 年我国政府动员了近 3000 万城镇人口返回农村。毫无疑问，这些城镇人口不论是在文化程度还是在所掌握的技术水平上，都要比农村人口高出一个层次。然而，众所周知的事实是，如此大量的城镇人口下放农村，并没有带来农村经济的繁荣。

再比如，1968 年 12 月，毛泽东发出了"知识青年到农村去，接受贫下中农的再教育，很有必要"的指示，于是全国性的上山下乡运动大规模展开，1968 年城市里当年在校的初中生和高中生（1966、1967、1968 年三届学生，后来被称为"老三届"），全部到农村的广阔天地里接受贫下中农的再教育去了。有资料表明，"文化大革命"中上山下乡的知识青年总人数达到 1600 多万人，全国 1/10 的城市人口来到了乡村。这是人类现代历史上罕见的从城市到乡村的人口大迁移。全国城市居民家庭中，几乎没有一家不和"知青"上山下乡联系在一起。然而同样的道理，这么多的城市知识青年下放农村，尽管他们当中的很多人都是满怀献身农村的一腔热血，同样由于受条件所限，也并没有带来农村经济的繁荣。

当然，人员形式的溢出之所以没有带来区域经济的发展，除了农村与城市相比客观条件方面的差异外，也与制度方面的原因密切相关。很显然，要改变我国广大农村一穷二白的落后面貌，加快农村城市化，努力改变农村基础设施条件落后的状况，为大批知识型人才进入农村工作创造条件，是十分必要的。

而相反地，人员形式的负溢出却能够带来区域经济的明显增长。比如，人才流动过程中常见的所谓"孔雀东南飞"，以及 20 世纪 90 年代后在各地涌动的"民工潮"，都有力地推动了流入地区经济的迅速发展（外出打工者肯定地说，都是当地智商较高的佼佼者）。例如，在广东、江苏等许多区域经济发展比较快的地方，同时都是人才流动和民工潮流入的首选地区，就充分地说明了这一点。

3.3.3 文化形式的技术溢出

1. 文化形式技术溢出及其分类

在区域经济的发展过程中，一旦有外地企业（包括外资企业）进入本地，他们先进的企业文化、经营理念、管理经验等必然通过某些自觉或非自觉的途径渗透到当地企业，从而促进当地企业整体技术水平的提高，我们把这部分技术溢出称为文化形式的技术溢出。文化形式的技术溢出是指随着外地企业的引入，相伴而来的企业文化、价值观念、管理方式及一些可以通过语言交流传播的技术的扩散。这种文化形式的技术溢出通常情况下都只是一种净溢出。因为，在这里多数情况下都没有聚集，只有高梯度向低梯度的扩散，因而只是一种净溢出。关于这部分的研究大部分学者只关注了 FDI 的技术溢出效应，其实在国家内部的区域经济交往中也存在着这种形式的溢出，只是外商投资企业由于其技术一般情况下都远远高于国内的技术，容易产生溢出效应。一般地说，只要两地企业存在技术差距，且当地也具备一定的吸收能力，这种溢出就能够产生，而且产生的效果远远大于前两种形式的技术溢出，因为文化形式的技术溢出无处不在，时时发生，只要有外地企业（包括外资企业）进行投资，就有可能产生文化形式的技术溢出效应。这种文化形式的技术溢出也就是学术界通常所说的 FDI 的外部性或外在性。

我国有的学者根据外商企业和本地企业的联系方式，将 FDI 的各种溢出亦即文化形式的技术溢出分为两大类：一种是直接和当地企业相联系，即通过前向和后向联系、人员培训等形式产生技术溢出；另一种是通过间接的联系，如通过竞争效应、示范和模仿效应等产生技术溢出。具体可分为以下几个方面。

1）联系效应

这种效应通常也称作前波后及作用或涟漪效应，是指跨国公司的分支机构同东道国本地的供应商和客户之间产生联系时所发生的溢出，这种溢出可分为生产力溢出和市场进入溢出。当跨国公司的分支机构同当地的供应商产生联系时，称为后向联系。跨国公司的分支机构同当地客户之间的联系称为前向联系。联系效应一般被视为一种不同产业之间的溢出。

2）培训效应

跨国公司的分支机构对当地雇员的培训会影响各个层次的雇员。从简单的操作工到高层的管理人员。培训的方式也多种多样，从工作现场培训到研讨会、正式的学校培训或者海外教育。当分支机构的雇员跳槽到本地企业时，这种溢出效应就会发生。

3）示范和模仿效应

跨国公司的进入带来了新的技术和新的产品。这些新产品和新技术在东道国无疑都处于领先地位。由于利益机制的驱动，东道国的企业必然会从多方面模仿，或者因为跨国公司施加的竞争压力，国内企业也不得不模仿它们的技术。

4）竞争效应

这一效应多发生在同一产业的企业之间。外资企业的进入加剧了国内市场的竞争程度，迫使东道国企业不得不加大研发投入，加速生产技术和生产设备的更新升级，从而不断地缩小与外资企业的技术差距；同时外资企业为了保持

技术上的优势，也不得不开发更先进的技术或产品，从而会导致新一轮的技术
溢出。

根据一些学者的研究，以上几种溢出渠道并不是在同一个层面发生作用的
（Chen，1996）。示范和模仿效应、竞争效应和培训效应主要发生在产业内，属
于水平效应（horizontal effects），其具体途径包括：第一，跨国公司通过示范
效应加快当地企业采用新技术的速度；第二，跨国公司进入迫使当地企业采用
更有效率的生产和管理手段；第三，跨国公司培养的工人和管理者流向当地企
业而产生的人力资本积累。联系效应主要发生在不同的产业间，属于垂直效应
（vertical effects），其具体途径包括：第一，当地供应商为更好地对跨国公司提
供配套产品和服务进行主动学习而带来的效率提高；第二，当地供应商从跨国
公司直接得到的技术支持而带来的效率提高；第三，下游企业利用由跨国公司
制造的质量优异的中间品进行进一步加工和制造时从中获得的效率提高。

对文化形式的技术溢出的分类可简单地归纳如表 3-1 所示。

表3-1　文化形式的技术溢出方式

联系方式	技术溢出的具体方式	作用机制
直接联系	联系效应	本地企业通过外资企业的后向联系、前向联系和侧向联系对上下游公司提供帮助获得技术支持
	培训效应	提高当地人力资本和加速人力资本在区域间相关企业的技术转移
间接联系	竞争效应	外企的进入使当地企业产生危机感，加速产品更新换代，提高研发和采用新技术的速度
	示范和模仿效应	学习和采用先进的生产方法和管理经验通过逆向工程研究新产品

2. 文化形式的技术溢出效应分析

第一是直接联系效应，即通过外商企业与当地企业或科研院所的直接联系
产生的效应，包括联系效应和培训效应所产生的溢出效应。外商企业为了在动
态竞争中获取和整合东道国特有的技术优势和研发资源，通常会与当地科研机
构联系和合作，这样就导致了外商企业的先进技术和管理理念在东道国的扩散，
从而带动了当地科研机构的管理创新和技术进步。外商企业之所以要与当地的
科研院所或企业开展合作，是因为外商企业不可能孤立发展，必然要参与投资
国的产业分工，在与投资国产业的前后关联之间和侧向联系中产生技术溢出。
前向联系的技术溢出是指外资企业必然要求上游的本地供应商按照外商企业的
高标准、高要求来生产外资企业需要的产品，这就必然会对当地企业提供相应
的技术支持和服务，甚至提供技术培训。后向联系的溢出通常没有前向联系的

技术溢出范围广，但是外商企业通过对下游企业或消费者后向联系的技术溢出，可以提升当地的消费层次和消费意识，间接地加强了消费者对当地企业产品的要求，开创了国内市场，提高了生产力水平。而侧向联系，是指当地科研院所或企业通过与外商企业的横向（或水平）合作，共同开展科技研发，为东道国研发机构提供了很好的"免费搭车"的机会，在短期内提升本国的研发水平。具体过程如图 3-6 所示。

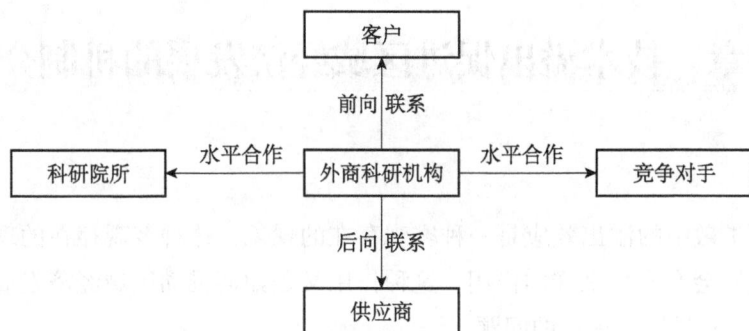

图3-6 外商直接联系的技术溢出效应

第二是间接联系效应，即外商在当地投资时，由于间接的联系所产生的技术溢出效应，包括竞争效应、示范和模仿效应。竞争效应、示范和模仿效应是指外资企业向其子公司转移新的产品和更为先进的技术时，对当地企业产生了示范作用；或者通过增加竞争压力，迫使国内竞争对手提高技术水平，并引起当地企业的积极模仿。国内外大量的实证研究表明，FDI 带来的先进技术，可以通过其高于东道国当地企业的先进技术（包括组织管理经验等）的示范作用，给当地企业带来巨大的竞争压力，迫使当地企业竞相加大研究与开发的力度，模仿跨国公司子公司的先进技术，以便促进自身技术水平的提高，这就产生了技术的溢出效应。竞争效应一般是通过产品市场和人才市场两种竞争方式产生的。外企进入本国，通常会打破东道国原有的低效的垄断局面，也会加剧关联企业间的相互竞争，这种外溢的途径在一个竞争意识较强的东道国市场中是最为有效的外溢途径。因为如果东道国原有的市场竞争性较强，必然将增强东道国市场的优胜劣汰，保证原有的东道国企业具备一定的竞争力。同时在这种市场环境下，东道国企业对外资企业的进入会在市场上有较为敏感的反应。为维持企业的生存和利润会主动地收集相关信息，开展技术研发活动，形成技术溢出中的正反馈机制。

第4章　技术溢出促进区域经济发展的机制分析

技术扩散中的溢出效应是一种客观存在的现象，这种客观存在的现象对区域经济发展会产生什么样的作用，这种作用又是如何推动区域经济发展的，这些正是这一章试图要解决的问题。

4.1　区域经济发展中的技术要素分析

4.1.1　一个理论模型

区域经济增长理论研究中的各种模型分别从不同角度解释了经济增长问题，以索洛（Slow）为代表的新古典经济增长理论和以罗默（Romer）为代表的新经济增长理论均认为技术进步是经济增长的重要源泉（两者的不同点在于，新古典经济增长理论认为技术是外生的，而新经济增长理论认为技术是内生的），并通过大量的实证研究表明，技术进步是经济发展过程中的技术溢出、收益递增、人力资本投资、劳动分工、研发投入和专业化等作用的结果。他们认为，如果经济增长的源泉是技术进步和创新，那么先发地区（国家）和后发地区（国家）经济发展水平的差距就可以归结为它们之间技术发展水平的差距。新经济增长理论进而认为，后发地区（国家）通过学习、模仿先发地区（国家）的先进技术，获得技术溢出收益，就可以缩小与先发地区（国家）的技术水平差距乃至经济发展水平差距。因此，技术溢出模型一般都假定一国（或地区）的经济增长与技术水平增长线性相关。即

$$\frac{\mathrm{d}Q_i}{Q_i} = \alpha \frac{\mathrm{d}K_i}{K_i} \quad (0 < \alpha < 1) \tag{4-1}$$

式中，Q_i 表示 i 地区的产出水平，K_i 表示 i 地区的技术水平，α 表示产出增长率与技术进步率之间的比例系数。式中 i 地区的技术进步一方面来源于本地区的自主研发和创新，另一方面也来源于先进国家或地区的技术溢出，以及本地区的学习模仿和消化吸收先进技术的能力。

湖南大学的李松龄教授基于拓展的 Verspagen 技术赶超模型分析了技术差距、技术溢出效应与技术赶超之间的关系（李松龄和生延超，2007），并提出了下述测量技术溢出效应的模型。

$$A_{ij} = \alpha_i \beta_i e^{-\left(\frac{1}{\alpha_i}T_{ij} - \beta_i\right)^2} \tag{4-2}$$

其中

$$T_{ij} = \ln \frac{k_j}{k_i} \tag{4-3}$$

在这里，A_{ij} 表示 i 地区接受并吸收的 j 地区的技术溢出，假定 i 地区为后发地区（国家），j 地区为先发地区（国家）。α_i 表示后发地区 i 的学习能力，β_i 表示与地区 i 学习能力相关的消化溢出的吸收能力。T_{ij} 表示 i 地区与 j 地区的技术差距，定义为两个地区技术存量比率的自然对数，e 是自然对数的底。

从式（4-2）可以看出，潜在的技术溢出效应取决于两地的技术差距 T_{ij} 和后发地区对技术的学习吸收能力 α_i 和 β_i。对后发地区来说，一个恰当的技术差距（T_{ij}）有利于充分消化吸收先发地区的先进技术，实现技术赶超。当技术差距比较小（$T_{ij} < \alpha_i \beta_i$）时，先发地区对后发地区的技术溢出效应会在 α_i 和 β_i 两因素的基础上降低，得不到有效和充分的发挥，因此后发地区的技术提升速度会下降；当技术差距比较大（$T_{ij} > \alpha_i \beta_i$）时，先发地区对后发地区的技术溢出效应同样会在 α_i 和 β_i 两因素的基础上降低，使得后发地区学习和利用先进技术的能力不足，无法充分学习并吸收先发地区的技术溢出从而达到技术的有效传播。只有在技术差距与后发地区对技术的学习吸收能力相一致（$T_{ij} = \alpha_i \beta_i$）时，才能充分发挥后发地区的技术能力，充分获得先发地区的技术溢出效应。式（4-2）还表明，在其他参数不变的条件下，后发地区对技术的学习吸收能力提高，有利于其更好地获取先发地区的技术溢出效应。因此，后发地区要想实现技术赶超，就必须注重培育自身对技术的学习吸收能力，鼓励自主创新，从而较好地消化吸收先发地区的技术溢出，促进自身的技术进步和经济发展。

作为一个技术相对落后的发展中大国，我国一方面可利用技术的后发优势来消化吸收发达国家对我们有用的技术溢出（即 FDI 的技术溢出效应）；另一方面，我国国内各区域之间的经济发展和技术发展水平不平衡，差异很大，东部沿海相对发达地区与中西部地区的技术差距也会形成区域间的技术溢出效应。

4.1.2 技术溢出的路径分析

按照新经济地理学的观点，技术溢出在不同的区域其表现是不一样的。正如上一章所做的分析，由于技术溢出具有外部性、隐含性、不确定性和溢出方式多样性的特点，因而人员形式的技术溢出、资本形式的技术溢出和文化形式的技术溢出，都会有不同的溢出路径。

1. 人员形式技术溢出的路径

新经济地理学认为，劳动力在高工资的诱导下会向发达地区流动，这不仅满足了发达地区劳动力的需求，同时也会形成"本地市场效应"，促使当地市场规模扩大，进而使生产规模进一步扩大，吸引资本和劳动力要素不断流入。具体可分为以下几个阶段。

第一阶段，在经济发展初期，劳动力大规模的城乡转移和产业转移，其现实表现就是大量的劳动力由落后的农村流向发达地区。这时候劳动力转移的特点是，尽管此时转移的劳动力的综合素质比流入地的劳动力要差一些，但是这些劳动力相对于没有走出农村的那些劳动力来说又是技术含量较高的劳动者，这就是说，这种劳动力转移的结果是落后地区的人力资本或技术溢出到了发达地区。"民工潮"显然就具有这种性质。

第二阶段，在经济发展过程中，随着市场规模的扩大和产品种类的增多，规模经济和范围经济出现，大量高技术的劳动者流向发达地区，使得流入地的创新能力增强，形成了企业集聚，从而使得技术进步增强，发达地区经济增速加快。常说的"孔雀东南飞"就反映了这种情况。

第三阶段，经济发展成熟时期，扩散效应会大于集聚效应，由于人口稠密、交通拥挤、污染严重、资本过剩、自然资源相对不足等原因，发达地区生产成本上升，外部经济效益逐渐变小，从而资本、技术和劳动力等要素出现向落后地区逆转的扩散，人员相继外流，对周围的不发达地区或腹地产生了"扩散效应"，从而实现了区域经济的均衡增长。

2. 资本形式技术溢出的路径

资本形式的技术溢出实质上是生产要素在某些经济变量发生变化时的再配置过程，是生产要素伴随着产业在区域间的转移或扩散。我国学者邹璇（2004）认为，从空间上看，资本要素流动方式有纵向流动、横向流动和混合流动三种方式。从区域资本要素流动来看，有区内资本要素流动、区外资本要素流动及区际游资与区外资本要素的相互转化，后两者可合为一体，统称为区际资本要素流动。具体资本形式的技术溢出路径如图 4-1 所示。

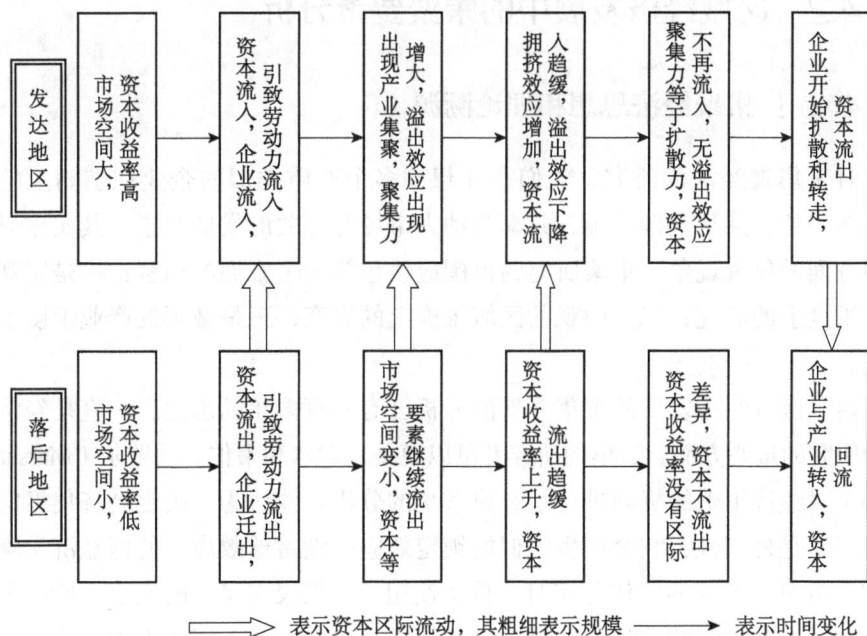

发达地区：资本收益率高，市场空间大，→ 资本流入、企业流入，引致劳动力流入 → 出现产业集聚，聚集力 → 增大，溢出效应出现 → 拥挤效应增加，资本流入趋缓，溢出效应下降 → 聚集力等于扩散力，资本不再流入，无溢出效应 → 企业开始扩散和转走，资本流出

落后地区：资本收益率低，市场空间小，→ 资本流出、企业迁出，引致劳动力流出 → 市场空间变小，资本等要素继续流出 → 资本收益率上升，资本流出趋缓 → 资本收益率没有区际差异，资本不流出 → 企业与产业转入，资本回流

$\Longrightarrow$ 表示资本区际流动，其粗细表示规模　　$\longrightarrow$ 表示时间变化

图4-1　资本流动路径示意图

如图 4-1 所示，在两个有区际差异的地区即发达地区和落后地区，投资项目会从收益低的地区流向收益高的地区，资本与企业向市场规模较大的地区转移，引致劳动力流向市场规模较大的地区。而资本、劳动力和企业向市场规模较大的地区流动或转移，会产生前后向联系效应，从而进一步吸引资本、劳动力等生产要素向该地区流动，引发产业或经济活动在该区域集聚，进而通过资本的流动产生技术的溢出效应。

3. 文化形式技术溢出的路径

文化形式的技术溢出多是伴随着资本形式和人员形式的技术溢出发生的，而且跟资本形式和人员形式的技术溢出相比，往往会更显著、更突出，因为它不需要支付成本，这也正是很多学者把它称作外部性或外在性的原因。这种形式的技术溢出，主要会在四种情况下发生，包括联系效应、培训效应、示范和模仿效应、竞争效应，见本书的3.3.3节所述，此处不再赘述。

4.2 区域经济发展中的集聚要素分析

4.2.1 集聚经济思想和理论溯源

对于集聚经济的研究，人们往往想到多个性质类似的企业在空间上的集中分布现象，共享基础设施、共享劳动力市场等相关的发展要素，其实这只是微观方面的集聚现象，集聚研究的范围应该包括三个方面的内容：一是宏观的国家维度上的研究；二是中观的区域维度上的研究；三是微观的产业维度上的研究。

对于区域经济发展的聚集要素的分析已有一百多年的历史，一直是经济学家们研究的重要方面。最早的研究者可以说是马歇尔和韦伯。马歇尔（Marshall，1890）对经济集聚的机制进行了经典系统的分析。他认为，决定经济集聚的关键性因素是外部性，它会产生类似的锁定效应或滚雪球效应。德国经济学家韦伯在分析单个产业的区位分布时，首次使用了"集聚因素"的概念。所以根据不同的历史时期和相关流派，可以将集聚经济的研究分为四个方面：第一，基于新古典经济学视角的研究——马歇尔的规模经济和外部经济理论；第二，基于区域经济学视角的研究——韦伯和胡佛对聚集经济的研究；第三，发展经济学视角的研究——佩鲁关于集聚的增长极理论和缪尔达尔关于集聚的循环累积因果论；第四，以克鲁格曼、藤田昌久、阿瑟和维纳布尔斯为代表的新经济地理学派，他们都把经济行为的空间集聚、经济溢出及经济增长之间的关系作为其研究的主题。这些理论我们在本篇第2章的理论综述中大多已述及，在这里只是从集聚经济的角度简要地将这些流派的主要思想梳理一下。

（1）马歇尔的新古典经济学认为，有三种力量决定了产业集聚的原因：劳动力市场共享、中间产品投入和技术外溢。

（2）以韦伯为代表的区位论学派在分析企业区位定位时认为，促使企业集聚的主要因素包括生产的专业化、劳动力的专业化、专业市场的扩展和共享的基础设施等。胡佛在韦伯研究的基础上更进一步认为，产业集聚的原因是源于内在的规模经济、本地化经济和城镇化经济。

（3）以弗里德曼的中心 - 外围论、缪尔达尔的循环累积因果论、佩鲁的增长极理论、赫希曼的核心区与边缘区理论等为代表的区域经济空间结构理论对集聚经济的研究更进了一步，他们分别从不同的角度对区域经济空间的集聚与扩散进行了研究，都认为经济发展过程在空间上并不是同时产生和均匀扩散的，而是从一些条件较好的地区开始，然后通过集聚效应和扩散效应促进经济的协调发展，但这四种理论都没有意识到技术对经济过程的重要性，没有把技术内生化，因而也没有能够深入地理解经济增长的源泉。

（4）新经济地理学认为规模经济、运输成本、不完全竞争是影响经济空间集聚的三个基本要素，随着理论的发展，而后以克鲁格曼为代表的新经济地理学派放弃了新古典传统，吸收了新增长理论关于规模报酬递增的假定，在不完全竞争的框架下，着重探寻了经济集聚的内生演化过程，认为跨区域的资本流动和劳动力流动产生的货币外部性和技术外部性引起的技术溢出效应是区域经济集聚的重要因素。至此，随着理论和实践的发展，技术在区域经济发展中的重要性已越来越为理论工作者和实践工作者所重视。

根据以上分析，本篇认为，集聚经济或者说经济要素的聚集才是技术溢出效应的根本原因，没有集聚经济，技术的溢出效应就成了无源之水和无本之木。

4.2.2 集聚经济的特点

1. 集聚经济的累积性

集聚经济的形成，首先是一群自主独立又相互联系的企业依据专业化分工和协作建立起来的组织，这就形成了产业集群。集群内的企业和当地机构中积累了多方面的市场、技术和其他专业化知识，尤其是隐性知识。产业集群先是同类企业的集聚，后来是与它们有前向、后向、侧向联系的企业的集聚。随着这些同类企业的生产规模的扩大，集聚规模也在扩大，必将促使与它们有前向、后向、侧向联系的企业也随之集聚，而且集聚的规模也以某种比例随之扩大。在这个过程中，最先集聚的同类企业一般具有支配能力，会起到带动作用和组织作用，最终它们必将成为区域经济新的增长极。所以，集聚经济意味着生产要素在空间上随着时间的推移不断集中，这些生产要素在特定空间上的高度集聚，总会引起一定时期区域内的经济增长。

2. 集聚经济的结构性

集聚经济不是无序的、简单的经济活动在地理空间的集中，它具有一定的合理的结构性。这主要体现在以下两个方面：第一，集聚的要素是有层次的，通常自然资源、普通劳动力属于较低层次，资本要素属于较高层次，而知识技术、高素质的人力资本则处于最高层次。这种要素的层次性就决定了聚集形态会从低层次的要素集聚逐渐向高层次的要素集聚转化。第二，要素在不同层次之间的组合链条是聚集经济结构性的另一方面内容，链条是否完整、要素聚集的通道是否畅通都会影响到聚集的效果。

3. 集聚经济的空间性

集聚经济的空间性也体现在两个方面：第一，随着聚集度的提高，集聚对周边空间的辐射影响会越来越大；反过来，聚集效果也会受到其周边的空间承载力大小和聚集通道是否顺畅的影响。第二，聚集具有"空间再集聚"特性，当集聚达到一定的程度时会出现空间上的裂变，这种裂变并不是杂乱无章的，而是在新的区位实现重新聚集。正是这种"集聚"与"再集聚"构成了区域空间结构的不断演变。

4. 集聚经济的规模效应

规模效应是指由于聚集导致经济规模增加而给区域经济活动主体带来的额外利益。规模经济是区域聚集经济的一个重要方面，它既包括生产方面的利益即生产规模经济，也包括消费方面的利益即消费规模经济。前者主要表现为单位产品成本随产量的扩大而递减，后者主要表现为单位消费品或消耗品的平均支出随聚集规模的扩大而下降。

5. 集聚经济的外部效应

外部效应是指由于聚集而给区域内的经济活动主体带来的外部经济方面的利益。外部性的产生与人类社会经济活动的相互作用有关，各种外部经济效应的存在正是聚集经济产生的重要原因之一。由于社会经济活动的空间集中，各种行为的相互依赖与摩擦格外强烈，从而其外部性特征更为突出，如由于聚集带来的交通拥挤、管理成本上升和生活成本提高，以及社会风险等。

很显然，正是由于聚集经济的多特点属性，溢出效应的表现也就必然具有多样性的特点。

4.3 技术溢出与区域经济发展的关系

4.3.1 区域内产业集聚的技术溢出效应分析

第一，企业集聚导致了产业集聚，产业集聚加快了信息交流，使得产业内的企业能够拥有持续的创新能力，并形成长期的稳定关系，因而有利于他们相互学习，改进技术，提高机器和设备的利用率，提高经营管理水平、产品质量或服务水平。同时，企业在产业内的长期联系也有利于产业之间减少供给和需求之间的摩擦，使生产和供应更趋于平衡。产业集聚能产生协同效应，能够实现知识外溢，加快知识的更新和信息交流过程，能够实现技术互补，优化知识结构和专业技能，能够实现专业化分工，充分发挥规模效应。不仅如此，由于产业的集聚，相同技术类型的人员流动更加便捷，从而又进一步促进了技术的创新。早在1890年，马歇尔就把产业集群的作用归纳为三个方面，即劳动力的蓄水池作用、人员流动和技术扩散。产业集聚能够使技术人员更好地发挥本身的特长，企业也能够找到适合本企业发展的人才。在产业的集聚区里，人员的流动性会更强，从而就加速了信息的交流，进而促进了技术的扩散和溢出效应的产生。

第二，产业的技术溢出效应对区域内的不同产业有不同的作用，在同类产业中，产业集聚会诱发高水平的知识外溢并且对技术创新有一定的促进作用。在不同产业中，产业集聚能促进产业之间的协同效应，促进产品的多样化和产品变异，实现不同产业之间的互补。在一定程度上聚集使得厂商可以从其他不同产业中学习到新的创新观念、技巧和诀窍，促进技术创新。技术溢出对技术创新的作用也受到距离的影响。在区域性集群中，确切信息和不确切信息的区别是能否正确解码和准确地翻译，距离是影响解码和翻译的主要因素。信息传播常常由于距离的增加而发生失真和衰减。确切信息通常不受距离的影响，而不确切的信息在传递过程中就需要正确地编码和解码，这就要求必须是面对面的交流和重复解码，所以距离是影响信息交流的主要因素，而产业集聚则为克服信息交流中的距离障碍带来了很大的便利性。

4.3.2 产业集聚下技术溢出的实现途径

第一，人员流动。人员流动特别是高素质人员的流动一直被视为集聚经济下技术溢出的主要途径。人员在各个企业间的流动促进了技术知识在集群内企业间的扩散，外部人员的流入为外部技术知识的溢出提供了可能。集群内人员流动的具体途径一般包括：横向企业与竞争者或合作者之间；纵向产业链上企业与供应商、客户之间；大学研究机构（还包括政府研究部门和中介服务机构）人员向企业的流入。

第二，企业衍生。企业衍生是指一个组织（如大学机构、企业等）通过某种方式孕育催生出新企业的现象。集群内企业衍生活动包括：①由以前属于另一个企业的员工新成立的企业；②由于经营观点的分歧导致了从创业初期的企业里分离出来的新企业；③大学或公共研究机构的人员新创办的企业等。一般普遍认为，企业衍生加速了集群内部人才的流动和技术溢出。企业衍生出的新企业与母体之间存在着千丝万缕的联系：一方面，它促进了人才的流动，强化了因人才流动而引发的技术溢出和扩散效应，如专业人员的研究专长和技术创新能力在当地的扩散，这已被某些学者对国内的某些集群区的实证研究所证实；另一方面，它又促进了新企业与当地企业间正式合作关系的建立和非正式沟通，并通过正式合作关系和非正式沟通进一步促进了人才的流动和技术的溢出。

第三，非正式交流。相关研究表明，以技术形态存在的知识由于自身的特点往往直接影响着它的流动性。企业专用的、系统嵌入的、复杂的、背景依赖的、非编码化的技术必须依赖于人与人之间的频繁接触和耳濡目染才能传播。阿罗和兰卡斯把这类知识的传播比作传染的蔓延。他们认为人与人之间接触的面越广，接触的频率越高，这类技术传播的速度就越快，传播的程度就越彻底。在产业集聚区，同行业的生产厂家、供应商、重要的客户，以及相关产业和支持性产业交织在一起。由于地理位置的临近，它们可能共有一个供应商，或者拥有同一家雇主。人与人之间的频繁接触和交流，增加了彼此间经营的"透明度"，使"空气中总是弥漫着产业的气息"。显然，集群中这种人与人之间频繁接触和非正式交流方式极大地促进了技术的外溢效应。不仅如此，集群区这种"弥漫在空气中"的共享的非正式知识为解读在这里产生的正式的知识提供了一把无与伦比的钥匙（约翰·布朗等，2002）。

总之，集群通过劳动力流动、企业衍生、非正式交流及竞争示范等途径，实现了技术的快速溢出。

4.3.3 技术溢出与区域经济发展的关系模式

1. 技术溢出→企业集聚→产业集群→技术再溢出→区域经济发展

这是技术溢出效应产生的第一个自我增强的循环，在这个循环过程中，技术通过人员形式、资本形式、文化形式的技术溢出后，由于部分企业的外部性，对本地区企业产生了一定的外溢效应，于是一群自主独立又相互联系的企业依据专业化分工和协作建立起来（企业集聚），就形成了相应的企业集群，这种组织的结构介于纯市场和层级两种组织之间，比市场相对稳定，比层级组织相对灵活。从某种意义上而言，企业集群可被视为单个企业的外部延伸。随着企业集聚规模的扩大，对中间产品的需求规模也将扩大，从而刺激生产中间产品的专业化企业衍生，促进集群专业化程度提高，生产更加迂回（产生"迂回"效应，导致生产链拉长）。随着企业集聚规模的不断扩大，当地的基础设施不断完善，专业劳动力、中间产品等必要投入都可以更容易地从本地获取，降低了企业的生产成本（成本效应）。企业集群中专业化生产某一产品，使得产品在规模、种类上在同行业中占有更重要地位，产品更容易为客户了解并得到认可，使得产品销售更加容易（市场效应）。同时，集群内的企业和当地机构在集群中积累了多方面的市场、技术和其他专业化知识，尤其是隐性知识。这样空间临近、就近供应、方便的技术联系，以及相互信任的人际关系和社区情结的存在，促进了这些信息和知识在集群内流动，企业可以更方便地以较低成本从集群内部获取这些知识（溢出效应）。在这一过程中技术通过生产的"迂回"效应、成本效应、市场效应、溢出效应，使技术的溢出效应进一步增强和扩大，促进了产业集群的不断成熟，加速了区域经济的发展。

产业集群实际上是将产业发展与区域经济通过专业化分工与交易的便利性，在外部性的作用下有机地结合起来，从而形成的一种有效的生产组织方式，它是促进区域经济增长的重要方式。一方面，外部性和产业集群可以产生循环式的集聚效应，能吸引更多的相关企业加入集群，进一步扩大和加强集聚效应。集聚本身产生的外部经济是外部企业进入的动力，产业集群的雏形一旦形成，技术外部性和货币外部性将吸引更多的相关企业加入该集群，而新增的企业又进一步增大了集群效应，也就是说，企业在地理上的集中又会产生更多的技术外部性和货币外部性，从而进一步促进企业生产成本的降低和生产效率的提高，最终提高产业集群的竞争力。如此循环往复，不断推动区域经济快速发展。另一方面，在集群内部，通过货币外部性和技术外部性作用的发挥，可以营造一种协同创新的区域环境，在这种环境下，不仅有很多的相关企业在此集聚，而且还有很多相应的研发服务机构、专业人才和相关产业的新企业加盟，这就使得企业会面临更多的市场机遇，获得更丰富的市场信息及人才支持，从而为新的溢出效应产生条件。

2. 企业集聚→创新网络→地理技术溢出→企业再集聚→区域经济发展

企业集聚一方面形成企业集群，另一方面同时也形成了创新网络。这种创新网络可促进企业间的信息交流，能加速企业的技术创新。地理上的集中就使得通过信息交流、知识外溢等方式来支持创新发展成为可能。由于地理毗邻，因此通过区域内部的交易可获取多方面的信息，交流各种不同的观念，这就降低了生产中的很多相关成本，从而发挥单独定位所不具备的"集体"优势。同时，各个企业又能保持原有的灵活性和自主性。集中化的创新环境是创新过程的必要条件。根据马歇尔关于外部经济的分析可知，共享劳动力市场、中间投入品和技术溢出是外部经济对企业集聚产生的三方面主要影响，特别是在一个地理区域中局部技术溢出的存在，会吸引企业并且通过反馈机制导致更高层次的集聚。局部技术溢出促进了企业集聚，而经济要素的集聚通过创新网络又进一步促进局部技术溢出，这样企业集聚、创新网络和局部技术溢出就形成了一个自我增强的闭环。企业集聚通过技术变化率的作用，使这种反馈机制的动力不断增强。在创新网络之间的交流能加速新的技术开发，同时快速的技术变化会导致更多的企业进一步在特定区域的集中，这就必然带来该地区区域经济的繁荣和发展。

3. 创新网络→区域技术溢出→产业集群→生产多样化→区域经济发展

创新网络的形成一方面产生了地理性技术溢出，另一方面同时也产生了区域性的技术溢出，即向集群腹地的辐射，这又会进一步促进产业集群的不断成熟。同类产业内部的企业或具有密切关联的企业的聚集，促进了相互间知识、技术、信息、经验的交流，实现了资源共享和优势互补。与此同时，同行竞争可以迅速提高技术水平和管理水平，增强企业的竞争实力。某一产业或产品生产的有关技术、技巧、技能与经验的形成与发展，都需要一个较长的积累过程，一旦产业集群开始形成，就会出现一个个自我强化的循环。相关产业的特定知识与技术在集群区域内的企业间扩散，并形成掌握特定产业知识与技术的专业劳动力的聚集地，聚集力的加强又会吸引新的企业加入聚集区。这样集聚规模越来越大，形成了动态的、持续的正外部性。距离上的接近、频繁的直接接触、通过供给方式发生的合作，以及由各种渠道相关联的地缘关系等诸多因素，使产业集聚区内某一个企业的技术创新对同行企业会产生良好的示范和激励作用，同时由于区内不同员工之间经常会通过各种非正式和正式的聚会交流技术、市场、营销、管理等方面的信息，促进了集聚区内各成员之间的信息流动。因而在一定程度上，厂商可以从其他不同产业中学习到它们的创新观念、技巧和诀窍，促进技术创新。另外，产业集聚能促进中间性创新组织的出现和成长，也能进一步促进技术创新。产业集群会产生知识的外溢效应，对区域内的不同产业有不同的作用，在同类产业中，产业集群会诱发高水平的知识外溢并且对技术创新发挥一定的作用。随着知识和技术更新速度的加快，知识和技术溢出效应也随之增强，产业集聚的速度会加快。在不同产业中，产业集群能促进产业之间的协同效应，促进产品的多样化和产品变异，增强产业之间的互补，这就必然带动特定地区的区域经济发展。

概括以上分析，技术溢出与区域经济发展的全部三种关系模式如图 4-2 所示。

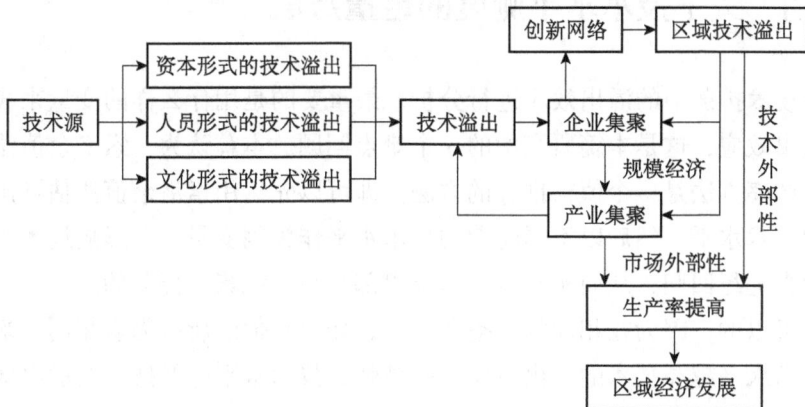

图4-2　技术溢出、企业集聚、产业集聚与区域经济发展的关系模型

第5章 溢出效应的影响因素及其分离

技术扩散的溢出效应是客观存在的。然而它究竟受哪些因素影响，怎样从技术水平的变化中把它客观地分离出来，则是我们必须确切弄清楚的重要问题。如何对这两个方面的问题进行分析，在这里方法是第一位的。

5.1 关于技术水平测度的定量方法

对技术扩散中的溢出效应进行分析，最重要的是用什么样的变量来表示技术的溢出效应，这是本篇研究中的一个难点问题。本篇认为，索洛余值法或全要素生产率方法是一个值得推荐的方法。即可以先运用索洛余值法估计出特定时期的技术水平，然后以不同时期的技术水平作为因变量，对影响技术水平的有关因素进行回归，从而实现对技术溢出部分与系统累积部分的分离。这样做是完全可以的，因为在相同的时空条件下，如果其他的所有因素相同，毫无疑问，技术水平越高技术的溢出效应也就越强，技术水平越低技术的溢出效应也就越弱。技术水平与技术溢出效应的这种正相关性，无论如何在理论上都应该是成立的。因此，索洛余值法或全要素生产率方法就成为我们这里对技术水平测度的主要方法。

以定量方法研究技术水平测度始于 20 世纪 20 年代。1928 年，芝加哥大学经济学教授道格拉斯（P. H. Douglas）与数学家柯布（C. W. Cobb）合作，研究分析了美国制造业 1899 ～ 1922 年的历史资料后指出，在生产的投入中，主要的要素就是劳动和资本，而其余的生产要素对产出的贡献是微不足道的。在此基础上，他们提出了著名的"柯布 - 道格拉斯生产函数"，首次将经济数学与模型方法引入生产分析，使经济学家从抽象的纯理论研究转向了对实际生产的实证性分析，为这一领域的发展奠定了基础。柯布 - 道格拉斯生产函数的一般形式是

$$Y = AK^{\alpha}L^{\beta} \tag{5-1}$$

其中，α 和 β 分别为资金 K 和劳动力 L 投入的产出弹性。该式也简称为 C-D 模型。

根据式（5-1）假定劳动力的产出弹性为 1，资金的产出弹性为 0，则有

$$Y = AL$$

即

$$A = Y/L$$

此时，A 为劳动生产率。

如果资金的产出弹性为 1，劳动力的产出弹性为 0，则有

$$Y = AK$$

即

$$A = Y/K$$

此时，A 为资金产出率。

很显然，不管是劳动生产率还是资金产出率，其大小均反映了所考察对象所达到的技术水平的高低，所以，A 通常就被定义为所考察对象的技术水平。尤其是当式（5-1）为一次齐次式（即 $\alpha + \beta = 1$ 时）时，A 即可直接写为

$$A = \left(\frac{K}{Y}\right)^{-\alpha} \left(\frac{Y}{L}\right)^{1-\alpha} \tag{5-2}$$

即技术水平 A 就等于资金产出率的 α 次方与劳动生产率的 $(1-\alpha)$ 次方的乘积。当 C-D 模型为一次齐次式时，也就称作索洛模型。式（5-2）的另一种表达方式是

$$A = \left(\frac{Y}{K}\right)^{\alpha} \left(\frac{Y}{L}\right)^{1-\alpha} \tag{5-3}$$

所以，技术水平 A 通常也叫做全要素生产率。

柯布和道格拉斯两人在对美国制造业 1899～1922 年的情况进行研究后，得出了此期间美国制造业的一次齐次式函数，他们估计的 α 值为 0.25。最初，柯布和道格拉斯认为，在生产函数中 A 是一个常数，实际上柯布 - 道格拉斯生产函数所描述的就是某一个时点上产出与投入之间的关系。因此，当 α 为已知

时，即可根据式（5-2）计算出某一时点上的技术水平 A。

但是，柯布-道格拉斯生产函数仅能描述在某一恒定的技术水平下投入与产出之间的关系，因而就使得它在分析技术进步的作用方面显得无能为力。

1942 年，荷兰经济学家丁伯根（J. Tinbergen，经济计量学的重要创始人之一，首届诺贝尔经济学奖得主）以德文发表了一篇论文，在资本和劳动投入的函数中添加了一个时间趋势，认为技术水平 A 是随着时间变化的，且与时间呈下列所示关系。

$$A = A_0 \mathrm{e}^{rt}$$

丁伯根把 A 用以表示"效率"的水平，第一次提出了全要素生产率（即广义的技术进步）的问题，使得技术进步的测算成为可能。这是生产函数研究的一个进步，它表明技术水平是随着时间呈幂函数形式增长。但丁伯根的这篇论文当时没有得到应有的重视。

在此后很长一段时间，生产函数的研究一直没有大的进展。其原因在于：当时，利用柯布-道格拉斯生产函数，未能直接计算出技术进步作用。直到 1957 年，美国麻省理工学院教授经济学家索洛（R.M.Solow）在中性技术进步（技术进步不引起资本有机构成的改变）假设条件下，推导出增长速度方程，分离出了技术进步的作用，揭示出经济增长过程的背后技术进步所起的重大作用，才把生产函数的研究大大推进了一步，索洛也因这项研究成果获得 1987 年诺贝尔经济学奖。索洛的主要贡献是，把道格拉斯和丁伯根的贡献集中在他的论文中，提出了总量生产函数的概念，明确地将技术进步纳入生产函数中，在数量上建立了产出增长率、全要素生产率与投入要素（劳动、资本）增长率的关系，首次定量地分离出了技术进步在经济增长中的作用。这篇论文对以后的技术进步经济学的发展产生了巨大的影响，被各国经济学家视为这一领域的经典之作。

在索洛研究的基础上，许多经济学家又做了大量工作，推动了这一理论的进一步发展。美国布鲁金森学会（Brookings Institution）的丹尼森（E. F. Denison）和哈佛大学的乔根森（D. W. Jorgenson）是其中两个重要的代表。丹尼森把总投入和全要素生产率分别细分为若干个子因素，定量地估计出了各个子因素对产出增长的影响。考虑到就业、工作时间、教育、性别、年龄等因素的影响对劳动投入数据进行的修正，是丹尼森在前人方法基础上的一大进步。乔根森把资本投入和劳动投入的增长分解为数量增长和质量增长，采用超越对数生产函数，在部门和总量两个层次上对全要素生产率进行了度量。乔根森方法的核心是根据投入的质量变化和价格变化对投入数据进行了修正。

　　根据目前的研究结果，可以用柯布 - 道格拉斯生产函数计算出某一时刻的技术水平，并由此计算技术进步对新增产值的贡献，或技术进步对新增劳动生产率的贡献，通常可通过直接计算技术进步对产值增长速度的作用或贡献来实现。这种对技术进步作用或贡献率分析的方法就是索洛余值法。余值的意思是说，技术进步贡献率包括了除资本和劳动贡献以外的所有因素。由于索洛余值法对技术进步贡献率的测定主要是基于一次齐次式的，所以通常把柯布 - 道格拉斯生产函数的一次齐次式也叫索洛模型。这些都属于另外的问题。

　　本篇在这里所关心的，不是技术进步贡献的大小，而是如何测度技术水平的问题。

　　为了估计柯布 - 道格拉斯生产函数的参数，通常可令

$$Y = AX_1^{\alpha}X_2^{\beta}\mathrm{e}^{U}$$

其中，e 为自然对数的底（e = 2.718）。给两端同时取对数，得到

$$\ln Y = \ln A + \alpha\ln X_1 + \beta\ln X_2 + U$$

做变量代换，令

$$\ln Y = Y',\ \ln A = A',\ \ln X_1 = X_1',\ \ln X_2 = X_2'$$

则

$$Y' = A' + \alpha X_1' + \beta X_2' + U$$

对此二元线性模型应用最小平方方法即可得到 α 和 β 的估计值。

　　当 $\alpha + \beta = 1$ 时可做出假定：令 $\alpha + \beta = 1$ 则 $\beta = 1 - \alpha$。这时，有

$$Y = AK^{\alpha}L^{1-\alpha} = A\frac{K^{\alpha}}{L^{\alpha}}L$$

即

$$\frac{Y}{L} = A\left(\frac{K}{L}\right)^{\alpha}$$

两端取对数后得到

$$\ln\frac{Y}{L} = \ln A + \alpha\ln\frac{K}{L}$$

$$或 Y' = A' + \alpha X$$

这样，一个二元非线性模型就变成了一个一元线性模型。

　　通过这种方法，求得 α 的估计值后，我们就可以利用式（5-2）或式（5-3）

直接计算出不同时期的技术水平 A。

国内外的大量研究成果都表明，α 和 β 的和大多都在 1 左右，α 的值大多都在 0.2～0.4。当然，柯布 - 道格拉斯生产函数是不是一次齐次式必须运用专门的方法对模型中参数所加约束的真伪进行检验，以便确知所加约束条件（$\alpha+\beta=1$）是否与原模型具有显著不同，亦即两者是否确实没有差异。这通常可以利用 Eviews 软件中的 Wald 命令进行。

5.2 技术溢出效应的分离及其影响因素

一旦求出了不同时期的技术水平 A，就可以用不同时期的技术水平 A 作为因变量，与相关因素进行回归，从而实现技术溢出效应与技术水平的分离。

假定 Y 表示不同时期的技术水平，X_1，X_2，$\cdots$，X_k 表示 k 个相关因素，运用经济计量学方法，即可得到相应的回归方程为

$$\hat{Y} = \hat{\beta}_0 + \hat{\beta}_1X_1 + \hat{\beta}_2X_2 + \cdots + \hat{\beta}_kX_k \tag{5-4}$$

在这里，$\hat{Y}$ 表示技术水平 Y 的理论估计值，$\hat{\beta}_0$ 即可以看做是技术溢出部分。根据经济计量学原理，$\hat{\beta}_0$ 通常是因变量 Y 中不受 k 个解释变量影响的部分，也就是当所有的解释变量都为 0 的时候的因变量值。对于这里的技术水平 Y 来说，这种关系可用如图 5-1 所示图式来表示。

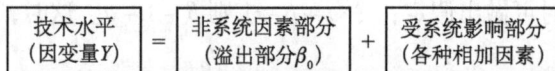

$$\boxed{\begin{array}{c}\text{技术水平}\\(\text{因变量}Y)\end{array}} = \boxed{\begin{array}{c}\text{非系统因素部分}\\(\text{溢出部分}\beta_0)\end{array}} + \boxed{\begin{array}{c}\text{受系统影响部分}\\(\text{各种相加因素})\end{array}}$$

图5-1　技术水平分解示意图

也就是说，当所有的系统因素都取 0 值的时候，这时的技术水平无疑就可以理解为技术的溢出部分。事实上，如果我们承认技术溢出是一种客观存在的现象，那么一个特定地区整体的技术水平，就应该由两个部分构成，一部分是受系统因素影响的部分，另一部分是技术的溢出部分。按照这种解释，技术的溢出部分也可以称做技术逸出部分，即从系统中逃逸出来的部分。这在现实中是不难理解的。因为我们知道，技术溢出是一种客观存在的现象，不管你是否承认它。这种现象的存在，毫无疑问会使得特定空间范围内的技术水平得以提高。因此，把一个特定空间范围的技术水平分解为非系统因素部分即溢出部分和受系统因素影响部分即系统中各种相加因素两部分的和就

是很自然的了。

此外，把模型中的常数部分理解为溢出部分，也可以从估计值$\hat{\beta}_0$的计算式得到说明。

按照经济计量学原理，估计值$\hat{\beta}_0$的计算公式是

$$\hat{\beta}_0 = \overline{Y} - \hat{\beta}_1\overline{X}_1 - \hat{\beta}_2X_2 - \cdots - \hat{\beta}_k\overline{X}_k \qquad (5\text{-}5)$$

按照式（5-5），常参数$\hat{\beta}_0$就等于技术水平的平均值减去各个影响因素的平均值与其边际值的乘积后的余额。不难理解，在平均的技术水平中减去受各种因素影响的部分后，剩余的就只能是系统的溢出部分了，也就是不受系统因素影响的部分。

根据式（5-2）和式（5-3），在影响溢出效应的k个因素中，首先应该是两个必要生产因素的生产率即全员劳动生产率（Y/L）和资本产出率（Y/K）。这两个要素生产率越高，技术水平就越高。我们已经知道，技术水平与技术溢出效应是正相关关系，即技术水平越高溢出效应就越强。因此，影响技术水平的各种因素必然也会影响到技术溢出效应的变化。然而，根据图5-1和式（5-5），在技术水平一定的条件下，技术溢出效应与影响技术水平的系统因素的作用是互为消长的关系。这种互为消长的关系，其主要原因是技术水平一定。在技术水平不断变化的情况下，溢出效应也会随之发生变化。技术水平和溢出效应与系统相关因素三者之间的关系一般可用如图5-2所示的情形来表示，即系统相关因素影响技术水平，技术水平影响溢出效应。也就是说，影响技术水平的系统相关因素通常总是通过影响技术水平的变化从而实现对技术溢出效应的影响的。

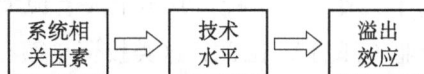

```
┌──────┐      ┌──────┐      ┌──────┐
│系统相 │ ⟹   │技术   │ ⟹   │溢出   │
│关因素 │      │水平   │      │效应   │
└──────┘      └──────┘      └──────┘
```

图5-2 溢出效应与系统相关因素的关系

影响技术水平的因素，除了两个必要生产因素的生产率即全员劳动生产率（Y/L）和资本产出率（Y/K），通常还包括从业人员结构及第三产业从业人员比重、从业人员中科技工作者的比重、资本结构及实际利用外商直接投资金额，以及研发经费占国民生产总值的比重等因素，这些也会对技术水平起到重要的影响作用。下面我们对这些影响技术水平的系统相关因素进行分析。

1. 从业人员结构及第三产业从业人员比重

全员劳动生产率是影响技术水平高低的一个重要因素。然而，在从业人员结构中，毫无疑问，第三产业从业人员所占的比重越大，劳动生产率就越高。因为按照经济学的克拉克定理，在产业结构的变化过程中，第三产业就业的比重会不断增加，第一产业的就业比重则会逐步减小。这是因为，按照城市第二经济效率，以土地单位面积的平均产值为标准，用于农业的土地和用于工业的土地相比，用于工业的土地和用于商业的土地相比，其单位面积产值都有很大的差别，它们依次按照"农业—工业—商业"的顺序递增。所以，在从业人员结构中，第三产业从业人员所占比重越大，全员劳动生产率就越高，也就是必然的了。

2. 从业人员中科技工作者的比重

科学技术是生产力，这是被历史证明了的客观真理。因此，在从业人员中科技工作者的比重越高，说明科技实力就越强，科技转化为生产力的能力也就越强，生产力的发展也就越快。根据《中国科技统计年鉴 2009》有关资料，2007 年每万名劳动力中从事研发活动的人员，我国是 22 人，日本是 141 人，法国是 132 人，瑞典和丹麦均是 159 人，俄罗斯是 121 人。我国只及发达国家的 $1/7 \sim 1/6$。

3. 资本结构及实际利用外商直接投资金额

资本产出率是影响技术水平高低的又一个重要因素。然而在资本结构中，投资于技术含量高的先进生产行业（部门）的资本越多，资本的产出率就越高。在我国目前的资本结构中，外商直接投资基本上或者说大多都投资于技术含量相对较高的先进生产行业（部门）。因此，这类投资总额在资本总额中占的比重越高，资本的产出率也就越高。

4. 研发经费占国民生产总值的比重

一国中研发经费投资占国民生产总值的比重反映了一国研发经费投资与国民生产总值的相对比例。这一比例越高，国民生产总值未来增长的潜力就越大，技术水平也就越高。近十几年来，我国研发经费投资逐年增多。根据《中国科技统计年鉴 2009》有关资料，1994 ～ 2008 年，我国研发经费投资由 306.3 亿元增加到了 4616 亿元，增长了 14 倍多。但与发达国家相比，仍然有一定差距。

2007 年，我国研发经费投资占国民生产总值的比重是 1.44%，而美国和日本则分别为 2.68% 和 3.44%。

5.3 陕西省1978~2009年的技术水平测度及溢出效应分析

技术溢出会受哪些因素影响，怎样把它从技术水平的变化中客观地分离出来，对此本篇以陕西省改革开放后 32 年来的数据作为研究对象，进行了实证分析。

5.3.1 陕西省1978~2009年的技术水平测度

陕西省 1978 ～ 2009 年生产总值（Y）、从业人员人数（L）和固定资产投资合计（K）的统计数据如表 5-1 所示。运用 Eviews 6.0 软件对表 5-1 中的数据进行回归，使用统一的变量单位，直接应用柯布 - 道格拉斯生产函数模型，得到的回归结果如图 5-3 所示。

表5-1　陕西省1978～2009年生产总值及相关变量数据

年份	生产总值/亿元	从业人员人数/万人	固定资产投资合计/亿元	年份	生产总值/亿元	从业人员人数/万人	固定资产投资合计/亿元
1978	100.0	1078	20.35	1994	422.6	1720	283.29
1979	107.5	1105	21.16	1995	466.6	1748	324.33
1980	115.3	1158	27.80	1996	517.5	1776	372.00
1981	120.5	1202	22.92	1997	572.9	1792	424.10
1982	131.5	1250	29.48	1998	639.4	1788	544.89
1983	141.1	1285	30.83	1999	705.3	1808	619.27
1984	166.2	1337	40.39	2000	788.7	1813	745.85
1985	193.6	1375	57.99	2001	855.0	1785	850.66
1986	210.4	1409	63.53	2002	949.9	1874	974.63
1987	231.4	1449	80.89	2003	1062.0	1912	1278.72
1988	280.0	1494	94.72	2004	1199.0	1941	1544.19
1989	289.2	1529	95.18	2005	1350.1	1976	1982.04
1990	299.0	1576	103.72	2006	1522.9	2011	2610.22
1991	320.5	1640	124.93	2007	1745.2	2041	3642.13
1992	347.1	1672	142.47	2008	2093.0	2069	4851.41
1993	389.1	1708	228.21	2009	2377.6	2094	6553.39

Dependent Variable: Y_0
Method: Least Squares
Included observations: 30

	Coefficient	Std. Error	t-Statistic	Prob.
C	3.847451	1.047782	3.671995	0.0010
K_0	0.476580	0.021773	21.88863	0.0000
L_0	0.596929	0.182754	3.266293	0.0030
R-squared	0.996413	Mean dependent var		15.16217
Adjusted R-squared	0.996147	S.D. dependent var		0.860123
S.E. of regression	0.053388	Sum squared resid		0.076959
F-statistic	3750.032	Durbin-Watson stat		0.853853
Prob(F-statistic)	0.000000			

图5-3　柯布-道格拉斯生产函数的回归结果

得到模型的两种形式为（下面圆括号的数字为参数标准误差）：

线性形式　$\ln Y = 3.847 + 0.477\ln K + 0.597\ln L$　$F = 3750.032$　　　　（5-6）
　　　　　　（1.048）（0.022）（0.183）　（$F_{0.01} = 5.49$）

指数形式　$Y = 46.8523K^{0.477}L^{0.597}$　　　DW = 0.854　　　ESS = 0.0534

不难看出，α 和 β 的和比较接近于 1，所有参数数值都明显地大于其标准误差的 2 倍，说明参数是充分有效的。同时，F 统计量也是显著大于其临界值，说明模型的总显著性水平很高，模型充分有效。模型表明，在陕西省改革开放以来的 32 年中，劳动力投入的平均弹性是 0.597，资本投入的平均弹性是 0.477。即劳动力投入每增加 100%，生产总值会增加 59.7%；资本投入每增加 100%，生产总值会增加 47.7%。

为了测算出技术水平 A，必须对施加约束的柯布 - 道格拉斯生产函数进行回归，通过 Wald 检验可识别模型中参数所加约束条件（$\alpha + \beta = 1$）的真伪。Wald 检验结果如图 5-4 所示，由于 $F = 0.2058$，明显小于其临界值 $F_{0.01}(1, 27) = 7.68$，因此可以确知所加约束条件是真实的，即施加约束后的柯布 - 道格拉斯生产函数与原模型没有显著不同，可以对柯布 - 道格拉斯生产函数的一次齐次式进行回归。

| Wald Test: | | | |
| Equation: Untitled | | | |

Test Statistic	Value	df	Probability
F-statistic	0.205814	(1, 27)	0.6537
Chi-square	0.205814	1	0.6501

Null Hypothesis Summary:

Normalized Restriction (= 0)	Value	Std. Err.
$-1 + C(2) + C(3)$	0.073509	0.162033

图5-4　Wald检验结果

对表 5-1 中的数据施加约束（$\alpha + \beta = 1$）后进行回归，则可以得到柯布 - 道格拉斯生产函数的一次齐次式，即索洛模型，回归结果如图 5-5 所示。

同样的，从回归结果中可以得到两种不同形式的模型：

线性形式：$\ln\left(\dfrac{Y}{L}\right) = 4.322 + 0.486 \ln\left(\dfrac{K}{L}\right)$　　$F = 4822.683$　　　（5-7）

　　　　　　　　（0.051）（0.007）　　　　　（$F_{0.01} = 7.64$）

指数形式：$Y = 75.339 K^{0.486} L^{0.514}$　　　DW = 0.875　　　ESS = 0.0526

在这里，99% 显著性水平条件下的 F 临界值为 7.64，而模型的 F 值显著大于其临界值，故可以认为模型是充分有效的。从回归结果中可以看到，各个参数的 t 统计量都明显大于 2，则可以认为参数是充分有效的。

根据本章 5.1 节的介绍，当柯布 - 道格拉斯生产函数模型为一次齐次式即 $\alpha + \beta = 1$ 时，技术水平的表达方式是

$$A = \left(\frac{K}{Y}\right)^{-\alpha} \left(\frac{Y}{L}\right)^{1-\alpha} = \left(\frac{Y}{K}\right)^{\alpha} \left(\frac{Y}{L}\right)^{1-\alpha} = \left(\frac{Y}{K}\right)^{0.486} \left(\frac{Y}{L}\right)^{0.514}$$

Dependent Variable: Z

Method: Least Squares

Included observations: 30

	Coefficient	Std. Error	t-Statistic	Prob.
C	4.322216	0.050930	84.86632	0.0000
Z_1	0.485918	0.006997	69.44554	0.0000

R-squared	0.994228	Mean dependent var	7.795548
Adjusted R-squared	0.994021	S.D. dependent var	0.680614
S.E. of regression	0.052626	Sum squared resid	0.077545
F-statistic	4822.683	Durbin-Watson stat	0.874549
Prob(F-statistic)	0.000000		

图5-5　索洛模型回归结果

据此，结合 Eviews 6.0 数据分析工具，可以得到 1978 ～ 2009 年对应的技术水平测度值，如表 5-2 所示。32 年中的技术水平变化曲线（散点图）如图 5-6 所示。

表5-2　陕西省1978~2009年的技术水平测度值

年份	技术水平	年份	技术水平
1978	72.648	1990	80.989
1979	75.665	1991	77.699
1980	69.384	1992	78.164
1981	78.129	1993	68.931
1982	73.947	1994	67.156
1983	76.548	1995	68.856
1984	77.476	1996	70.862
1985	74.617	1997	73.268
1986	76.605	1998	72.478
1987	73.847	1999	74.700
1988	81.468	2000	76.206
1989	82.955	2001	78.120

续表

年份	技术水平	年份	技术水平
2002	79.232	2006	75.895
2003	76.833	2007	73.412
2004	78.535	2008	76.703
2005	77.613	2009	74.211

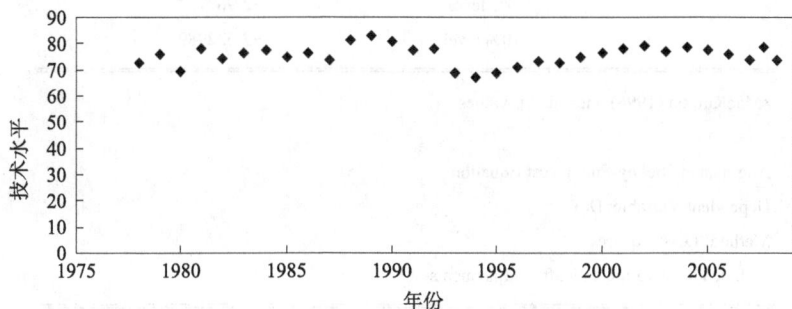

图5-6 陕西省32年中的技术水平变化散点图

从表 5-2 和图 5-6 可以直观地看出，改革开放以来，陕西省的技术水平值基本保持在 70 ~ 80，变化不是很大。这一方面说明陕西省的技术水平较为稳定，受其他因素的影响不大；另一方面也说明，陕西省的科技创新还很不足，对新技术、新技能的科技研发还有待提高。同时，从经济计量学的角度观察，陕西省技术水平的变化很可能包含单位根（即技术水平为常数），因此有必要进行单位根检验。单位根检验的结果如图 5-7 所示。

由图 5-7 容易看出，陕西省技术水平在 10% 的显著性水平上不包含单位根，在 5% 的显著性水平上含有单位根。对序列差分后序列即变得平稳，得到如下有效的时间序列方程模型。

$$D(Y_t) = 33.65 - 0.445Y_{t-1} \qquad F = 7.84 \tag{5-8}$$
$$(12.03)\,(0.159) \qquad DW = 2.108$$

该模型表明，陕西省技术水平的变化，就其增量看，实际上是下降的。在模型中，$D(Y_t)$ 是对技术水平的差分，亦即技术水平变化的增量。

这种结果表明，对技术水平进行回归，直接使用时间序列数据或者差分数据都是可以的。

Null Hypothesis: *Y* has a unit root
Exogenous: Constant
Lag Length: 0 (Automatic based on SIC, MAXLAG=7)

		t-Statistic	Prob.*
Augmented Dickey-Fuller test statistic		−2.799322	0.0707
Test critical values:	1% level	−3.679322	
	5% level	−2.967767	
	10% level	−2.622989	

*MacKinnon (1996) one-sided p-values.

Augmented Dickey-Fuller Test Equation
Dependent Variable: D(Y)
Method: Least Squares
Included observations: 29 after adjustments

	Coefficient	Std. Error	*t*-Statistic	Prob.
Y(−1)	−0.445453	0.159129	−2.799322	0.0093
C	33.64770	12.02608	2.797894	0.0094
R-squared	0.224944	Mean dependent var		0.026345
Adjusted *R*-squared	0.196238	S.D. dependent var		3.671816
S.E. of regression	3.291884	Sum squared resid		292.5856
F-statistic	7.836203	Durbin-Watson stat		2.107638
Prob(*F*-statistic)	0.009340			

图5-7　陕西省技术水平单位根检验的结果

5.3.2 陕西省技术溢出效应分析

我们已经知道，技术水平与技术溢出效应是正相关关系，即技术水平越高，溢出效应就越强。为了对影响技术水平的各种因素进行分析，需要收集整理影响技术水平变化的各个因素（详见 5.2 节）的有关数据，如表 5-3 所示（本表计算中的原始数据参见本章之后的附表 5-1）。其中，FDI 采用实际利用外商直接投资额测算，它的统计单位为万美元，为统一货币单位，在调整 FDI 数据的时候，采用人民币汇率年平均价把美元转换成人民币。

表5-3 陕西省影响技术水平变化的有关变量的原始数据

年份	资本产出率（Y/K）	全员劳动生产率（Y/L）	第三产业从业人员比重/%	每万人劳动力中从事研发活动的人/人	FDI占全部投资总额的比重/%	研发经费占国民生产总值的比重/%
1978	4.913	927.644	11.039	0.000	0.000	0.000
1979	5.080	972.851	10.860	0.000	0.000	0.000
1980	4.147	995.682	11.054	0.000	0.000	0.000
1981	5.256	1 002.496	11.647	17.136	0.000	0.000
1982	4.461	1 052.000	11.840	16.311	0.000	0.000
1983	4.577	1 098.054	12.529	16.548	0.000	0.000
1984	4.115	1 243.082	13.762	13.625	1.041	0.000
1985	3.339	1 408.000	14.545	13.403	0.696	0.000
1986	3.312	1 493.258	16.466	14.291	2.020	2.987
1987	2.861	1 596.963	16.080	14.153	3.349	2.801
1988	2.956	1 874.163	16.399	15.405	4.390	2.521
1989	3.038	1 891.432	16.874	16.144	3.845	2.863
1990	2.883	1 897.208	16.751	16.891	1.933	1.365
1991	2.565	1 954.268	16.585	16.157	1.346	2.723
1992	2.436	2 075.957	16.926	16.187	1.774	3.212
1993	1.705	2 278.103	18.267	16.265	5.916	2.846
1994	1.492	2 456.977	19.302	18.179	7.244	2.463
1995	1.439	2 669.336	20.080	18.209	8.344	2.288
1996	1.391	2 913.851	21.509	26.111	7.377	2.136
1997	1.351	3 196.987	22.321	25.182	12.279	2.116
1998	1.173	3 576.063	24.217	24.287	4.558	2.050
1999	1.139	3 900.996	25.000	27.626	3.546	1.717
2000	1.057	4 350.248	27.799	35.371	3.334	2.742
2001	1.005	4 789.916	27.675	32.087	3.422	2.571
2002	0.975	5 068.837	30.043	32.301	3.487	2.694
2003	0.831	5 554.393	28.818	28.368	3.016	2.627
2004	0.776	6 177.228	31.685	25.255	2.823	2.629
2005	0.681	6 832.490	32.945	27.154	2.597	2.515
2006	0.583	7 572.849	33.814	29.566	2.825	2.241
2007	0.479	8 550.710	34.640	31.882	2.495	2.227
2008	0.431	10 115.998	35.760	32.885	1.976	2.320
2009	0.363	11 354.334	34.630	30.922	2.305	3.021

资料来源：整理自《陕西统计年鉴》《中国科技统计年鉴》和《中国统计年鉴》，人民币汇率年平均价采用《中国统计年鉴》公布的数据

首先分析的是两个必要生产因素的生产率即全员劳动生产率（Y/L）和资本产出率（Y/K）。这两个要素生产率越高，技术水平就越高，技术水平越高，技

术的溢出效应就越强。以技术水平（A）为因变量，全员劳动生产率（Y/L）和资本产出率（Y/K）为解释变量，得到检验结果如图 5-8 所示（注意，这里回归的时候无须再对解释变量取对数）。其中 X_1 代表资本产出率（Y/K），X_2 代表全员劳动生产率（Y/L）。

Dependent Variable: A
Method: Least Squares
Included observations: 30

	Coefficient	Std. Error	t-Statistic	Prob.
C	69.27274	3.710028	18.67176	0.0000
X_1	1.349437	0.833224	1.619535	0.1170
X_2	0.000951	0.000593	1.602480	0.1207

R-squared	0.094995	Mean dependent var	75.40796
Adjusted R-squared	0.027957	S.D. dependent var	3.859909
S.E. of regression	3.805570	Sum squared resid	391.0239
F-statistic	1.417042	Durbin-Watson stat	0.772901
Prob(F-statistic)	0.259890		

图5-8 技术水平与两个生产率的关系检验结果

根据回归结果，写出相应的回归方程为

$$A = 69.273 + 1.349X_1 + 0.000\,951X_2 \qquad F = 1.417 \qquad (5\text{-}9)$$
$$(3.71)\,(0.833) \qquad (0.000\,593) \qquad (F_{0.01} = 5.45)$$

从 Eviews 输出结果看来，除了常数项，其余两个参数的有效性都不是很显著（X_1、X_2 的 t 检验值小于 2）。观察模型的 F 值，发现其明显小于其临界值，也就是说模型的有效性是有局限性的。但同时，我们也容易看出，虽然模型的有效性受限，但是两个解释变量的有效性尚可达到 85% 以上，资本产出率为88.3%，全员劳动生产率是 87.93%，这说明模型还是能够说明一定问题的，或者说是具有一定的解释能力的。尤其重要的是，常参数的解释能力几乎达到了100%。根据本章 5.2 节提出的原理，常参数正好反映了技术水平中的溢出部分。这说明，在陕西省 1978~2009 年技术水平的演化中，主体的部分是技术溢出部分，受系统变量影响的部分很少。尤其是全员劳动生产率因素，全员劳动生产率每增加一个单位，技术水平仅提高 0.000 951 个单位（资本产出率增加一个单位尚可使技术水平提高 1.349 个单位）。

　　当然，影响技术水平的因素除了包括两个必要生产因素的产出率以外，还包括从业人员结构及第三产业从业人员的比重、从业人员中科技工作者所占的比重、资本结构及实际利用外商直接投资金额，以及研发经费占国民生产总值的比重，这些因素对技术水平同样有着重要的促进作用。因此，有必要再将这些因素引入进行计量分析。为了方便分析，分别以 X_3、X_4、X_5、X_6 代表第三产业从业人员比重、每万人劳动力中从事研发活动的人数、FDI 占全部投资总额的比重和研发经费占国民生产总值的比重这四个解释变量。

　　分析结果表明，当以全部六个解释变量进行回归的时候，X_2 和 X_5 的系数出现负号，且可靠性均不超过 80%，这在理论上是不可解释的。出现这种情况的原因，主要是由于这六个解释变量之间高度的线性相关关系引起的多重共线性造成的。因此删除 X_2 和 X_5，再次进行回归，得到的回归结果如图 5-9 所示。

Dependent Variable: Y_1
Method: Least Squares
Included observations: 30

	Coefficient	Std. Error	t-Statistic	Prob.
C	41.50467	7.059428	5.879326	0.0000
X_1	5.459768	1.128971	4.836056	0.0001
X_3	0.571547	0.207084	2.759972	0.0107
X_4	0.229621	0.118591	1.936237	0.0642
X_6	2.582212	0.751793	3.434737	0.0021

R-squared	0.506119	Mean dependent var		75.40793
Adjusted R-squared	0.427098	S.D. dependent var		3.859913
S.E. of regression	2.921580	Sum squared resid		213.3907
F-statistic	6.404864	Durbin-Watson stat		1.118382
Prob(F-statistic)	0.001084			

图5-9　系统因素与技术水平的计量分析结果

　　根据计量分析结果，写出对应的计量模型如下。

$$A = 41.505 + 5.46X_1 + 0.572X_3 + 0.2296X_4 + 2.582X_6 \quad F = 6.405 \quad （5\text{-}10）$$
$$（7.06）（1.13）（0.207）（0.119）（0.752）\quad DW = 1.118$$

从计量分析的结果看来，除了 X_4 的参数显著性（亦即可靠性）较差外（93.6%），其余变量的显著性都在 95% 以上。模型的总显著性水平接近 99.9%。该模型表明，在同时考虑资本产出率（X_1）、第三产业从业人员比重（X_3）、每万人中从事研发活动的人员数（X_4），以及研发经费占国民生产总值的比重（X_6）时，技术水平中的溢出部分为 41.5。在所考虑的四个解释变量中，对技术水平影响最大的是资本产出率 X_1，为 5.46 [这一点与模型（5-9）所揭示的事实一致]；其次是研发经费比重 X_6，为 2.58。

根据经济计量学原理，克服多重共线性的一个有效办法，是改变解释变量的组合，即可以使用不同的解释变量组合进行回归。因此，可以将 X_1、X_2、X_4、X_6 四个解释变量组合进行回归，得到的回归结果如图 5-10 所示。

Dependent Variable: A
Method: Least Squares
Included observations: 30

	Coefficient	Std. Error	t-Statistic	Prob.
C	49.99382	5.587788	8.946979	0.0000
X_1	4.658500	1.058700	4.400206	0.0002
X_2	0.001164	0.000537	2.165458	0.0401
X_4	0.307774	0.115500	2.664722	0.0133
X_6	2.592045	0.805499	3.217937	0.0036
R-squared	0.457407	Mean dependent var		75.40793
Adjusted R-squared	0.370593	S.D. dependent var		3.859913
S.E. of regression	3.062270	Sum squared resid		234.4374
F-statistic	5.268772	Durbin-Watson stat		1.035606
Prob(F-statistic)	0.003222			

图5-10 技术水平与 X_1、X_2、X_4、X_6 的回归结果

相应的回归方程模型为

$$A = 49.994 + 4.659X_1 + 0.001\,16X_2 + 0.308X_4 + 2.592X_6 \quad F = 5.269 \quad (5\text{-}11)$$

$$(5.588)\ (1.0587)\ (0.000\,537)\ (0.116)\ (0.806)\ \text{DW} = 1.036$$

在该模型中，对技术水平影响最大的仍然是资本产出率 X_1，为 4.659；其次是研发经费比重 X_6，为 2.592。在这种组合条件下，技术的溢出部分即常参数，比第一种组合要大，为 49.994。

根据经济计量学原理，解决多重共线性问题还有一个实用方法，就是逐步回归方法。逐步回归过程可以使用添加变量方式，简称加元法，也可以使用删除变量方式，简称减元法。加元法是从与解释变量相关系数最高的变量开始逐步增加变量，每增加一个解释变量必须使得可决系数有所提高。减元法需要先对需要考察的全部变量回归，然后逐步删除解释变量，以达到消除多重共线性的目的。通常可先对全部解释变量的相关系数矩阵进行观察，从中找出相关系数最大的两个变量，然后让其中一个退出解释变量组合。这样做的道理是容易理解的，因为这两个变量高度相关，所以只需要用其中一个作为解释变量即可。至于保留哪一个变量，这需要根据回归分析的结果确定。确定的原则，一是留下来的变量自身要有较高的 t 统计量，二是其他的变量也要有较高的 t 统计量。具体地说，可以看回归的 F 统计量，即保留具有较高的 F 统计量的解释变量即可。

在所使用的六个解释变量中，其相关系数如表 5-4 所示。不难看出，相关系数最大的是 X_2 和 X_3，经过比较，保留 X_3 较好（X_3 F 值为 5.15，保留 X_2 时 F 值为 4.48）。接下来相关系数次高的是 X_1 和 X_3，经过比较，保留 X_1 较好（F 值为 5.81，保留 X_3 时 F 值为 3.44）。解释变量 X_1、X_4、X_5、X_6 四个变量组合的回归结果如图 5-11 所示。

表5-4 解释变量相关系数矩阵

解释变量	X_1	X_2	X_3	X_4	X_5	X_6
X_1	1					
X_2	−0.795 59	1				
X_3	−0.914 00	0.942 919	1			
X_4	−0.847 86	0.765 143	0.876 681	1		
X_5	−0.533 96	0.101 787	0.257 462	0.350 625	1	
X_6	−0.761 68	0.482 929	0.606 461	0.586 217	0.509 432	1

相应的回归方程模型为

$$A = 60.84 + 2.518X_1 + 0.3278X_2 - 0.6054X_5 + 2.2257X_6 \quad F = 5.706 \quad (5\text{-}12)$$
$$(4.928)\quad(0.895)\quad(0.1108)\quad(0.251)\quad(0.747)\quad\quad DW = 1.283$$

这个模型的显著特点是，其中的 X_5 的系数为负值，而且其可靠性概率在 95% 以上。这说明在陕西省 1978~2009 年的发展变化中，其技术水平确确实实存在着某些因素的负面冲击，这个因素不是别的正是 X_5，即 FDI 占全社会固定资产投资总额的比重。根据本书第 1 章的分析，FDI 所带来的技术多是比较前沿的技术，为什么在陕西省反倒导致了技术水平的下降呢？分析其中的原因，主要是两点：一是陕西省引进国外直接投资的时间起步晚，这一点由表5-3容易看出，起步时间是1984年；二是陕西省引进国外直接投资起伏波动较大，从1993年到2007年，FDI占全社会固定资产投资总额的比重基本上呈一个倒U形变化趋势，在1997年达到最大值，以后的10年基本上呈下降趋势。在多元分析中，一个变量上升，另一个变量下降，其系数必为负值。正是由于在这个模型中，一个变量的系数为负，因而溢出部分即常参数比前面的两个模型都要大。

Dependent Variable: Y
Date: 12/20/15   Time: 16:03
Included observations: 32

	Coefficient	Std. Error	t-Statistic	Prob.
C	60.41412	4.762496	12.68539	0.0000
X_1	2.622205	0.856399	3.061898	0.0049
X_4	0.329091	0.108365	3.036883	0.0052
X_5	-0.557349	0.234643	-2.375307	0.0249
X_6	2.184238	0.726853	3.005063	0.0057
R-squared	0.462683	Mean dependent var		75.41100
Adjusted R-squared	0.383080	S.D. dependent var		3.746734
S.E. of regression	2.942844	Sum squared resid		233.8290
F-statistic	5.812405	Durbin-Watson stat		1.264524
Prob(F-statistic)	0.001653			

图5-11　技术水平与X_1、X_4、X_5、X_6的回归结果

值得注意的是，这几个模型的拟合优度（即可决系数R^2，反映模型对样本数据解释的百分比），在这几个模型中都不是很高，最高的是模型（5-10），为50%多一点，但是模型的总体显著性水平和各个参数的显著性水平都很不错。因此，这些模型的解释能力应该是毋庸置疑的。这一点是可以理解的，因为拟合优度检验是检验已估计方程对样本的拟合程度，方程的显著性检验是检验模型总体的线性关系是否显著。方程对样本的拟合程度越高（R^2越大），模型总体的线性关系越强（F值越大）。但由于$F = \dfrac{R^2}{1-R^2} \times \dfrac{n-k-1}{k}$，即F统计量除了与$R^2$的大小有关，还与样本容量与解释变量个数有关，因此在实践中，若方程的拟合程度较低（较小R^2值），但样本容量较大或者解释变量个数较少，也可能

使得模型总体的线性关系显著，这里的模型就是属于这种情况。

通过上述分析我们还不难看出，在考虑的所有的影响因素中，影响作用最大的是资本产出率，其次是研发经费占国民生产总值的比重，这两个变量都是从资本的角度来影响技术水平的，说明陕西省在实施改革开放政策的 32 年里，推动技术进步（或全要素生产率，因为在这里技术水平也就是全要素生产率）的最主要因素还是资本的投入，这充分说明了陕西省经济发展所具有的初级阶段特点。

最后，这里涉及两个具体问题需要做进一步的讨论。

第一，当用技术水平作因变量对相关因素进行回归得到的多元线性回归方程模型中的常参数表示技术溢出时，技术溢出在关于技术水平的回归方程模型中是技术水平的一部分，技术水平越高技术溢出也就越强，这应该如何理解？按照技术水平越高技术溢出也就越强的说法，似乎技术溢出是独立于技术水平的另一个东西。其实不然。我们说，满则溢，不满是不可能溢出来的。依此说来，溢出来的东西和溢源无疑应该是同一个东西。也就是说，溢源的总量应该等于容器中的量与溢出来的量的总和。因此客观地说，技术水平的高低应该是由受系统因素影响的部分和溢出部分两个部分组成，才是合乎逻辑的。也就是说，技术水平里面本身客观地包含了技术的溢出部分。

第二，如果某个系统因素对技术水平的影响为负值，将导致溢出部分增加，这应如何理解。对这一问题的理解，关键的一点，仍然是要把技术溢出看做是技术水平的一部分。有了这样的观念，实际的问题就很容易理解。因为按照这一观点，很显然技术溢出的多少与系统因素影响的大小就是一种互为消长的关系，即对技术水平影响大的系统因素，对技术溢出的贡献就小，而对技术水平影响小的系统因素，对技术溢出的贡献就大。这就像系统分析中的"木桶效应"所揭示的道理一样，一个木桶的容量取决于构成这个木桶的最短板的长度。最短板对木桶的容积起了决定作用，即它是一个受限因素，但对于从木桶中溢出来的东西，它无疑就是一个起促进作用的因素。如此看来，在模型（5-12）中，虽然变量 X_5 即 FDI 占全社会固定资产投资总额的比重的系数为负值，表明了它对于技术水平的负面影响，但是它对于技术溢出的贡献却是正的。这与实际的客观情况是相一致的。因为，正如本书第 1 章所作的分析所表明的，FDI 所带来的技术多是比较前沿的技术，因此无疑其对技术溢出的贡献应该为正值。

附表5-1　各个变量的原始数据

年份	固定资产投资合计/万元	从业人员人数/万人	第三产业从业人员人数/万人	研发人员人数/人	研发经费支出金额/万元	实际利用外商直接投资金额/万元
1978	203 548	1 078	119	—	—	—
1979	211 622	1 105	120	—	—	—
1980	278 020	1 158	128	—	—	—
1981	229 244	1 202	140	20 598	—	—
1982	294 805	1 250	148	20 389	—	—
1983	308 266	1 285	161	21 264	—	—
1984	403 864	1 337	184	18 216	—	1 807
1985	579 881	1 375	200	18 429	—	1 374
1986	635 300	1 409	232	20 136	62 221	3 717
1987	808 912	1 449	233	20 507	68 614	7 278
1988	947 210	1 494	245	23 015	79 272	11 173
1989	951 793	1 529	258	24 684	102 587	9 719
1990	1 037 154	1 576	264	26 620	55 167	4 191
1991	1 249 323	1 640	272	26 497	127 516	3 159
1992	1 424 653	1 672	283	27 065	170 753	4 583
1993	2 282 062	1 708	312	27 781	193 026	23 432
1994	2 832 912	1 720	332	31 268	206 618	23 809
1995	3 243 250	1 748	351	31 830	237 233	32 407
1996	3 719 955	1 776	382	46 373	259 742	33 008
1997	4 240 987	1 792	400	45 127	288 519	62 816
1998	5 448 916	1 788	433	43 425	298 979	30 000
1999	6 192 743	1 808	452	49 948	273 508	26 528
2000	7 458 497	1 813	504	64 127	494 570	30 042
2001	8 506 562	1 785	494	57 275	516 917	35 174
2002	9 746 298	1 874	563	60 533	607 149	41 064
2003	12 787 197	1 912	551	54 239	679 914	46 602
2004	15 441 935	1 941	615	49 020	834 788	52 664
2005	19 820 389	1 976	651	53 656	924 462	62 839
2006	26 102 205	2 011	680	59 458	1 013 558	92 489
2007	36 421 295	2 041	707	65 072	1 217 106	119 516
2008	48 514 077	2 069	740	68 040	1 432 726	136 954
2009	65 533 918	2 094	725	64 752	1 895 063	151 053

第6章 技术溢出效应在我国不同地区的表现

6.1 对全国整体情况的分析

通过对全国整体情况的分析，可进一步加深我们对技术溢出效应影响因素的深层理解。因此，本部分将选取全国 31 个省（自治区、直辖市）的截面数据作为对象（在这里以哪一年为准并不重要），对技术溢出效应展开分析。本部分的基础数据来源于《中国统计年鉴 2010》，其中，指标的选取以第 5 章 5.2 节的说明为准，原始数据表如表 6-1 所示。

表6-1   2009年我国各省（自治区、直辖市）投入产出有关数据

地区	地区生产总值/亿元	就业人员/万人	全社会固定资产投资总额/亿元	地区	地区生产总值/亿元	就业人员/万人	全社会固定资产投资总额/亿元
北京	12 153.03	1 255.08	4 616.92	江西	7 655.18	2 244.15	6 643.14
天津	7 521.85	507.26	4 738.20	山东	33 896.65	5 449.77	19 034.53
河北	17 235.48	3 899.73	12 269.80	河南	19 480.46	5 948.78	13 704.50
山西	7 358.31	1 599.65	4 943.16	湖北	12 961.10	3 024.48	7 866.89
内蒙古	9 740.25	1 142.47	7 336.79	湖南	13 059.69	3 907.70	7 703.38
辽宁	15 212.49	2 189.96	12 292.49	广东	39 482.56	5 643.34	12 933.12
吉林	7 278.75	1 184.71	6 411.60	广西	7 759.16	2 862.63	5 237.24
黑龙江	8 587.00	1 687.47	5 028.83	海南	1 654.21	431.45	988.32
上海	15 046.45	929.24	5 043.75	重庆	6 530.01	1 878.48	5 214.28
江苏	34 457.30	4 536.13	18 949.87	四川	14 151.28	4 945.23	11 371.87
浙江	22 990.35	3 825.18	10 742.32	贵州	3 912.68	2 341.11	2 412.02
安徽	10 062.82	3 689.75	8 990.73	云南	6 169.75	2 730.20	4 526.37
福建	12 236.53	2 168.85	6 231.20	西藏	441.36	169.10	378.28

地区	地区生产总值/亿元	就业人员/万人	全社会固定资产投资总额/亿元	地区	地区生产总值/亿元	就业人员/万人	全社会固定资产投资总额/亿元
陕西	8 169.80	1 919.50	6 246.90	宁夏	1 353.31	328.50	1 075.91
甘肃	3 387.56	1 406.60	2 363.00	新疆	4 277.05	829.20	2 725.45
青海	1 081.27	285.50	798.23				

资料来源:《中国统计年鉴 2010》。

利用 Eviews 6.0 软件,以表 6-1 中的数据为样本,再根据式(5-1)对 C-D 生产函数模型参数进行 OLS 估计(需先对每个变量取对数),得到如图 6-1 所示结果。

	Coefficient	Std. Error	t-Statistic	Prob.
C	−0.658463	1.323664	−0.497455	0.6228
K_1	1.063736	0.113344	9.385038	0.0000
L_1	−0.004277	0.113025	−0.037841	0.9701

Dependent Variable: Y_1
Method: Least Squares
Included observations: 31

R-squared	0.936296	Mean dependent var	18.20278
Adjusted R-squared	0.931745	S.D. dependent var	1.018785
S.E. of regression	0.266164	Sum squared resid	1.983606
F-statistic	205.7654	Durbin-Watson stat	1.834239
Prob(F-statistic)	0.000000		

图6-1　C-D生产函数模型参数估计结果

模型的数学形式是

线性形式:$\ln Y = -0.658 + 1.064\ln K - 0.004\ln L$ $\quad F = 205.765$ (6-1)

$\qquad\qquad$ (1.324) $\quad$ (0.113) $\qquad$ (0.113)

指数形式:$Y = 0.518 K^{1.064} L^{-0.004}$ $\qquad$ DW = 1.834 $\qquad$ ESS = 0.266

其中,Y 代表我国各省(自治区、直辖市)的地区生产总值(亿元),$Y_1 = \ln$($Y \times 10\,000$);K 代表我国各省(自治区、直辖市)的全社会固定资产投资总额(亿元),$K_1 = \ln$($K \times 10\,000$);L 代表我国各省(自治区、直辖市)的就业人数(万人),$L_1 = \ln L$。

从回归结果可以看出,模型的拟合优度非常好($R^2 = 0.936\,296$),$F = 205.7654$,在给定显著性水平 $\alpha = 0.05$ 的情况下为极显著,说明该模型的解释能力很高。尽管在模型中,常参数和 L_1 的 t 检验值并没有通过检验,这说明 L_1 对 Y_1 的影响不显著，这主要是因为变量 L_1 和 K_1 之间存在多重共线性的影响（变量 K_1 和 L_1 之间的相关系数为 $r_{L_1 K_1} = 0.8874$），但是这并不影响我们这里的分析。

对 C-D 生产函数施加约束条件，令 $\alpha + \beta = 1$，并对其进行 Wald 检验，结果如图 6-2 所示。Wald 检验结果显示，检验统计量 F 值为 1.226，明显小于其临界值 $F_{0.05}$（1，28）= 4.20，也就是说，对原有 C-D 函数施加约束（$\alpha + \beta = 1$）之后，与原模型没有显著性差异，亦即约束条件为真。因此，可以利用索洛余值法求取 α 的估计值，从而估算出 2009 年我国各省（自治区、直辖市）的技术水平。

Test Statistic	Value	df	Probability
F-statistic	1.225550	(1, 28)	0.2777
Chi-square	1.225550	1	0.2683

图6-2 施加约束条件的Wald检验结果

索洛参数估计模型为 $\ln \dfrac{Y}{L} = \ln A + \alpha \ln \dfrac{K}{L}$，令 $Z = \ln \dfrac{Y}{L}$，$Z_1 = \ln \dfrac{K}{L}$，根据索洛模型估计参数，结果如图 6-3 所示。

Dependent Variable: Z
Method: Least Squares
Included observations: 31

	Coefficient	Std. Error	t-Statistic	Prob.
C	0.099177	1.137407	0.087195	0.9311
Z_1	1.033263	0.110377	9.361197	0.0000
R-squared	0.751355	Mean dependent var		10.73718
Adjusted R-squared	0.742781	S.D. dependent var		0.526841
S.E. of regression	0.267197	Sum squared resid		2.070428
F-statistic	87.63202	Durbin-Watson stat		1.698300
Prob(F-statistic)	0.000000			

图6-3 索洛模型参数估计结果

模型的数学形式是

线性形式：$\ln \dfrac{Y}{L} = 0.099 + 1.033 \ln \dfrac{K}{L}$　　$F = 87.632$　　　　　（6-2）

　　　　　　（1.137）（0.1103）

指数形式：$Y = 1.104 K^{1.033} L^{-0.33}$

从估计结果可以看出，模型的总体显著性水平较高，解释变量对被解释变量的解释能力较强，只是常参数的 t 检验值没有通过检验，但这并不影响模型的有效性。由图 6-3 可以知道，$\alpha = 1.033\,263$，至此，我们即可以利用式（5-2）或式（5-3）计算出 2009 年我国各省（自治区、直辖市）的技术水平。也就是说，利用

$$A = \left(\frac{K}{Y}\right)^{-\alpha}\left(\frac{Y}{L}\right)^{1-\alpha} = \left(\frac{Y}{K}\right)^{\alpha}\left(\frac{Y}{L}\right)^{1-\alpha} = \left(\frac{Y}{K}\right)^{1.033}\left(\frac{Y}{L}\right)^{-0.033}$$，计算得到各省（自治区、

直辖市）的技术水平，并对其进行排名，排名结果如表 6-2 所示。

表6-2　2009年我国各省（自治区、直辖市）技术水平及其排名表

地区	技术水平	排名	地区	技术水平	排名
广东	2.191 878	1	甘肃	1.039 892	17
上海	2.081 793	2	河南	1.020 412	18
北京	1.860 650	3	河北	0.998 064	19
浙江	1.526 331	4	云南	0.989 172	20
福建	1.399 462	5	青海	0.966 209	21
江苏	1.279 925	6	陕西	0.928 186	22
山东	1.260 928	7	内蒙古	0.921 321	23
湖南	1.223 276	8	重庆	0.893 486	24
黑龙江	1.215 416	9	四川	0.893 366	25
海南	1.201 756	10	宁夏	0.892 525	26
贵州	1.195 822	11	辽宁	0.862 654	27
湖北	1.177 982	12	西藏	0.838 389	28
新疆	1.113 403	13	江西	0.820 405	29
天津	1.088 149	14	安徽	0.801 974	30
广西	1.071 655	15	吉林	0.792 300	31
山西	1.058 288	16			

从以上的排名表可以看出，总体上来说，2009 年我国各省（自治区、直辖市）的经济技术发展不均衡，这主要表现在两个方面：一方面，排名首位与末位的省份的差距较大，广东省与吉林省之间的差异，几乎和福建省的技术水平接近；另一方面，个别省份的技术发展超前，比如排名前五位的广东、上海、北京、浙江、福建，这些省份都处于我国的东部沿海地区，也是我国技术研发资金的主要投入地区，技术水平明显地超越于其他各省份。那么，是什么原因使得技术水平的差异性如此明显和如此不均衡呢？这正是以下将要分析的内容。

根据经济理论，我们知道，影响技术水平发展的因素有很多。这里，我们

依然采用如模型（5-4）所示的多元线性模型进行分析。假定 Y_i 表示不同时期的技术水平，X_1，X_2，$\cdots$，X_k 表示影响技术水平的 k 个相关因素，运用经济计量学方法，即可得到相应的回归方程为

$$\hat{Y} = \hat{\beta}_0 + \hat{\beta}_1 X_1 + \hat{\beta}_2 X_2 + L + \hat{\beta}_k X_k$$

在这里，$\hat{Y}$ 表示技术水平 Y 的理论估计值，$\hat{\beta}_0$ 即可以看做是技术溢出部分。根据经济计量学原理，$\hat{\beta}_0$ 通常是因变量 Y 中不受 k 个解释变量影响的部分，也就是当所有的解释变量都为 0 时的因变量值。根据本章 5.2 节的分析我们知道，影响技术水平的因素主要有资本结构、从业人员结构、第三产业从业人员比重、从业人员中科技工作者的比重、实际利用外商直接投资金额和研发经费占 GDP 的比重。为了方便使用，这里仍然用六个变量符号表示，其中：X_1 为资本产出率；X_2 为全员劳动生产率；X_3 为第三产业从业人员比重；X_4 为每万人劳动力中从事研发活动的人员数；X_5 为 FDI 占全部投资总额的比重；X_6 为研发经费占 GDP 的比重。各个变量有关的数量指标如表 6-3 所示。

表6-3　2009年全国31个省（自治区、直辖市）技术水平的影响因素汇总表

地区	技术水平	资本产出率（Y/K）	全员劳动生产率（Y/L）	第三产业从业人员比重 /%	每万人劳动力中从事研发活动的人员数/人	FDI占全部投资总额的比重 /%	研发经费占GDP的比重 /%
北京	1.860 6	2.632	96 830.94	73.746	152.803	3.440	5.50
天津	1.088 1	1.587	148 284.70	43.401	102.589	8.192	2.37
河北	0.998 1	1.405	44 196.64	30.808	14.491	1.427	0.78
山西	1.058 3	1.489	45 999.53	34.038	29.864	1.253	1.10
内蒙古	0.921 3	1.328	85 256.29	34.244	18.973	2.093	0.53
辽宁	0.862 5	1.238	69 464.70	42.742	36.953	6.933	1.53
吉林	0.792 5	1.135	61 439.27	36.163	33.251	1.070	1.12
黑龙江	1.215 4	1.708	50 886.90	33.340	32.095	1.877	1.27
上海	2.081 8	2.983	161 922.20	57.490	142.976	4.784	2.81
江苏	1.279 9	1.818	75 961.88	35.456	60.244	5.020	2.04
浙江	1.526 3	2.140	60 102.60	35.825	48.382	2.942	1.73
安徽	0.802 0	1.119	27 272.39	28.956	16.179	2.634	1.35
福建	1.399 5	1.964	56 419.38	34.790	29.172	3.203	1.11
江西	0.820 4	1.152	34 111.77	32.367	14.729	3.591	0.99
山东	1.260 9	1.781	62 198.36	31.453	30.207	1.614	1.53
河南	1.020 4	1.421	32 746.98	25.370	15.561	1.683	0.90
湖北	1.178 0	1.648	42 854.04	40.328	30.141	1.928	1.65
湖南	1.223 3	1.695	33 420.39	31.126	16.338	2.405	1.18
广东	2.191 9	3.053	69 963.09	38.699	50.263	3.380	1.65
广西	1.071 7	1.482	27 105.01	25.126	10.430	0.911	0.61
海南	1.201 8	1.674	38 340.92	36.176	9.758	3.873	0.35
重庆	0.893 5	1.252	34 762.16	37.436	18.635	4.201	1.22
四川	0.893 4	1.244	28 616.04	33.909	17.375	1.743	1.52

续表

地区	技术水平	资本产出率（Y/K）	全员劳动生产率（Y/L）	第三产业从业人员比重 /%	每万人劳动力中从事研发活动的人员数/人	FDI占全部投资总额的比重 /%	研发经费占GDP的比重 /%
贵州	1.195 8	1.622	16 712.95	36.835	5.593	0.234	0.68
云南	0.989 2	1.363	22 598.16	25.789	7.732	1.008	0.60
西藏	0.838 4	1.167	26 100.53	34.713	7.877	0.898	0.33
陕西	0.928 2	1.308	42 562.13	31.743	35.447	1.263	2.32
甘肃	1.039 9	1.434	24 083.32	32.881	15.042	0.270	1.10
青海	0.966 2	1.355	37 872.85	35.061	16.123	1.358	0.70
宁夏	0.892 5	1.258	41 196.65	34.399	21.065	0.353	0.77
新疆	1.113 4	1.569	51 580.44	34.636	15.262	0.345	0.51

资料来源：整理自《中国统计年鉴2010》，第二次全国科学研究与试验发展（R&D）资源清查主要数据公报（第一号）。

根据多元回归模型，首先对影响技术水平的两大必要生产率即 X_1 和 X_2 进行回归，得到回归结果，如图6-4所示。

Dependent Variable: A
Method: Least Squares
Included observations: 31

		Coefficient	Std. Error	t-Statistic	Prob.
	C	0.002907	0.003539	0.821499	0.4183
	X_1	0.729385	0.002564	284.4763	0.0000
	X_2	−5.89E-07	3.81E-08	−15.46582	0.0000
R-squared		0.999756	Mean dependent var		1.148551
Adjusted R-squared		0.999739	S.D. dependent var		0.350007
S.E. of regression		0.005660	Akaike info criterion		−7.419139
Sum squared resid		0.000897	Schwarz criterion		−7.280366
Log likelihood		117.9967	Hannan-Quinn criter.		−7.373902
F-statistic		57353.08	Durbin-Watson stat		1.837697
Prob(F-statistic)		0.000000			

图6-4　两大必要因素生产率的回归结果

模型的数学形式是

$$A = 0.002 + 0.729X_1 - (0.000\,000\,589)X_2 \qquad F = 57\,353.08 \qquad (6\text{-}3)$$
$$(0.004)\quad(0.003)\quad(0.000\,000\,038\,1)$$

从回归的结果看来，模型的总体显著性水平较高，解释变量的解释能力较强，除了常参数，其余两个变量的系数有效性也较高，说明该模型能够有效地解释技术水平与两大必要生产率之间的关系。根据该模型的分析结果可以看出，在技术水平的两大重要影响因素中，资本产出率发挥了绝对的正向作用：资本产出率（X_1）每提高 1 个百分点，技术水平就能增加 0.729 个百分点；而全员劳动生产率不仅没有带动技术水平的进步，反而对其产生了微弱的负向影响。但是跟陕西省的情况不同，这里的溢出部分（常参数）数值很小，而且未通过统计检验（可靠性不足 60%）。

在上述模型中，自变量只包含了两个必要生产率，并且代表技术溢出效应的常参数未能通过计量检验。因此，需要对所有的影响因素进行全面的分析，分析结果如表 6-4 所示。

表6-4　影响因素的全面分析结果及其逐步回归结果

变量组合		分析结果				备注
	变量	参数	标准误差	t统计量	F统计量	
对影响因素的全面分析	C	0.006 634	0.010 421	0.636 597		除了 X_1、X_2 显著外，其余的 X_3、X_4、X_5、X_6 均未能通过检验
	X_1	0.730 021	0.003 176	229.823 3		
	X_2	-6.54×10^{-7}	1.11×10^{-7}	$-5.888\ 051$		
	X_3	-4.61×10^{-5}	0.000 254	$-0.181\ 474$	17 713.87	
	X_4	0.000 121	0.000 188	0.645 963		
	X_5	0.000 575	0.000 788	0.728 750		
	X_6	$-0.003\ 811$	0.003 703	$-1.029\ 138$		
重新组合	基础变量回归	C	0.008 701	0.010 682	0.814 601	12 423.83	—
		X_1	0.706 368	0.006 337	111.462 2		
	最优多元回归模型一	C	0.025 188	0.010 276	2.451 129	6 867.805	模型总体显著，参数有效
		X_1	0.719 797	0.006 230	115.542 3		
		X_3	$-0.000\ 761$	0.000 357	$-2.130\ 704$		
		X_5	$-0.004\ 367$	0.001 420	$-3.074\ 552$		
	最优多元回归模型二	C	$-0.026\ 251$	0.007 059	$-3.719\ 052$	14 642.78	模型总体的显著性水平提高，并且 X_1、X_4 和常参数的显著性得到提高
		X_1	0.734 622	0.004 767	154.100 5		
		X_4	$-0.000\ 870$	0.000 116	$-7.516\ 313$		
		X_6	0.014 072	0.003 713	3.789 578		

从表 6-4 的分析结果来看，在各种组合中模型的总体显著性水平即 F 统计量均较高，说明这些变量都与因变量有着显著的线性关系。在对影响因素的全面分析中，除了 X_1 和 X_2 之外，其他变量的 t 检验值都不显著，且多个变量的参数为负值，这说明这些变量对因变量的影响并没有那么显著，造成这种现象的原因主要是变量之间的多重共线性。因此，根据经济计量学原理，应该对所有变量进行重新组合，剔除掉影响不显著的变量，以消除多重共线性的影响。通过观察发现，在所有的影响因素中，X_1 的 t 检验值最高，对技术水平的影响最显著。因此，我们选用 X_1 作为基础变量，逐步向模型中添加变量进行组合，即通过逐步回归方法的加元法，可最终得到最优的多元线性模型，分别记为最优

多元回归模型一和最优多元回归模型二。

其中，两个最优的多元回归模型分别为

最优回归模型一：

$$A = 0.0252 + 0.72X_1 - 0.000\,76X_3 - 0.004X_5 \qquad F = 6\,867.805 \qquad (6\text{-}4)$$
$$(0.007)\ (0.005)\ (0.000\,1)\ (0.004) \qquad (F_{0.01} = 4.51)$$

最优回归模型二：

$$A = -0.026\,3 + 0.735X_1 - 0.000\,87X_4 + 0.014X_6 \qquad F = 14\,642.78 \qquad (6\text{-}5)$$
$$(0.007)\ (0.005)\ (0.000\,1)\ (0.004) \qquad (F_{0.01} = 4.51)$$

观察模型（6-4），由于第三产从业人员所占比重（X_3）和 FDI 占全部投资总额的比重（X_5）的系数为负值，这说明在 2009 年我国技术水平的发展变化过程中，这两个因素对技术水平的提高存在一定程度的负面影响。然而同时，正如在上一章最后已经指出的，这两个因素对于技术溢出的影响却是正的，这是符合事实的，因为第三产业和 FDI 都属于高技术含量的因素。在模型（6-4）中，常参数 0.0252 是正值，说明在同时考虑资本产出率（X_1）、第三产业从业人员比重（X_3）、FDI 占全部投资总额的比重（X_5）时，技术水平中的溢出部分为 0.0252，即技术溢出效应为 0.0252。

在最优回归模型（6-5）中，由于资本产出率（X_1）的系数为 0.735，大于零，显示在其他条件不变的情况下，资本产出率每增加 1%，就会导致技术水平提高 0.735%，这正好说明了，资本的投入是促进经济技术发展的一个重要因素，这也与模型（6-4）的分析结果相吻合。同时，每万人劳动力中从事研发活动的人即 X_4 的系数为负，与模型（6-4）相类似，同样说明该因素对于技术溢出的影响是正的，这是符合事实的，因为每万人劳动力中从事研发活动的人越多，毫无疑问技术溢出效应就越强。研发经费占 GDP 的比重（X_6）的系数为 0.014，为正值，说明该项指标的边际值为 0.014，即在其他因素不发生变化的情况下，研发经费占 GDP 的比重每增加 1%，技术水平就提高 0.014%。相较于资本产出率，其对技术水平的贡献稍显不足。出现这种情况的主要原因，与我国研发经费投入的不均衡密切相关。在 2009 年，我国研发经费支出在 300 亿元以上的地区依次为江苏、北京、广东、山东、上海、浙江，这六个省份的研发经费支出合计为 3365.4 亿元，占全国的 58.0%，充分说明这些地区已经具备较强的科技实力。然而不难发现（表 6-3），除这些东部沿海地区之外，我国各个区域之间的科技投入相差较为悬殊，地区科技实力发展很不均衡，正是这种状况导致了我国研发投入在推动技术水平提高过程中的显著作用。

当然，在模型（6-5）中研发人员所占的比重（X_4）的系数为负值，就客观方面而言，与该变量的波动幅度过大或者说全国各地的不均衡也是密切相关的。表面地看，在 2009 年研发人员的投入似乎没有对我国技术水平的提高起到积极的促进作用，反而起到了阻碍作用，实际上导致这种情况的主要的原因在于，尽管研发人员的投入总体上在逐年增加，但沿海地区与内陆地区的差异也在逐年加大。这就导致了该指标对技术水平的促进和促退作用的并存，即研发人员投入的增加，会促进技术水平的提高；而研发人员的投入在一些地区的相对减少，则会降低当年的技术水平；最终的表现形式完全取决于这两种作用的抗衡，即如果促进作用大于促退作用，则最终表现为促进技术水平，反之则为促退作用。这里的情况正好属于后者，只是这种促退的作用相对较小。因此，某种程度上也可以认为，2009 年研发人员所占的比重在促进技术水平的提高中作用并不十分明显。

最后，在模型（6-5）中常参数为 –0.0263，小于零，表明当年的技术溢出效应表现为负效应。究其原因，其主要的影响因素来自两个方面：一是由于我国的技术水平总体较低，经计算可知，2009 年我国各省份的技术水平平均保持在 0.5 ～ 2.5（表 6-2），技术水平整体上不高。二是由于各省份之间技术水平的不平衡性所导致的。从我国技术水平的分布来看，除湖南省以外，处于前 10 名的省份皆在东部沿海地区，这些地区科技实力雄厚，也拥有较强的技术吸收能力，其技术水平较高。而在我国中西部地区，经济发展水平比较落后，技术基础也比较差，使得技术吸收能力相对东部而言还有很大差距，从而影响了其技术水平的提高，最终必然影响到技术溢出效应的发挥。

6.2　东、中、西部地区的技术溢出效应分析

要分析我国东、中、西部地区的技术溢出效应，首先就必须将地区范围规划清楚。目前，学术界均采用国家统计年鉴对我国区域的划分方式，本篇亦采用此方式。根据《中国统计年鉴 2010》对区域的划分方式，将全国区域（港澳台除外）划分为东、中、西部三大区域，其中东部地区包括北京、天津、河北、辽宁、上海、江苏、浙江、福建、山东、广东、海南 11 个省份，中部地区包括黑龙江、吉林、山西、安徽、江西、河南、湖北、湖南 8 个省份，西部地区包括内蒙古、广西、重庆、四川、贵州、云南、西藏、陕西、甘肃、青海、宁夏、新疆 12 个省份。

6.2.1 关于模型和数据

本部分依然采用多元线性模型。假定 A_t 表示某一地区特定时期的技术水平，X_{1t}、X_{2t}、L、X_{kt} 表示技术水平的 k 个相关因素。运用经济计量学方法，即可得到相应的回归方程为

$$\hat{A}_t = \hat{\beta}_{0t} + \hat{\beta}_{1t} X_{1t} + \hat{\beta}_{2t} X_{2t} + L + \hat{\beta}_{kt} X_{kt}$$

在这里，$\hat{A}_t$ 表示技术水平 A_t 的理论估计值，$\hat{\beta}_{0t}$ 即可以看做是技术溢出部分。

对于技术水平 A_t 的测定，我们依然采用索洛余值法，先运用索洛余值法估计出不同主体在不同时期的技术水平，然后以此作为因变量，对影响技术水平的有关因素进行回归，从而实现对技术溢出部分与系统影响部分的分离。

为了获取数据，这里按照上述区域划分方式，将本章 6.1 节 2009 年我国各省（自治区、直辖市）的数据，归类整理成东、中、西部三大地区，得到表 6-5 和表 6-6，并分别对各地区的数据进行分析。

表6-5　2009年东、中、西部地区的生产资料

区域	省（自治区、直辖市）	地区生产总值Y/亿元	总就业人数L/万人	全社会固定资产投资总额K/亿元
东部地区	北京	12 153.03	1 255.077 2	4 616.921 1
	天津	7 521.85	507.257 2	4 738.201 9
	河北	17 235.48	3 899.726 2	12 269.799 9
	辽宁	15 212.49	2 189.959 9	12 292.493 3
	上海	15 046.45	929.239 3	5 043.752 8
	江苏	34 457.30	4 536.130 2	18 949.874 6
	浙江	22 990.35	3 825.184 0	10 742.321 0
	福建	12 236.53	2 168.852 2	6 231.203 9
	山东	33 896.65	5 449.766 1	19 034.527 4
	广东	39 482.56	5 643.341 6	12 933.121 7
	海南	1 654.21	431.447 6	988.315 3
中部地区	黑龙江	8 587	1 687.467 6	5 028.829 7
	吉林	7 278.75	1 184.706 5	6 411.598 4
	山西	7 358.31	1 599.649 1	4 943.161 8
	安徽	10 062.82	3 689.745 8	8 990.727 0
	江西	7 655.18	2 244.146 3	6 643.142 2
	河南	19 480.46	5 948.780 6	13 704.503 9
	湖北	12 961.10	3 024.475 9	7 866.889 1
	湖南	13 059.69	3 907.700 7	7 703.381 2

续表

区域	省（自治区、直辖市）	地区生产总值Y/亿元	总就业人数L/万人	全社会固定资产投资总额K/亿元
西部地区	内蒙古	9 740.25	1 142.467 0	7 336.790 1
	广西	7 759.16	2 862.629 3	5 237.239 8
	重庆	6 530.01	1 878.482 3	5 214.280 3
	四川	14 151.28	4 945.227 0	11 371.872 5
	贵州	3 912.68	2 341.107 1	2 412.016 1
	云南	6 169.75	2 730.200 0	4 526.372 9
	西藏	441.36	169.100 0	378.275 7
	陕西	8 169.80	1 919.500 0	6 246.904 4
	甘肃	3 387.56	1 406.600 0	2 363.001 8
	青海	1 081.27	285.500 0	798.230 0
	宁夏	1 353.31	328.500 0	1 075.905 8
	新疆	4 277.05	829.200 0	2 725.451 2

资料来源：《中国统计年鉴 2010》。

表6-6　2009年东、中、西部地区的技术水平影响因素

区域	省（自治区、直辖市）	资本产出率（Y/K）	劳动生产率（Y/L）	第三产业从业人员比重/%	每万人劳动力中从事研发活动的人员数/人	FDI占全部投资总额的比重/%	研发经费占GDP的比重/%
东部地区	北京	2.632	96 830.94	73.746	152.803	3.440	5.50
	天津	1.587	148 284.70	43.401	102.589	8.192	2.37
	河北	1.405	44 196.64	30.808	14.491	1.427	0.78
	辽宁	1.238	69 464.70	42.742	36.953	6.933	1.53
	上海	2.983	161 922.20	57.490	142.976	4.784	2.81
	江苏	1.818	75 961.88	35.456	60.244	5.020	2.04
	浙江	2.140	60 102.60	35.825	48.382	2.942	1.73
	福建	1.964	56 419.38	34.790	29.172	3.203	1.11
	山东	1.781	62 198.36	31.453	30.207	1.614	1.53
	广东	3.053	69 963.09	38.699	50.263	3.380	1.65
	海南	1.674	38 340.92	36.176	9.758	3.873	0.35
中部地区	黑龙江	1.708	50 886.90	33.340	32.095	1.877	1.27
	吉林	1.135	61 439.27	36.163	33.251	1.070	1.12
	山西	1.489	45 999.53	34.038	29.864	1.253	1.10
	安徽	1.119	27 272.39	28.956	16.179	2.634	1.35
	江西	1.152	34 111.77	32.367	14.729	3.591	0.99
	河南	1.421	32 746.98	25.370	15.561	1.683	0.90
	湖北	1.648	42 854.04	40.328	30.141	1.928	1.65
	湖南	1.695	33 420.39	31.126	16.338	2.405	1.18

续表

区域	省（自治区、直辖市）	资本产出率（Y/K）	劳动生产率（Y/L）	第三产业从业人员比重/%	每万人劳动力中从事研发活动的人员数/人	FDI占全部投资总额的比重/%	研发经费占GDP的比重/%
西部地区	内蒙古	1.328	85 256.29	34.244	18.973	2.093	0.53
	广西	1.482	27 105.01	25.126	10.430	0.911	0.61
	重庆	1.252	34 762.16	37.436	18.635	4.201	1.22
	四川	1.244	28 616.04	33.909	17.375	1.743	1.52
	贵州	1.622	16 712.95	36.835	5.593	0.234	0.68
	云南	1.363	22 598.16	25.789	7.732	1.008	0.60
	西藏	1.167	26 100.53	34.713	7.877	0.898	0.33
	陕西	1.308	42 562.13	31.743	35.447	1.263	2.32
	甘肃	1.434	24 083.32	32.881	15.042	0.270	1.10
	青海	1.355	37 872.85	35.061	16.123	1.358	0.70
	宁夏	1.258	41 196.65	34.399	21.065	0.353	0.77
	新疆	1.569	51 580.44	34.636	15.262	0.345	0.51

资料来源：整理自《中国统计年鉴 2010》《中国科技统计年鉴 2010》和商务部网站。

由于分析过程中需要先测算特定时期的技术水平，再分析技术溢出效应，因此数据通常也需要分两部分：一部分为测算特定时期的技术水平所需，包括地区生产总值、总就业人数、全社会固定资产投资总额三大指标，分别以字母 Y、L、K 代表，数据详见表 6-5；另一部分为分析技术溢出效应所需，这部分采用的都是相对指标，包括资本产出率、劳动生产率、第三产业从业人员比重、每万人劳动力中从事研发活动的人、FDI 占全部投资总额的比重、研发经费占 GDP 的比重，这些指标分别以 X_1、X_2、X_3、X_4、X_5、X_6 来表示，详见表 6-6。

6.2.2 技术水平测度

运用表 6-5 提供的截面数据，分别对东、中、西部地区的技术水平值进行测算，整理其分析过程，得到三个不同地区的 α 值（共 6 个模型），如表 6-7 所示。

表6-7 东、中、西部地区的C-D函数、Wald检验、索洛模型和α值

地区	东部地区	中部地区	西部地区
C-D 函数	线性形式： $\ln Y = 2.89 + 0.183\ln L + 0.8\ln K$ （3.157）（0.236）（0.256） $F = 35.147$ 指数形式： $Y = 17.949 K^{0.8} L^{0.183}$ ESS = 0.318 DW = 2.292	线性形式： $\ln Y = 9.59 + 0.425\ln L + 0.304\ln K$ （5.575）（0.24）（0.395） $F = 12.687$ 指数形式： $Y = 14\,600.13 K^{0.304} L^{0.425}$ ESS = 0.169 DW = 1.127	线性形式： $\ln Y = 0.88 + 0.093\ln L + 0.93\ln K$ （0.766）（0.064）（0.067） $F = 604.025\,8$ 指数形式： $Y = 2.414 K^{0.93} L^{0.093}$ ESS = 0.097 DW = 1.758
Wald 检验	$F = 0.019\,194$，明显小于其临界值 $F_{0.05}(1, 8) = 5.32$，故无差异	$F = 1.516\,646$，明显小于其临界值 $F_{0.05}(1, 5) = 6.61$，故无差异	$F = 0.524\,64$，明显小于其临界值 $F_{0.05}(1, 9) = 5.12$，故无差异
索洛 模型	线性形式： $\ln(Y/L) = 2.62 + 0.815\ln(K/L)$ （2.345）（0.222） $F = 13.41$ 指数形式： $Y = 13.7 K^{0.815} L^{0.185}$ ESS = 0.3 DW = 2.303	线性形式： $\ln(Y/L) = 3.268 + 0.714\ln(K/L)$ （2.269）（0.221） $F = 10.416$ 指数形式： $Y = 26.259 K^{0.714} L^{0.286}$ ESS = 0.176 DW = 1.369	线性形式： $\ln(Y/L) = 1.185 + 0.913\ln(K/L)$ （0.626）（0.062） $F = 217.547\,8$ 指数形式： $Y = 3.269 K^{0.913} L^{0.087}$ ESS = 0.095 DW = 1.838\,7
α值	0.815	0.714	0.913

观察 C-D 函数发现，从产出变化的规模报酬角度上来看，东部地区和西部地区近乎于不变规模报酬，因为其 α、β 之和接近于 1；而中部地区的 α、β 之和只有 0.729，明显小于 1，即中部地区的产出表现为递减规模报酬，这也是造成该地区的技术水平值高于其他两个地区的主要原因，这一点将在后面再进行讨论。

根据公式 $A = \left(\dfrac{K}{Y}\right)^{-\alpha}\left(\dfrac{Y}{L}\right)^{1-\alpha} = \left(\dfrac{Y}{K}\right)^{\alpha}\left(\dfrac{Y}{L}\right)^{1-\alpha}$，利用分析所得的 α 值，计算得到 2009 年东、中、西三大地区的技术水平，如表 6-8 所示。

表6-8 2009年东、中、西部地区技术水平情况

	东部地区			中部地区			西部地区	
排名	地区	技术水平	排名	地区	技术水平	排名	地区	技术水平
1	上海	22.417 44	1	黑龙江	32.509 08	1	新疆	3.878 517
2	广东	19.558 38	2	湖北	30.169 81	2	贵州	3.624 278
3	北京	18.407 01	3	湖南	28.678 26	3	广西	3.479 65
4	浙江	14.236 72	4	山西	28.635 68	4	内蒙古	3.478 009
5	天津	13.189 62	5	吉林	25.634 81	5	甘肃	3.342 131
6	福建	13.118 36	6	河南	25.141 57	6	青海	3.301 061
7	江苏	13.018 03	7	江西	21.896 77	7	陕西	3.229 476
8	山东	12.333 89	8	安徽	20.116 35	8	云南	3.174 085
9	海南	10.722 33				9	宁夏	3.107 77
10	河北	9.542 881				10	重庆	3.049 96
11	辽宁	9.357 569				11	四川	2.981 446
						12	西藏	2.788 723

从表 6-8 的数据来看，技术水平最高的是中部地区，这实际是不真实的。因为前面在分析 C-D 函数的时候，我们已经知道，中部地区的产出属于递减规模报酬，而要计算出技术水平，必须在假定规模报酬不变（即施加约束条件 $\alpha + \beta = 1$）的情况下进行，这样就必然需要提高中部地区的规模报酬状况，从而提高其技术水平。也就是说，计算出的中部地区的技术水平有一部分实际是虚的，这部分虚值是因为提高了中部地区的产出水平而造成的。为了剔除掉这一部分虚值，这里以该地区 8 个省份 2000 ~ 2009 年 10 年中每个省份的均值作为截面数据进行分析，得出 $\alpha + \beta = 0.784$，比原来的 0.729 显然要高些，如此计算的 α 值为 0.81，以此计算得到每一个省份的技术水平值，可以剔除部分不真实的技术水平。将调整后的技术水平整理得到表 6-9，并画出相应的曲线图如图 6-5 所示。

从表 6-9 和图 6-5 中可以看出，2009 年我国东、中、西部地区之间技术水平的差异仍然很大，西部地区明显落后于东、中部地区。

表6-9　调整后2009年东、中、西部地区的技术水平情况

	东部地区			中部地区			西部地区	
排名	地区	技术水平	排名	地区	技术水平	排名	地区	技术水平
1	上海	22.417 44	1	黑龙江	15.884 16	1	新疆	3.878 517
2	广东	19.558 38	2	山西	13.003 99	2	贵州	3.624 278
3	北京	18.407 01	3	湖北	13.001 72	3	广西	3.479 65
4	浙江	14.236 72	4	湖南	12.978 33	4	内蒙古	3.478 009
5	天津	13.189 62	5	河南	11.822 23	5	甘肃	3.342 131
6	福建	13.118 36	6	吉林	11.056 4	6	青海	3.301 061
7	江苏	13.018 03	7	江西	10.297 5	7	陕西	3.229 476
8	山东	12.333 89	8	安徽	9.789 597	8	云南	3.174 085
9	海南	10.722 33				9	宁夏	3.107 77
10	河北	9.542 881				10	重庆	3.049 96
11	辽宁	9.357 569				11	四川	2.981 446
						12	西藏	2.788 723

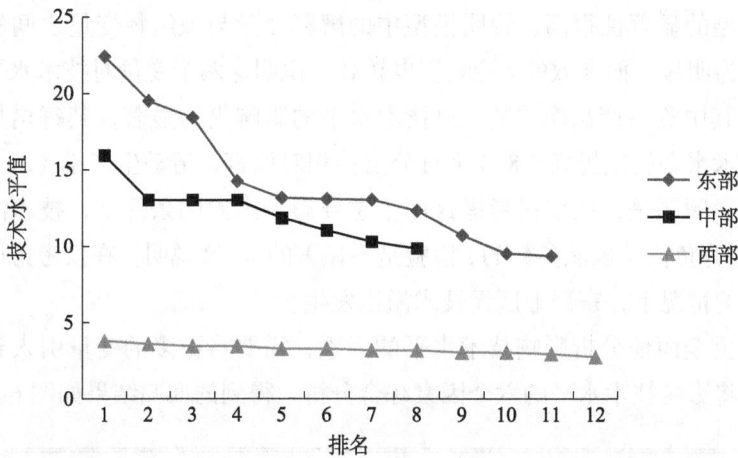

图6-5 调整后2009年东、中、西部地区的技术水平折线图

6.2.3 技术溢出效应分析

1. 对东部地区的分析

首先对东部地区的技术溢出与两大必要生产率进行分析，得到如图6-6所示结果。

Dependent Variable: A				
Method: Least Squares				
Included observations: 11				
	Coefficient	Std. Error	t-Statistic	Prob.
C	−0.064918	0.268036	−0.242200	0.8147
X_1	5.874087	0.135215	43.44253	0.0000
X_2	2.92E-05	2.07E-06	14.10449	0.0000
R-squared	0.997384	Mean dependent var		14.17293
Adjusted R-squared	0.996729	S.D. dependent var		4.221767
S.E. of regression	0.241437	Sum squared resid		0.466333
F-statistic	1524.806	Durbin-Watson stat		1.893657
Prob(F-statistic)	0.000000			

图6-6 东部地区两大必要生产率分析

得到两大必要生产率与技术水平之间的有效回归方程为

$$A = -0.065 + 5.874X_1 + 0.000\ 029\ 2X_2 \quad F = 1\ 524.806 \tag{6-6}$$
$$(0.268)\ (0.135)\ (0.000\ 002\ 07)\ (F_{0.01} = 8.65)$$

该模型的显著性很高，说明模型中的解释变量与被解释变量之间的线性相关关系较为明显；而参数的 t 检验值也较高，说明这两个变量对技术水平的重要性很高，其中资本产出率（X_1）对技术水平的影响更为显著，其每增加 1 个百分点，技术水平就能提高 5.874 个百分点；相对而言，劳动生产率（X_2）的影响就弱得多。问题是，在仅仅考虑这两个主要影响因素的条件下，技术溢出部分（常参数）为负值（虽然参数的 t 检验是不显著的）。这说明，在仅考虑两个主要影响因素的情况下，东部地区无技术溢出发生。

为了更全面地分析影响技术水平的因素，需要将更多的变量引入到该模型中。这里将影响技术水平的六个因素综合分析，得到的回归结果如图 6-7 所示。

Dependent Variable: A
Method: Least Squares
Included observations: 11

	Coefficient	Std. Error	t-Statistic	Prob.
C	0.612614	1.170948	0.523178	0.6285
X_1	5.627473	0.226327	24.86439	0.0000
X_2	2.51E-05	1.20E-05	2.082660	0.1057
X_3	0.002099	0.022775	0.092158	0.9310
X_4	0.009106	0.018865	0.482704	0.6545
X_5	−0.061728	0.066762	−0.924595	0.4075
X_6	−0.126833	0.317740	−0.399172	0.7102

R-squared	0.998414	Mean dependent var	14.17293
Adjusted R-squared	0.996035	S.D. dependent var	4.221767
S.E. of regression	0.265854	Sum squared resid	0.282713
F-statistic	419.6253	Durbin-Watson stat	1.092743
Prob(F-statistic)	0.000015		

图6-7　东部地区技术水平的综合分析

模型的数学形式是

$$A = 0.613 + 5.627X_1 + (0.000\,025\,1)\,X_2 + 0.002X_3 + 0.009X_4 - 0.062X_5 - 0.127X_6 \quad (6\text{-}7)$$
$$(1.171)\,(0.226)\,(0.000\,012\,0)\,(0.023)\,(0.019)\,(0.067)\,(0.328)$$

由模型可以看出，依据解释变量对被解释变量的影响方向，可以将这些影响因素划分为两类：一类是正向影响因素，在这类因素中，资本产出率（X_1）对技术水平的影响最大，X_4 次之，接下来是 X_3 和劳动生产率 X_2；另一类是负向影响因素，包括 FDI 占全部投资总额的比重（X_5）和研发经费占 GDP 的比重（X_6）两个变量，这两个变量对技术水平产生负向影响，正好说明了其对技术溢出的促进作用，因为在技术水平一定的条件下，技术溢出部分与受系统因素影响部分是互为消长的。就模型的有效性来看，引入的四个变量的参数都是不显著的，所以这里不给出有效模型。对溢出效应进行分析，技术溢出部分 0.613 已经由原来的负值变为正直（尽管参数仍然是不显著的），但其数值相对于技术水平的平均值 14.17 而言，仍然很小。

根据全面分析的结果对变量进行组合，剔除影响不显著的变量，得到两个较为显著的回归模型，回归结果如表 6-10 所示。

表6-10 东部地区技术水平影响因素分析（最优回归模型）

项目	回归模型（一）				回归模型（二）			
被解释变量	A				A			
解释变量	C	X_1	X_3	X_4	C	X_1	X_4	X_6
系数	3.368 419	5.522 172	−0.066 532	0.039 075	2.007 257	5.441 518	0.044 178	−0.809 959
标准差	0.917 79	0.311 76	0.027 031	0.007 382	0.379 9	0.209 69	0.005 097	0.172 65
t统计量	3.670 14	17.712 87	−2.461 3	5.293	5.283 5	25.95	8.667 017	−4.691 35
显著性概率	0.008	<0.000 1	0.043 4	0.001 1	0.001 1	<0.000 1	0.000 1	0.002 2
其他有效性参数	$R^2 = 0.990\ 56$ 调整后 $R^2 = 0.986\ 514$ F 统计量 = 244.841 4 显著性概率 < 0.000 1 DW 统计量 = 1.499 087				$R^2 = 0.995\ 751$ 调整后 $R^2 = 0.993\ 93$ F 统计量 = 546.772 5 显著性概率 < 0.000 1 DW 统计量 = 1.449 003			

模型的数学形式是

$$A = 3.368 + 5.522X_1 - 0.067X_3 + 0.039X_4 \quad （F = 244.844） \quad (6\text{-}8)$$
$$（0.918）（0.312）（0.027）（0.007）$$

$$A = 2.007 + 5.442X_1 - 0.044X_4 - 0.810X_5 \quad （F = 546.773） \quad (6\text{-}9)$$
$$（0.380）（0.210）（0.005）（0.173）$$

由模型我们可以看出，两个模型的拟合优度都比较高，说明模型拟合良好。同时这两个模型的 F 统计量都显著大于其临界值，显著性概率均小于 0.0001，说明这两个模型整体都是显著的。

在模型（6-8）中，对东部地区技术水平影响最高的是资本产出率（X_1），每增加 1 个百分点，技术水平将提高 5.522 个百分点；其次是每万人劳动力中从事研发活动的人员比例（X_4），每万人劳动力中的研发人员每增加 1 个，技术水平仅能提高 0.039 个单位；而第三产业从业人员比重（X_3）的参数为负值，说明其对技术水平产生的是负向的影响，也就是说，其对技术溢出具有正向的促进作用，这与本书 5.2 节的分析是吻合的。在这三个组合因素条件下，技术溢出部分为 3.368。

在模型（6-9）中，对东部地区技术水平产生正向影响的因素仍然是资本产出率（X_1）和每万人劳动力中从事研发活动的人（X_4），其中影响最大的也是 X_1，且 X_1 与 X_4 的参数与模型（6-8）中的参数相差不多；而研发经费占 GDP 的比重（X_6）这一指标对东部地区的技术水平产生了负向的影响，因而其对技术溢出的影响为正，且其作用大于模型（6-10）中 X_3，为 −0.810，因此模型（6-9）中常参数所代表的技术溢出要小于模型（6-8），其值为 2.007。

从上述的分析可知，东部地区的资本产出率（X_1）对技术水平的影响最大，其次是每万人劳动力中从事研发活动的人（X_4），这两个因素都对提高技术水平有着正向的促进作用；而第三产业从业人员比重（X_3）和研发经费占 GDP 的比重（X_6）这两个因素，虽然对技术水平具有负面影响，但是却同时对技术溢出具有正的影响，尤其是研发经费占 GDP 的比重这一指标。由此可知，在技术扩散效应日益增强的东部地区，要增强技术扩散的溢出效应，就必须扩大这两个因素的比重，尤其是加大研发经费的投入。

2. 中部地区的分析

首先对中部地区的技术溢出与两大必要生产因素生产率（仍使用 8 个省份 10 年的均值）进行分析，得到回归结果如图 6-8 所示。

Dependent Variable: A
Method: Least Squares
Included observations: 8

	Coefficient	Std. Error	t-Statistic	Prob.
C	14.06878	2.859468	4.920069	0.0044
X_1	−3.504676	1.343768	−2.608097	0.0478
X_2	0.000204	6.20E-05	3.295769	0.0216
R-squared	0.741965	Mean dependent var		12.22924
Adjusted R-squared	0.638751	S.D. dependent var		1.939854
S.E. of regression	1.165929	Sum squared resid		6.796955
F-statistic	7.188617	Durbin-Watson stat		1.825318
Prob(F-statistic)	0.033822			

图6-8　中部地区两大必要因素生产率分析

模型的数学形式是

$$A = 14.069 - 3.505X_1 + 0.000\,204X_2 \quad F = 7.19 \qquad (6\text{-}10)$$
$$(2.86)\quad(1.344)\quad(0.000\,062)$$

从图6-8的分析结果可以看出，模型的显著性较高，参数的 t 检验值也都明显大于2，说明利用两大必要生产因素生产率来解释技术水平的模型具有充分的说服力。从上述结果可以看出，中部地区的溢出效应较高，为14.069，这主要得益于资本产出率（对技术水平是负面影响）的促进作用。

接下来将对中部地区技术水平的影响因素进行全面分析（所有的因素一律使用8个省份10年的均值），分析结果如图6-9所示。

Dependent Variable: A
Method: Least Squares
Included observations: 8

	Coefficient	Std. Error	t-Statistic	Prob.
C	18.43436	2.644624	6.970503	0.0907
X_1	−7.060204	1.273018	−5.546036	0.1136
X_2	0.000690	0.000118	5.857553	0.1076
X_3	−0.677720	0.189614	−3.574206	0.1737
X_4	−0.002992	0.001414	−2.116600	0.2810
X_5	1.273218	0.827270	1.539061	0.3668
X_6	14.27261	3.610244	3.953366	0.1577
R-squared	0.990801	Mean dependent var		12.22924
Adjusted R-squared	0.935610	S.D. dependent var		1.939854
S.E. of regression	0.492240	Sum squared resid		0.242300
F-statistic	17.95220	Durbin-Watson stat		1.597152
Prob(F-statistic)	0.178729			

图6-9 中部地区技术水平的综合分析

模型的数学形式是

$$A = 18.434 - 7.060X_1 + 0.000\,7X_2 - 0.678X_3 - 0.003X_4 + 1.273X_5 + 14.273X_6$$
$$(2.645)\,(1.273)\,(0.000\,1)\,(0.190)\,(0.001)\,(0.827)\,(3.610)$$
$$(F = 17.952) \qquad (6\text{-}11)$$

根据图6-9对中部地区技术水平的全面分析结果，可以看出，这些因素对中部地区技术水平的影响是正负参半，也就是说，一半是正向影响因素，一半是负向影响因素，前者包括 X_2、X_5、X_6，后者包括 X_1、X_3、X_4。由于有一半的系统因素对技术水平具有负向影响，因此作为技术溢出部分的常参数比较高，为 18.434，高于技术水平的平均值 12.23。这说明，中部地区的技术水平的提高，有相当一部分受到非系统因素即技术溢出的影响，这在某种程度上说明，中部地区技术水平的提高很可能与中部地区毗邻东部地区的地缘因素有关，即很可能是中部地区借了东部地区的"光"。

由于在中部地区技术水平的全面分析结果中，只有 X_5 的参数未通过有效性检验。因此，根据经济计量学原理，剔除掉 X_5，对剩余变量进行重新组合，得到中部地区技术水平影响因素的最优回归模型，回归结果如图 6-10 所示。

Dependent Variable: A
Method: Least Squares
Included observations: 8

	Coefficient	Std. Error	t-Statistic	Prob.
C	20.86796	2.751199	7.585043	0.0169
X_1	−7.763273	1.542118	−5.034163	0.0373
X_2	0.000611	0.000137	4.440967	0.0471
X_3	−0.428090	0.127463	−3.358527	0.0784
X_4	−0.003911	0.001663	−2.352247	0.1430
X_6	11.78050	4.187762	2.813078	0.1065
R-squared	0.969013	Mean dependent var		12.22924
Adjusted R-squared	0.891545	S.D. dependent var		1.939854
S.E. of regression	0.638842	Sum squared resid		0.816239
F-statistic	12.50859	Durbin-Watson stat		2.129239
Prob(F-statistic)	0.075677			

图6-10　中部地区技术水平影响因素分析（最优回归模型）

得到相关因素的有效回归方程为

$$A = 20.868 - 7.76X_1 + 0.000\,6X_2 - 0.428X_3 - 0.004X_4 + 11.78X_6 \quad F = 12.509 \quad (6\text{-}12)$$
$$(2.751)\,(1.542)\,(0.000\,1)\,(0.127)\,(0.002)\,(4.188)\quad (\text{DW} = 201\,29)$$

在该模型中，X_6 对技术水平的促进作用最大，其次是 X_2；而其他三个变量都对技术水平产生了负向的作用，说明这三个变量对中部地区技术溢出存在着一定的促进作用。常参数为 20.868，表明 2009 年中部地区的技术溢出为 20.868，这主要得益于资本产出率（X_1）、第三产业从业人员所占的比重（X_3）和每万人劳动力中从事研发活动的人员数（X_4）三个因素，尤其是资本产出率。

3. 西部地区的分析

首先对西部地区的技术溢出与两大必要生产因素生产率进行分析，得到如图 6-11 所示结果。

	Coefficient	Std. Error	t-Statistic	Prob.
C	0.203782	0.124466	1.637253	0.1360
X_1	2.078921	0.086947	23.91029	0.0000
X_2	6.69E-06	6.56E-07	10.19144	0.0000
R-squared	0.985809	Mean dependent var		3.286259
Adjusted R-squared	0.982655	S.D. dependent var		0.299468
S.E. of regression	0.039440	Sum squared resid		0.013999
F-statistic	312.6025	Durbin-Watson stat		1.265044
Prob(F-statistic)	0.000000			

Dependent Variable: A
Method: Least Squares
Included observations: 12

图6-11　西部地区两大必要生产因素生产率分析

模型的数学形式是

$$A = 0.204 + 2.078\,9X_1 + (0.000\,006\,69)\,X_2 \quad F = 12.509 \qquad (6-13)$$
$$(0.124)\quad(0.087)\quad(0.000\,000\,656)$$

从图 6-11 中可以看出，在两大必要生产因素生产率中，资本产出率对西部地区技术水平的影响最为显著，其参数为 2.0789，而劳动生产率的参数仅为 0.000 006 69，可见，在推动西部地区技术水平发展的进程中，应该更多地利用好资本。这一点与东部的情况相类似，这说明我国国民经济的整体水平还不高，相对发达的东部地区与相对落后的西部地区同样具有经济发展的初级阶段特征，即对资本投入的依赖性。中部地区在这一点上是个例外，这与中部地区因地缘关系向东部地区"借光"产生的高技术溢出有关。

对技术水平影响因素进行全面分析，得到如图 6-12 所示结果。

Dependent Variable: A
Method: Least Squares
Included observations: 12

	Coefficient	Std. Error	t-Statistic	Prob.
C	0.125000	0.180556	0.692307	0.5196
X_1	2.171089	0.106883	20.31286	0.0000
X_2	4.59E-06	1.30E-06	3.520582	0.0169
X_3	−0.001337	0.003153	−0.424005	0.6892
X_4	0.009574	0.004854	1.972546	0.1056
X_5	0.009575	0.014117	0.678273	0.5277
X_6	−0.098146	0.061381	−1.598945	0.1707
R-squared	0.992481	Mean dependent var		3.286259
Adjusted R-squared	0.983458	S.D. dependent var		0.299468
S.E. of regression	0.038517	Sum squared resid		0.007418
F-statistic	109.9928	Durbin-Watson stat		2.193527
Prob(F-statistic)	0.000038			

图6-12　西部地区技术水平的综合分析

模型的数学形式是

$$A = 0.125 + 2.171X_1 + 0.000\ 004\ 59X_2 - 0.001X_3 + 0.010X_4 - 0.010X_5 - 0.098X_6$$
$$（0.181）（0.107）（0.000\ 001\ 30）（0.003）（0.005）（0.014）（0.061）$$
$$（F = 109.993）\tag{6-14}$$

从图 6-12 的分析中可以看出，对技术水平有着促进作用的因素包括 X_1、X_2、X_4 和 X_5，而 X_3 和 X_6 则对技术水平产生了一定的促退作用。但是，跟中部地区完全不同的是，这里的技术溢出部分（即常参数）很小。

下面通过改变变量的组合进行回归，得到最优的回归模型如图 6-13 所示。

得到的有效回归方程方程为

$$A = 0.164 + 2.185X_1 + 0.024X_4 - 0.263X_6 \quad F = 70.125\tag{6-15}$$
$$（0.704）（13.94）（5.552）（−4.436）（F_{0.01} = 7.59）$$

该模型的总体显著性水平较高，且拟合优度为 0.963 366，说明模型中自变量对因变量的解释程度较高，该模型是有效的。资本产出率（X_1）的参数为 2.185，为正值，说明资本产出每增加 1 个百分点，技术水平就会提高 2.185 个百分点；每万人劳动力中从事研发活动的人数（X_4）的参数为 0.024，显示每增加一个从事研发活动的人，该地区的技术水平就会提高 0.024%；而研发经费占 GDP 的比重（X_6）的参数为 –0.263，为负值，说明当年西部地区的研发经费占 GDP 的比重增加，对该地区的技术水平提高产生了一定的促退作用，因而其技术溢出部分为正。该模型中的常参数说明，2009 年，相较于东、中部地区，西部地区的技术溢出较低，只有 0.164。从模型上分析，只有研发经费占 GDP 的比重（X_6）对技术溢出有着一定的促进作用，而资本产出率（X_1）和每万人劳动力中从事研发活动的人数（X_4）这两个变量则主要对技术水平的提高产生促进作用。因此，在策略上必须加大对该地区的研发经费投入，扩大其对技术溢出的促进作用。

Dependent Variable: *A*

Method: Least Squares

Included observations: 12

	Coefficient	Std. Error	*t*-Statistic	Prob.
C	0.164045	0.233022	0.703989	0.5014
X_1	2.185520	0.156790	13.93919	0.0000
X_4	0.023882	0.004302	5.551738	0.0005
X_6	–0.262950	0.059271	–4.436400	0.0022
R-squared	0.963366	Mean dependent var		3.286259
Adjusted R-squared	0.949628	S.D. dependent var		0.299468
S.E. of regression	0.067212	Sum squared resid		0.036139
F-statistic	70.12477	Durbin-Watson stat		1.864659
Prob(F-statistic)	0.000004			

图6-13 西部地区技术水平影响因素分析（最优回归模型）

第7章 研究结论、政策建议与展望

7.1 主要研究结论

本篇以区域经济学理论为指导思想，从技术溢出概念的界定入手，区分了技术溢出的三种不同形式，即资本形式的技术溢出、人员形式的技术溢出和文化形式的技术溢出。结合区域经济增长过程中的要素集聚理论，从而建立技术扩散的溢出效应与区域经济增长的关系模型，以解释区域经济协调发展的增长机制。通过经济计量学方法，以技术水平作为因变量，选取六个方面的相关指标对陕西省乃至全国进而对全国三大不同区域的技术溢出做了具体分析，得出了以下重要结论。

（1）技术扩散的溢出效应是指技术在扩散的过程中客观存在的一种"示范—学习—促进发展"的现象。具体对于一个特定的区域而言，"聚集"与"扩散"的差额就是"溢出"，这种溢出必然带来区域经济的发展，这种效应就是我们所说的技术溢出效应。技术溢出、企业集聚与区域经济发展有紧密关系，技术创新或技术溢出对生产率提高有直接影响，而企业集聚通过规模经济和创新网络产生的市场外部性和技术外部性对生产率提高有间接影响，两种影响最终促使区域经济持续增长。另外，区域经济发展过程中，由于存在极化效应和扩散效应的作用，一方面，欠发达地区向发达地区的"极化效应"会加速发达地区的发展，扩大区域差距；另一方面，发达地区向欠发达地区的"扩散效应"又会促进区域协调发展，缩小区域差距，带动周边腹地地区经济的发展。所以技术溢出对区域经济发展的影响和企业集聚对区域经济增长的影响不是两个孤立的现象，只有把两者联系起来进行全面考察，加深对技术溢出与企业集聚如何影响区域经济发展进程的理解，依次评估相关要素的相对重要性，才有理论和现实意义。

（2）技术扩散的溢出效应一般是通过三种形式发挥作用的，即资本形式、人员形式和文化形式。资本一般包括实物资本和货币资本，资本的流入给当地带来了更高的资本存量，加快了区域内部的经济增长，当资本以实物形式如生产设备、生产流水线等在当地进行投资时，必定会带动当地各种生产要素的再配置，提高其资本的配置效率。同时，区域经济在发展中，必定伴随着人员的交流，因为任何技术的传播都离不开人的作用，首先需要通过人掌握技术，然后才能谈到利用技术。毫无疑问，要实现技术的扩散，只能利用知识型的人才方可实现。在区域经济发展过程中，还存在大量不能够通过以上两种形式表现的技术溢出效应，如外地企业（包括外资企业）的先进的生产技术、经营理念、管理经验等通过某些非自愿的途径渗透到当地企业，从而促进了当地企业技术水平的提高，这也是文化形式的技术溢出。关于这部分的研究大部分学者只关注了外商直接投资的技术溢出效应，其实在国家内部的区域经济交往中也存在着文化形式的溢出，只是由于外商投资企业的技术一般情况下都远比国内的技术更先进，更容易产生溢出效应。一般地，只要两地企业存在技术差距，且当地也具备一定的吸收能力，这种溢出就能够产生，且产生的效果远远大于前两种形式的技术溢出，因为文化形式的技术溢出无处不在，时时发生，只要有外地企业（包括外资企业）进行投资，就有可能产生技术溢出效应。

（3）一个地区技术水平的高低主要会受到资本产出率和劳动生产率的影响，依此定义的技术水平也称作全要素生产率。除此之外，也还会受到第三产业从业人员比重、每万人劳动力中从事研发活动的人员比重、FDI占全部投资总额的比重，以及研发经费占国民生产总值的比重等相关因素的影响。在线性假设条件下，这些相关因素不仅会影响到技术水平的提高，同时也会影响到技术溢出的强弱。技术溢出的大小可以通过线性回归模型中的常参数得到反映。按照这样的方法，在技术水平一定的条件下，技术溢出的大小与系统因素对技术水平的影响成为一种互为消长的关系，即和技术水平正相关的因素与技术溢出成反相关关系，和技术水平反相关的因素与技术溢出成正相关关系。这种情况是由于技术溢出与相关因素之间的线性假设引起的，它并不影响技术溢出与技术水平的正相关关系。这种情况也从侧面表明，技术溢出与影响技术水平的相关因素之间的关系一定不是线性的，而是非线性的。这与许多学者的研究和理论推测是一致的。

（4）东部地区是中国经济发展的前沿阵地，其经济技术的发展水平代表了整个中国经济技术的发展水平，给中西部地区的经济发展起着引领和示范的作用。同时东部地区是中国利用国际技术扩散、实现技术进步的主要区域，我国东部先发地区与中西部地区存在技术势差，形成了技术先进地区对技术落后地区的技术溢出效应，这种技术溢出效应不仅具有空间衰减特征，而且与技术差距存在非线性特征，区域之间技术差距过大不利于技术先进地区向落后地区的技术溢出。因此，我国西部地区在经济和技术双重差距的约束下接受到的东部先进地区的技术溢出效应相对较小，中部地区获得技术溢出收益相对较多。这是本篇研究实证部分和其他许多学者的研究所证实的。

7.2 政策建议

7.2.1 坚持改革开放政策不动摇

技术溢出源于技术水平的不断提高，技术水平的提高得益于 30 多年来的改革开放，因此，加快区域经济发展要求必须坚持改革开放不动摇。为此，必须从以下几方面努力做好工作。

第一，完善制度，加强政策引导，鼓励技术含量高的项目的资金引入。

改革开放以来，我们引进外资主要是以经济增长和增加出口为目的，这就忽略了高技术的引进，使得我国多年来的外资引入主要集中于劳动密集型企业，技术含量低，不利于社会经济的长远发展。所以我们要采取既鼓励又限制的外商投资政策，鼓励技术含量高的项目及符合我国长远发展利益的项目的引进，限制一些技术含量低的项目的引入，彻底改变"以市场换技术"的资本引进方式，注重质量，避免盲目引进。

第二，完善市场竞争机制，为外资企业和本地企业创造平等的竞争环境。

好的市场竞争环境对于促进外商技术转移至关重要，充分竞争的市场环境是促进跨国公司对华转移技术的一个重要因素。这是因为，完全的、充分竞争的市场条件是推动企业技术进步的必要环境，只有在这种环境条件下，外资企业才会源源不断地将母公司的先进技术应用于自己的产品生产之中，从而提高在华投资企业的技术水平。跨国公司之所以能够到国外投资，一个重要原因是它们拥有企业专有的技术优势，而这种技术优势可能与它们使用的生产方法、组织方式，以及产品销售和服务方式等密切相关。一旦它们在国外建立了自己的分支机构,它们就无法阻挡这种技术优势的某些方面会通过模仿、劳动力流动、竞争或者帮助本地企业扩大出口等方式溢出给本地企业。如果东道国的市场是一个充分竞争的市场,则外商投资企业的生产方法、组织方式,以及产品销售与服务方式等就会更多地为东道国企业所学习和吸收,从而带动和促进东道国企业和地方经济发展。

第三,改善外商投资地区的不平衡状况,使其重点逐步向中西部倾斜。

我国外商投资具有明显的地域分布不均衡的特点,由于中央在改革开放初期推行的区域经济非均衡发展战略,东部地区在经济发展中多年来一直处于优势地位。随着国家西部大开发战略的提出,在东部地区经济已经发展到一定水平的情况下,一方面我们要鼓励东部地区有较高水平的企业以直接或间接的方式到中部地区和西部地区谋求发展;另一方面,我们要积极出台相关政策,鼓励有条件的外商企业到中西部去投资,从而带动中西部地区的经济快速发展。

7.2.2 及时由技术引进向自主创新转变

改革开放 30 多年来,我国的技术进步主要源于技术引进,然而技术进步对区域经济的促进从根本上说则有赖于技术的自主创新。为此,必须切实从以下两个方面做好工作。

第一,在政策目标的选择上,应该把努力提高本地企业的技术学习水平,使之有能力鉴别和吸收区域外、境外的先进技术作为未来攻关的重点目标。

技术扩散溢出效应作用的前提是被扩散的技术具有一定的通用性,而只有在扩散的接受方具备一定技术实力的基础上,这种通用性才会得以体现。所以说,各地利用技术知识的"学习能力"对于区域技术经济进步具有重要意义,提高学习和消化吸收先进技术的能力比单纯的技术引进更有效。因此,技术政策要与教育政策、科技政策和产业政策结合起来,重视劳动者的人力资本投资,鼓励多种形式的技术创新,提高人均教育水平。中西部地区要更好地获得东部地区的技术溢出收益,必须对教育、公共设施与研发活动进行有效的投资,培育其模仿和利用技术先进地区技术知识溢出的能力。政府要积极推进区域经济合作,鼓励东部技术领先省份对西部落后地区的科技对口支援,缩小技术差距,使西部地区能达到接受技术溢出所需的技术发展临界水平,提升对技术溢出的"吸收能力",获取学习模仿与技术创新的"后发优势"。

第二,促进本地企业的模仿学习能力并及时地实现由技术引进向自主创新的转变。

一味地模仿国外或者发达地区的先进技术，短时间内可以促进当地的经济增长，但是不具有可持续性，同时一味地模仿，也加强了当地企业对外方技术的依赖性，还会打击外资技术转移的积极性，因为外资公司长时间地占有其垄断技术利润而没有足够的压力将更先进的技术引进来。所以只有当地企业在积极模仿外地先进技术的同时加强自主创新能力，加强引进技术的消化吸收，才能够保持不断地推陈出新的旺盛的创新能力。

7.2.3 有序高效地促进资本和技术流动

主要从以下三个方面努力做好工作。

第一，合理地引导东部发达地区的资本、人才和技术向中西部转移。

在经济发展的起步阶段，资本和劳动力起到了关键性的作用，但是随着经济发展水平的提高和知识经济时代的到来，这两种要素在经济发展中的作用将逐步地被知识和人力资本等要素所取代。根据目前我国东、中、西部地区经济发展阶段的差异，东部地区已经得到率先发展，并进入了工业化发展的中期阶段，技术、知识和人力资本在经济发展中的作用和地位显得更加重要，资本和劳动力的作用相对降低。而中西部地区的大多地区则仍然处于经济发展的起步阶段，资本和劳动的边际报酬仍然处于上升或较高的阶段，并且在经济发展中起到重要作用。因此，应该合理引导资本和劳动力在中西部地区的集聚，以发挥其最大的效益。首先，在我国目前资源有限和存在地方利益差别的情况下，通过区域资本流动的自我调整来达到缩小区域差距实现区域经济协调发展尚有一定困难，因此政府必须在协调区域资本流动和地区经济发展方向上采取重点扶持和兼顾均衡的财政金融调节政策，这一点是十分必要的。其次，人员流动是人力资本形成的一条重要途径，区际人员流动有助于东部地区先进的技术和管理向中西部地区传播和扩散，增加中西部地区的人力资本。因此，中西部地区既要重视劳动力的输出，也要重视营造良好的投资环境，鼓励外出劳动力回乡创业，把东部发达地区的技术、人才和资本带回家乡，以加快中西部地区的经济发展步伐。最后，中西部地区也要积极加强对外经济交流与合作，创造条件引进外资和东部内资，包括实物资本和人力资本，力争获取更多的先进国家或地区的技术溢出收益。

第二，在国家层面上，政府应该注意引导好地区间的梯度技术扩散，以通过东部地区的技术进步引导和带动整个国家技术水平的提升。

技术梯度转移的策略可以是地区梯度式的，由东部向中部、西部转移；也可以是行业梯度式的，由技术溢出能力最强的行业向技术溢出能力弱的行业转移。技术梯度转移的内容是多方面的，东部地区技术利用的模式、途径及经验等都可以通过政府的主导性行为引入中西部地区；政府还可以通过区域经济发展的政策引导，借助东部地区较强的溢出能力，使技术通过产业的竞争、合作与转移扩散至中西部地区。我国东部先发地区与中西部地区存在技术势差，形成了技术先进地区对技术落后地区的技术溢出效应，这种技术溢出效应不仅具有空间衰减特征，而且与技术差距存在非线性特征，区域之间技术差距过大则不利于技术先进地区向落后地区溢出。因此，我国西部地区在经济和技术双重差距的约束下接受到的东部先进地区的技术溢出效应相对较小，中部地区获得的技术溢出收益相对较多。地区之间的地理空间距离是无法改变的，政府应加强连通东部与中西部地区的基础设施建设，缩短地区之间的"经济距离"，积极推进区域经济合作，鼓励先进地区对落后地区的科技对口支援，缩小技术经济差距，使后发地区突破自身发展瓶颈，提升对技术溢出的"吸收能力"，不断增强学习模仿与技术创新的"后发优势"。

第三，中西部地区要利用自身优势，积极吸收东部地区及国外地区先进的技术，充分发挥其溢出效应的作用，促进区域经济发展。

我国中西部地区幅员辽阔，农牧资源、矿产资源和旅游资源丰富，人口众多，市场潜力大，劳动力及土地等生产要素成本相对较低，这些都是吸引外资和东部内资的有利因素，而我国东部沿海地区地理位置优越，经济基础好，科研能力雄厚，劳动力素质高，但能源、原材料缺乏，具有发展资本技术密集型、知识技术密集型产业的优势。因此，一方面西部地区自身要更加努力地加强基础设施建设，不断改善投资环境，对那些有资源优势、竞争优势的产业专门制定更加优惠的合资或购并条件；另一方面要加大引资力度，特别是要大力鼓励外商（包括东部地区企业）投资于老工业基地的改造，以充分发挥老工业基地基础雄厚、人才聚集的优势。要抓住产业转型政策的机会，引导技术新型的FDI进入，发展特色产业。把东部沿海地区的金融、信息、高科技产业，中西部地区的农牧业、资源开发、原材料工业列为当地吸收外资的重点产业，并给予相应的政策上的倾斜，从而促进区域经济持续快速发展。

7.3　有待进一步研究的问题

按照本篇的研究计划，同时也受到时间和精力的限制，本篇的研究还存在一些尚待进一步完善和深入的问题，主要有以下几个方面。

（1）本篇虽然涉及我国不同地区技术溢出的差异问题，但是对于我国不同地区之间技术溢出的一般规律，尤其是不同梯度地区之间技术扩散过程中溢出的一般规律未能进行深入研究，这是本书后续研究中有待进一步开发的领域。

（2）在区域经济发展的过程中，不同的产业是相互影响的。因此，技术溢出在不同的产业之间是否会发生，尤其是在一个特定的产业集群中，技术溢出将如何发生或者说会遵循什么样的规律溢出，是本书后续研究中有待开发的另一个重要研究领域。

第二篇
技术梯度转移中的溢出效应

　　本篇首先对相关文献进行考证，提出本篇研究的框架。其次，主要从空间因素、技术扩散通道两方面对区域间技术溢出的一般影响因素进行了归纳总结，并结合梯度转移规律，探讨梯度转移条件下不同地区间技术溢出效应的影响因素，将其主要影响因素归结为技术差距、认知距离、吸收能力、地理距离，以及溢出地区的控制意愿与能力等。接下来重点对全国东中西各地区（除西藏）重新做了划分，然后从产业梯度转移和区域要素流动两个方面入手，分析梯度转移规律的作用。在了解梯度转移规律的前提下，深入探讨梯度转移中的技术溢出机制，主要从技术溢出的原因、技术扩散的空间效应等方面分析技术溢出的基本类型和溢出途径，总结不同区域之间技术溢出的一般规律。在进行了所有的这些分析的基础上，以重新划定的东、中、西三大地区为研究对象，选取各地区人均专利受理量作为因变量代表地区知识存量，以科技活动投入占国内生产总值的比重、人均国内生产总值、进出口总额占国内生产总值比重和二三产业从业人员数之比为自变量，运用东、中、西部相关指标的时间序列统计数据，通过建立经济计量模型对不同梯度地区的技术溢出效应做了测度分析。分析表明，我国东部地区的技术产出变量对中部地区技术产出的溢出效应比较显著，且溢出效应为正溢出，对中部技术产出的弹性系数为0.681 495（显著性水平即不可靠性概率为0.013 71）。而东部地区技术产出对西部地区的技术产出溢出效应相对较弱，技术溢出效应为正溢出，技术产出的弹性系数为0.253 793（显著性水平为0.1511）。这在事实上说明了技术溢出与地理空间和距离的密切关系。中部地区技术产出变量对西部地区的技术产出的影响相对更为明显，技术溢出效应是正溢出，产出弹性系数为0.714 13（显著性水平为0.0135）。显然这种情况与地区之间是否毗邻有重要关系。最后，在对上述分析进行总结的基础上，从宏观层面上提出提升中西部地区技术吸收能力的对策建议，包括充分合理利用外部技术溢出，努力提升自身技术吸收能力等六个方面。

第8章 导 论

8.1 研究背景和意义

改革开放以来，我国推行了梯度推进的发展战略，即沿海地区优先发展然后带动内陆地区发展的战略。首先将我国东部地区作为试点，使得东部地区的经济建设取得了前所未有的显著成就，但是到 20 世纪末，我国的三大经济带即东部、中部和西部地区之间的经济差距开始拉大，从目前的发展势头看，这种差距将会继续扩大。主要表现在以下三个方面。

（1）东部与中西部地区经济差距的悬殊不单是在产出与收入上，更为明显的是生产力和社会经济结构。到 2008 年年底，我国直辖市、东部、中部和西部地区之间的人均 GDP 之比为 4.25 : 2.5 : 1.25 : 1。按照地区工业化发展的水平进行分期，我国主要直辖市已全部进入工业化后期，东北三省和东部城市均已进入中期，而中西部地区由于发展缓慢则还在中前期徘徊。

（2）经过三十余年的发展，我国地区间的经济发展差距不但没有收敛和逐步缩小，而且扩大的趋势越来越明显。调查显示，东部沿海地区的发展速度明显快于中西部地区。1994 ～ 2002 年，以 1994 年的不变价格计算，上述四个地区的年均 GDP 增长速度分别为 11.29%、10.46%、8.45% 和 8.51%，大量的劳动力、技术、资本等要素继续向沿海地区集中，而且趋势尤为明显。另外，我国学者蔡昉等研究发现，地区发展存在着严重的俱乐部收敛特征（即区域内部人均产出的集聚现象）。诸多研究表明，当前我国必须努力发展中西部地区经济，否则将存在与东部发展差距固化的可能。

（3）三大地区经济的发展现状和本区域的经济基础条件存在着不同程度的脱节。中西部地区与东部地区在投资环境上的差别和他们实际引进资本的情况在数量上不相符或者说完全不成比例。实际上中西部地区现在资本的使用效率和其产出能力与东部相比毫不逊色，企业发展能力和效益等方面的区别并不明显，而且我们知道中西部地区与东部地区相比在自然资源等方面具有比较优势，所以在理论上，产业的梯度转移和各种生产要素的区域流动或扩散应该已经形成较大规模。在这样的发展背景下，国家采取重大发展战略措施，如西部大开发，其主要是加大西部地区的经济发展；继而有振兴东北老工业基地及中部崛起等，其目的就是通过这些战略的实施来实现经济一体化，达到缩小区域经济差距的目标。

按照区域经济理论，要想实现各地区经济的协调发展，就需要各不同梯度地区形成一定的合作和互动，而技术在不同梯度区域之间的扩散正是一种由市场经济发展规律决定的客观现象。随着国内市场竞争的加剧，不同区域之间的技术扩散及技术外溢变得越来越普遍，如何促进不同梯度地区之间技术大规模扩散和利用技术溢出缩小不同梯度地区之间的差距，已经成为国内学术界关注的一个热点问题。

首先关注的是 FDI 给我国带来的技术溢出效应，而且实际发展情况也已经表明，FDI 中由跨国公司直接对我国的技术输入，对我国尤其是东部地区的经济发展起到了重要的作用。最为显著的是，从我国改革开放以来，特别 20 世纪 90 年代以来，许多跨国公司对我国市场的开发力度不断加大，这不但解决了我国在高新技术开发和管理方面的资金问题，更是带动了国内企业的良性发展，极大地促进了国内企业经济竞争力的提升和产业结构的优化。所以说，FDI 对我国的技术溢出其效果是显著的。

然而，FDI 的技术溢出并不是在任何情况下都会发生的，其实现必须具备一定的条件。我国经济学家邓宁对日本等国在制造业上的 FDI 做了详细研究，研究发现：FDI 所带来的技术溢出效应在发达国家较为显著，而在发展中国家并不明显。在我国也是如此，虽然 FDI 对我国东部地区的技术溢出效应非常明显，但是整体却并不那么尽如人意，特别是中西部地区其技术溢出效应微弱。一直以来 FDI 大部分集中在东部沿海地区，2008 年中国实际利用 FDI 在各地区的分布见表 8-1。

由表 8-1 可以看出，东部地区在吸引 FDI 中占据主要地位，中西部所占比重合计也只有 11.62%。学者潘文卿和李子奈（2008）对我国三大增长极（长三角、珠三角和环渤海地区）对中国内陆地区经济的外溢性影响进行研究后发现，三大增长极对中国内陆地区的外溢效应只有10.9%，而且其主要集中在对中部地区的外溢效应上，对东北地区、西北地区与西南地区的外溢效应则特别有限。这无疑对我国内陆区域如何利用东部沿海地区技术的溢出效应促进中西部地区经济协调发展提出了挑战，因此对不同梯度地区的技术扩散及其溢出效应展开研究，对我国区域经济整体协调发展无疑是非常有必要的。

表8-1　2008年东部、中部、西部地区外商直接投资情况

地方名称	项目		实际利用外资	
	数量/项	比重/%	金额/亿美元	比重/%
总计	39 102	100.00	958.21	100.00
东部地区	33 516	85.71	756.37	78.94
中部地区	3 753	9.60	64.50	6.73
西部地区	1 802	4.61	46.81	4.89
隶属于有关部委的央企	31	0.08	90.53	9.44

本篇研究的目的，就是要在我国区域经济非均衡发展的背景下，首先利用主成分分析法对各不同区域进行科学的梯度划分，在此基础上对所划分的东中西不同梯度地区之间的技术扩散机制，以及技术溢出的不同表现形式和类型在不同梯度地区的溢出效应进行研究，最后再用经济计量学方法对溢出效果进行测度分析，对不同梯度地区之间技术扩散的规律进行归纳，为技术扩散和溢出效应在不同区域层面上的研究提供佐证。

本篇研究无疑具有重要的理论意义和现实意义。就理论层面看，一是深化对技术扩散的溢出效应的认识，推动相关理论研究不断深化；二是通过对不同梯度地区技术扩散溢出效应的研究，进一步丰富技术溢出促进区域经济增长的理论成果；三是充分利用东部地区技术扩散的溢出效应促进和加快区域经济均衡发展，尤其是中西部落后地区的经济持续快速增长。

就现实层面看，在当前的区域经济发展形势下，技术的开发与创新对于特定的区域来说，是其经济发展的重要因素。本篇从不同区域间经济联系的角度，分析我国不同梯度地区发展过程中技术扩散的溢出效应，在掌握我国梯度发展实际情况的基础上，更深层次地分析技术在不同梯度区域之间的扩散机制及其溢出效应，研究技术溢出对不同区域的经济发展的促进作用，有助于政府制定技术创新及其扩散的相关政策，对促进不同梯度地区经济协调发展，具有很强的现实意义。

8.2 研究方法和主要内容

8.2.1 研究方法

（1）文献研究。相关文献研究是本篇的重要研究方法之一。正是通过大量的相关文献阅读和验证，本篇研究才可能有新的研究视角和新的框架结构。

（2）规范研究与实证研究相结合。在梯度转移理论和技术溢出理论的指导下，本篇从技术扩散和我国区域经济发展出发，分析了技术溢出的影响因素，探讨了区域技术扩散溢出的机制。另外，本篇还将从实际出发运用实证分析方法，探讨东、中、西部地区梯度转移与技术扩散的溢出效应之间的相互作用和关联。

（3）定性研究和定量研究相结合。影响技术扩散过程中溢出效应的因素多种多样，由于所选取的指标（或变量）在数据获取上存在差异，甚至面临一些难度，因此难免会造成分析结果的失真或者是不够全面。为此，必须将定量和定性的方法相结合，以确保模型的科学性和合理性。

（4）系统的分析方法。不同地区的协调发展是一项系统工程，本篇研究将三大地区之间的技术扩散溢出效应的研究置于东、中、西部地区经济协调发展的基础之上，在区域经济协调发展的大背景之下，将整个研究看作是一个系统，同时兼顾系统中各相关因子之间的联系。

8.2.2 主要内容

本篇研究旨在通过对梯度转移理论、技术扩散及溢出效应相关理论的整理分析，借鉴国内外学者的研究成果，利用主成分分析法对我国不同区域的梯度等级进行划分。在此基础上对不同梯度地区之间技术扩散及技术溢出的作用机制进行探讨，并利用经济计量学的方法对不同梯度区域之间的溢出效应进行实证分析，把定量与定性两方面相结合，研究不同梯度地区之间的技术溢出状况。根据分析结果，对如何促进不同梯度地区间技术扩散和利用技术溢出加强区域协调发展提出对策建议。

具体说来，本篇研究的内容具体包括以下三个部分。

（1）技术溢出效应影响因素。本篇将技术溢出的影响因素分为三个方面，包括技术溢出的空间影响因素、技术扩散通道的影响，以及 FDI 对技术扩散溢出的影响。在此基础上结合我国梯度转移规律的特点，分析和总结在梯度转移过程中技术溢出效应的主要影响因素。

（2）技术梯度扩散的机制及溢出规律。探讨区域经济发展的演变过程，了解梯度扩散的区域经济基础，包括区域基本情况、自然资源、人力资源、环境承载能力、经济基础五个方面。从这五个方面进行综合分析，重新划分梯度区域。在梯度划分的基础上根据梯度转移规律，对不同梯度扩散的动力、空间效应、表现类型，以及溢出效应的类型、途径及溢出的规律进行深度分析，以揭示高、中、低不同梯度区域之间技术扩散的作用机制和技术溢出的作用机制。

（3）高、中、低不同梯度地区间技术扩散及其溢出效应的实证分析。为了检验不同梯度地区之间的溢出效应，在影响因素分析的基础上进行指标的选择，包括绝对指标与相对指标。然后根据技术溢出测度理论，建立实证检验模型，对技术溢出效应进行测度分析，得出不同地区的技术扩散关系。最后根据分析，对我国不同梯度区域吸收技术扩散的能力、技术扩散的作用机制、技术溢出效应的强弱大小、溢出效果差异进行总结。

8.2.3　整体结构框架

本篇研究的整体结构框架如图 8-1 所示。

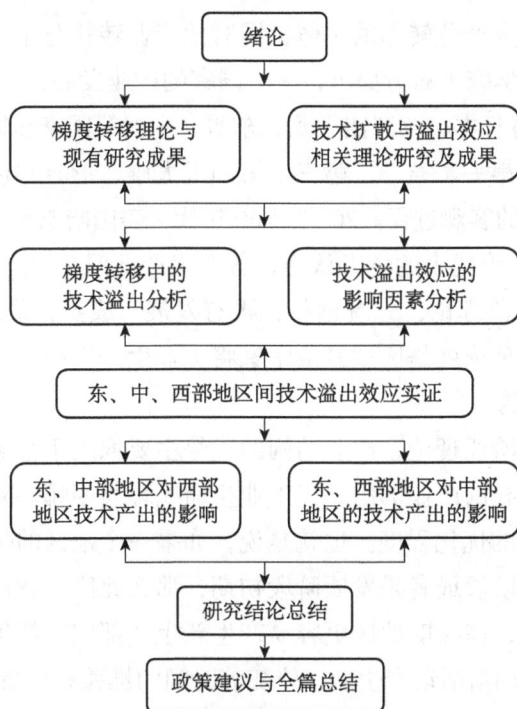

图8-1　本篇研究的框架结构

第9章 研究动态及相关理论

9.1 国内外研究动态

9.1.1 国外研究动态

最先提到梯度转移机制问题的是美国发展经济学家阿瑟·刘易斯，他把劳动密集型产业作为产业转移的主体，同时把产业转移与比较优势的变化相联系。日本著名经济学家小岛清提出，一个国家的产业发展具有"雁行形态"（小岛清，2000），他将日本、亚洲四小龙、东盟、中国等国家和地区列为不同的发展梯度，并冠之以第一、第二、第三、第四批大雁，形容和说明东亚各国（地区）经济依次起飞的客观过程。20世纪60年代，美国哈佛大学以雷蒙德·弗农（Raymond Vernon）为代表的学者认为，各个生产部门、生产技术、生产产品，都遵循生命循环阶段理论，先有创新，再有发展、成熟，最后衰老四个阶段。区域经济梯度转移理论就是区域经济学家将工业生产生命循环阶段理论应用到区域经济学而产生的。

根据生命循环阶段理论，产业结构的优势主要取决于区域经济的盛衰，某地区的先进的、主导的产业部门处于工业生命循环当中哪一阶段尤为关键，同时决定着产业结构的优化程度。也就是说，如果一个地区的领先的、先进的产业部门正处于创新阶段或者是发展阶段初期，那么此区域就可以划分为高梯度地区。通常情况下，高梯度地区更容易产生新生产部门、新生产品、新技术等创新活动，在这些创新活动产生后，伴随着时间的推移和生命循环阶段的转移，新生产部门、新生产品、新技术逐渐衰退并由高梯度地区向低梯度地区转移，多层次的城市系统是这种技术等要素转移的主要中介。

佩鲁（Perroux，1950）提出的增长极理论，缪尔达尔 1957 年提出的循环累积因果论，正是通过对资本主义社会地区经济发展总体趋势的观察和研究，把梯度理论从静态提升到动态上形成的。循环累积因果论肯定，每个区域在其经济和技术发展过程中都离不开极化效应、扩散效应及回程效应的作用和影响。极化效应即生产要素向某个经济中心的聚集，通过聚集发达地区自身将拥有一种自我发展的力量，在同等条件下，可以加强该地区城市带的经济发展水平。扩散效应即生产要素向周边腹地的疏散，其前提是极化效应的存在，这也是很显然的，因为伴随着城市带经济的发展，附近地区都会不同程度地受到城市带的刺激与带动，相应地都会有不同程度的发展。显而易见，在极化效应和扩散效应作用下，与不发达地区相比，发达地区具有更强的竞争优势，这种现象就是回程效应（return effect）。其实，回程效应是可以减弱扩散效应的。虽然不发达地区有扩散效应的帮助，但回程效应能够使技术、资源、劳动力向发达地区集中，所以拥有技术和信息的发达地区相比落后的不发达地区仍能保持强劲的竞争力。

技术溢出理论的研究最早可追溯到 20 世纪 60 年代初。

然而，就已有的研究成果看，研究的主要目的仅仅在于估计 FDI 的成本和收益，距离形成完整的理论框架还相差甚远。这方面的研究在本书的第一篇已多有叙述，故此处从略。然而就已有的文献看有一点是肯定的，即对一国内不同地区间和不同梯度间的技术溢出进行研究，学者们还少有涉足，这表明，在这方面研究的领域还非常广阔。

9.1.2 国内研究动态

21 世纪 80 年代初，我国经济学家开始探讨如何制定经济发展战略问题，学术界引进了西方的梯度转移理论，从而使国内研究者对梯度转移理论有了一些了解。最重要的是，由此也促进了我国经济发展的空间布局逐步地走向合理化。学术界和国家实际决策部门研究和探讨的重点转向了经济技术梯度转移、区域发展差距及区域经济协调发展，尤其备受学者们关注的焦点问题就是梯度推移如何实现。随后，在制定和实施"六五"计划至"九五"计划的过程中，由于东部沿海地区与中西部地区发展水平的差距越来越大，东西部发展差距问题成为政策制定者和执行者各方关注的焦点。到目前为止，如何保持在全国协调发展的前提下，又能逐步缩小东西部发展差距，已经成为我们今后奋斗的重要目标。然而发展中遇到的这些问题并非独立存在，它们在任何时期都是紧密相连的。其中，焦点的问题还是梯度转移问题。

早在 1982 年，国内著名学者夏禹农等发表《梯度理论与建议》，简明介绍梯度理论的主要内容。次年，何钟秀在《论国内技术的梯度转移》一文中，进一步比较完善地阐述了我国技术梯度转移方面的问题。同年，学者刘国光（1984）在《中国经济发展战略研究》一书中在前人研究的基础上提出：从目前情况来看，沿海发达地区城市科学技术比较先进，工业基础比较好，人力资源比较丰富，管理水平也比较高。因此，今后上海、天津、广州等诸多沿海发达城市，不能光注重给内地提供产品，更要从根本上帮助内地脱离落后，摆脱贫穷，也就是尽可能地采取各种形式，从技术上指导，把高新技术和管理经验传输给内地，这是提高经济效益的一条最快的也是最重要的途径，其观点和梯度推移理论可以说是异曲同工。

最近几年来，大多数国内学者对技术溢出的研究，主要的角度是 FDI 对东道国技术创新及产业经济的影响。高巍（1994）、孙家恒（1994）分析 FDI 在我国对外贸易中的作用及影响，充分肯定 FDI 对我国对外贸易发展中的正面影响。华小红和杨荣珍（1994）认为，由于我国的国情与外国不同，所以直接引进外资的行业结构在一定程度上欠合理，从而导致了在资源配置方面的不合理。王允贵（1996）、赵晓晨（1997）、童书兴（1997）、林康（1997）、陈炳才（1998）等学者分别从外资名牌对国产名牌产生的挤占效应、引资的行业结构效应、技术引进效应和成长压制效应几个不同的方面来研究，从中指出了外国投资企业对中国经济发展的不利影响，他们认为应该重新慎重地认识和考量 FDI 对我国经济的影响。徐涛（2003）针对国家宏观层面数据、何洁（2000）针对省际层面相关数据、陈涛涛（2003）针对行业层面数据所进行的实证分析均认定 FDI 对经济产生了正向外部性。这方面更多的研究在本书第一篇已多有叙述，此处亦从略。

9.1.3 研究述评

梯度转移理论主张发达地区应首先加快本地区的发展，然后通过产业梯度转移和要素流动向较发达地区和欠发达地区扩散，以带动整个经济的发展。然而梯度转移理论也有其局限性，主要是难以科学地划分梯度，在实践中容易扩大地区间的发展差距。该理论忽略了高梯度地区有落后地区，在落后地区也有相对发达地区的事实，人为地限定按梯度推进，这样就有可能把不同梯度地区发展的进程凝固化，将差距进一步扩大化，使得发达的地方更发达，落后的地方更落后。

关于梯度理论的讨论，重要的是需要充分认识以下几点。

第一，关于梯度理论内涵的认识，其精髓是工业生产生命循环阶段理论，与此密切相关的是区域产业结构的调整，这是研究梯度理论的基础。

第二，对梯度理论的研究和讨论，有助于国家制定全方位的整体发展战略。从"六五"计划开始，按照梯度推移理论将全国划分为东、中、西三大地区，这对协调地区经济发展是十分有利的，并且已经取得了很好的成就。

第三，研究中提出的反梯度论、梯度和反梯度并存论、梯度主导论等不同观点，把梯度理论问题的研究推向了一个新的高度。经济技术梯度转移从科学角度来说是一个客观规律，就好比水总是从高处流向低处一样。而对反梯度论则必须慎重对待，并给予明确的含意，否则就会让人怀疑结论的科学性。

第四，伴随着科学技术的进步、社会的发展变化，以及各国国情的不同，梯度转移理论的内涵还会得到不断的补充和发展。这主要是因为以下三方面。

首先，经济全球化是21世纪区域经济发展的趋势，经济全球化必然给经济技术的梯度扩散带来新的动力和新的契机，从而打破传统经济技术转移的格局。在新格局下，每个地区将有更多机会与外界接触和交流。当然跨国公司可以对众多区域进行实地考察，以筛选出最有利的区域进行投资，再设立分支机构，这样就能使经济技术很快转移到有关区域。在信息化的知识经济社会，将大大地缩小经济技术传递的时间，所以，在资源丰富但加工能力贫乏的地区，人们将有更多的机遇接触如生命科学、信息技术等高新科技，从而促使其改变贫穷落后的面貌，因此更值得一提的是，他们所拥有的经济技术将不再是单纯地依靠发达地区产业结构的调整。当然，也不是说所有不发达地区都会选择这条路，但是将会有更多不发达地区可能倾向于这种策略，然而，这还要具体考虑多种因素和限制条件，就目前来说，还只能看成是一种局部现象。

其次，由梯度理论的内涵我们知道，工业生产生命循环阶段理论是技术梯度转移的理论基础。换个角度从社会的整体看，经济技术转移也离不开生产关系和政治制度，生产关系和政治制度对经济技术转移至关重要。自21世纪以来，我国仍然要把提高人民生活质量和增加居民收入水平放到最重要位置，为全面迈向小康社会和加快推进现代化做好准备。为了顺利实现这一目标，我们必须以现有的成果为起点，在大力推进经济增长方式和经济体制转变的基础上，对经济结构做出战略性调整，力争实现生产力的跨越式发展。在实现这一目标的过程中，我们一定要继续坚持对外开放的基本国策，为各类企业提供一个公平竞争的发展环境。与此同时，另一个艰巨的任务就是要缩小国内东、中、西部地区之间发展水平的差距，发达地区一边谋求自身的发展，一边也要帮助落后地区发展经济技术，最后达到共同繁荣的目标。这些问题都会影响到各个地区的发展及经济技术的梯度转移。因为梯度理论并没有包含敏感的区域经济发展政策问题，它强调的仅仅是经济技术梯度转移的规律。然而，我们研究梯度理论的目的是，并不仅仅给读者展示它的内涵，而更重要的是期望推动我国区域经济技术的转移和发展。所以，实施梯度转移战略在实践上显然是具有积极意义的。

最后，关于技术溢出效应对区域经济发展的作用学术界尚有不同的看法。有些学者认为"溢出效应"是指在国外直接投资过程中由研发活动所产生的经济的外部性表现。他们认为"溢出"是指跨国公司在东道国设立子公司，从而带动当地生产技术或生产力的进步，但跨国公司子公司不能获取全部利益的情况。另有一些学者则认为，溢出效应是增长极的聚集或者是极化效应和扩散效应的综合作用，即溢出就等于要素的扩散与聚集的差。与本书第一篇相一致，本篇使用后一种观点。根据区域经济发展的基本规律，一个增长极的形成对该地区的发展来说可以说是具备了一定的基础，但是增长极的优势在于其不断发展，只有将一个增长极发展成为另一个新的增长极，如此持续改进才能有效地利用它的聚集效应推动本地区发展，利用增长极的扩散效应来帮助周围地区不断进步，进而实现区域经济的协调发展。

9.2　相关概念内涵

9.2.1　技术扩散及其溢出效应

关于技术扩散的概念本书在第一篇的 3.1.2 部分曾进行了专门讨论，这里不再重复。本篇研究中关于技术扩散的概念，无疑将与第一篇保持一致，即技术的扩散是伴随着技术转移发生的一种现象。没有技术转移的技术扩散是不存在的。技术的转移不仅仅是对生产技术的简单获取，而且是对引进技术进一步的消化、吸收和再创新，以形成本地区的生产力。而技术扩散正是一个不断示范、学习和再创造的过程，它不是简单的模仿，而是在学习的过程中不断降低生产成本，增加经验，使技术使用能力有所增加，所以说技术扩散的过程实际上也就是技术能力的转移过程。技术转移实质就是有意识的技术扩散，而技术扩散实质也就是无意识的技术转移，而这种没有意识的技术转移或技术扩散实质上也就是我们所说的技术溢出。

技术溢出通常指技术领先者对同行业企业及其他企业的技术进步产生的积极影响。与技术扩散不同的是，技术溢出更倾向于经济意义上的外部效应，是一种利益主要由技术领先者带来但其却难以获得相应回报的非情愿或无意识现象。这种利益虽然对于经济活动本身是外在的，但对社会却产生了正的外部经济，这种效应就是技术的溢出效应。关于技术扩散溢出效应的概念，第一篇在3.1.3部分也曾专门论及，本篇将使用与第一篇中一致的概念。

在具体对技术溢出效应测度时，一般将技术扩散的溢出效应分为产业内溢出效应和产业间溢出效应两类。前者是指公司对同一行业内的竞争者所产生的影响，主要包括同业之间的市场竞争机制和示范效应。无论哪种机制都会加剧市场竞争，打破原有的市场均衡，模仿学习使得资源流向效率高的企业，使整个行业的竞争力提高。后者主要是公司技术创新对当地供应商、购货商产生的影响，又可以分为后向联系和前向联系两种，分别对上游企业和下游企业产生影响进而促使整个产业链的技术创新，提高技术创新的经济效益。

1962年Kuznets指出，分析技术扩散的溢出效应对国民经济所发挥的作用大小，其难点在于难以定量化地测度它。Krugman（1991）则认为对知识溢出效应的测度是毫无意义的，由于知识是无形的流动，看不见摸不着，没有其运动的轨迹。在一般的研究当中对技术溢出的测度可分为两种方法：一是全要素生产率回归分析法；二是知识生产函数法。也有学者采用其他的测度方法，但并不常见。

知识生产函数在研究技术溢出中非常流行，可以说在研究不同区域宏观经济层面上的技术溢出效应与技术创新对经济发展的作用方面是一个不可缺少的模型工具。1986年Griliches首先对知识生产函数进行了定义，并且对技术创新在地理空间上的溢出效应提出了一个概念性的研究框架。Anselin等（2000）运用空间经济计量学模型对这个分析框架作了进一步的扩展。Fischer和Varga（2003）考虑到技术知识的创造和形成产出是存在时滞性的，他最后提出了目前常被学者采用和借鉴的精练知识生产函数。在他的研究中，技术创新在区域内与区域之间的溢出效应被分离开来，分为内部技术溢出与技术外溢效应，从而更有利于对技术溢出效应与区域经济发展的研究。2003年Greunz将区域的技术媒介和地理媒介结合起来，提出了混合知识生产函数模型，将技术溢出的元素融入到对技术溢出的研究中。下面是几种常用的知识生产函数。

9.2.2 Griliches的知识生产函数

Griliches 第一次提出了知识生产函数，并把该函数作为分析高等院校技术创新在地理空间上溢出的概念性框架。Griliches 的知识生产函数是

$$Q = F\,(\,m, K, u\,) \tag{9-1}$$

在式（9-1）中，Q 是指宏观或微观水平上的产出；m 是指劳动力或资本正常的情况下所投入的数量；K 用来表示技术创新水平，其中大部分是当前和过去在科技活动方面的投入；u 则是上述变量以外的因素对产出的影响即随机误差项。而技术水平又是由现在和过去研发投入二者共同决定的：

$$K = H\,[\,W\,(\,z\,)\,, R, s\,] \tag{9-2}$$

在式（9-2）中 $W\,(\,z\,)$ 是一个滞后多项式，z 是滞后算子；R 是研究与试验开发的（现在）费用；s 是（与 u 相关的）随机误差项。根据这个思路 Griliches 用 C-D 函数形式又对知识生产函数做了详细的表述，其具体函数式如下所示。

$$Q = AC^{\alpha}W^{\beta}K^{\gamma}\mathrm{e}^{\lambda t + u} \tag{9-3}$$

在式（9-3）中，A 表示的是常数项；C 是资本投入；W 是投入的劳动；t 表示时间；e 是自然对数的底；α、β、γ 和 λ 是待估参数。

9.2.3 Jaffe改进的知识生产函数

Jaffe（1989）对知识生产函数的定义进行了改进，提出扩展的知识生产函数应由改进的两个投入要素的 C-D 函数构成。

$$\log P_{ikt} = \beta_{1k}\log I_{ikt} + \beta_{2k}\log U_{ikt} + \beta_{3k}\,(\,\log C_{ikt}\log U_{ikt}\,) + \varepsilon_{ikt} \tag{9-4}$$

在式（9-4）中，i 是研究的对象，k 是技术研究领域，t 表示时间。P 是该研究对象的技术成果即专利申请数，代表新技术知识存量。I 表示一个企业的研发投入，U 是高等院校的研发费用。ε_{ikt} 是随机误差项。其中变量 C 是区域内高等院校与企业研发活动的地理间融指数。此模型反映了高校科研与企业研发在技术开发上的关系，例如，北京的中关村与北京大学毗邻，高等院校一直是技术成果的主要研究者，直接关系到企业的创新。为了进一步研究二者的关系，Jaffe 扩展的知识生产函数中包括以下两个伴随模型。

$$\log U_{ikt} = \beta_{4k}\log I_{ikt} + \delta_{1k}Z_1 + \xi_{ikt} \tag{9-5}$$

$$\log U_{ikt} = \beta_{5k}\log U_{ikt} + \delta_{1k}Z_2 + \mu_{ikt} \tag{9-6}$$

Z_1 与 Z_2 是两个区域属性变量集。模型（9-5）说明高等院校的科技研究取决于企业的研发投入和与区域相关的变量；模型（9-6）则表明某企业的研发投入很大程度上取决于其交叉部分和其他区域属性的变量，因为部分高校的研究创新受到企业的资金支持。对于上述模型的估计，Jaffe 进行了精巧的设置和变换。

9.2.4 空间经济计量学扩充的知识生产函数

Anselin 等（1997）应用空间经济计量学对知识生产函数进行了扩充，它的基本思路是以空间经济计量学的方法来考察观测变量的自相关性，并且在他的回归方程中引入了空间变量，一般用两种方式代入。总体上可分为空间误差模型（SEA）和空间滞后模型（SAR）。直接在回归方程中考虑空间变量的，是空间滞后模型，而对误差项进行空间自回归的是空间误差模型。

$$Y = \mu WY + X\beta + \zeta \tag{9-7}$$

$$Y = X\beta + \zeta$$

$$\zeta = \lambda W\psi + \varepsilon \tag{9-8}$$

模型（9-7）为空间滞后模型，模型（9-8）为空间误差模型。向量 Y 表示 $n \times l$ 列决策变量的观察值；W 是 $x \times n$ 的赋予权数空间矩阵，组成了 n 个代理人社会关系的网络结构；μ 表示空间自回归参数，其在 –1 到 1 之间取值，表示毗邻地区之间的相互影响程度；X 是包括 k 个外生变量观察值的 $n \times k$ 阶矩阵；β 是 $k \times l$ 阶回归系数向量；ζ 是随机误差向量；Ψ 表示溢出部分误差；λ 是空间自相关系数，在 –1 到 1 之间取值，同样表示某一个区域变量的变化对毗邻地区的影响程度。由此可知，SEA 就是在线性模型的随机误差结构中引入了一个区域内和区域间的溢出部分。

9.2.5 Caniels以知识缺口定义技术溢出函数

$$S_{ij} = \frac{\delta_i}{r_{ij}} e S_{ij} \frac{\delta_i}{r_{ij}} e^{-(\frac{1}{\delta_i} - G_{ij} - \mu_i)^2} \qquad\qquad i \neq j$$

$$G_{ij} = \ln \frac{K_j}{K_i}$$

这里，S_{ij} 是 j 地区产生并为 i 地区接受的技术溢出；r_{ij} 是区域 i 与区域 j 之间的距离；δ_i 为 i 区的学习能力；G_{ij} 为知识缺口；K_i 为区域 i 的知识存储。

9.2.6　Fischer提出的精练技术生产函数

此生产函数将区域内与区域间的溢出效应完全分离，并且考虑到了技术生产的时滞。为了分离区域内与区域间知识溢出的影响，Fischer作了如下的设置：

$$U'_{t-q}\left(U_{1,\,t-q},\,\cdots,\,U_{n,\,t-q}\right)$$

$$D_i=\left(d_{1,\,t-q}^{-y},\,\cdots,\,d_{i,\,i-1}^{-y},\,0,\,\cdots,\,d_n^i\right)$$

式中，d_{ij}表示溢出区域的平均地理距离。据此重新定义非区域内空间折扣的高校溢出源与非区域内空间折扣的企业溢出源为

$$S_{i,\,t-q}^{U}=D_iU_{t-q}$$

$$S_{i,\,t-q}^{R}=D_iR_{t-q}$$

根据以上设置，Fischer提出的精练技术生产函数如下所示。

$$K_{i,\,t}=f\left(U_{i,\,t-q},\,S_{i,\,t-q}^{U},\,R_{i,\,t-q},\,S_{i,\,t-q}^{R},\,Z_{i,\,t-q}\right)\qquad i=1,\,2,\,\cdots,\,N$$

i 和 t 分别表示区域与时间；q 表示研究投入与产出的滞后期。

其用 C-D 函数表述如下所示。

$$\log K_{i,\,t}=\chi_0+\alpha_1\log U_{i,\,t-q}+\alpha_2\log\left(S_{i,\,t-q}^{U}\right)+\alpha_3\log\left(R_{i,\,t-q}\right)+\alpha_4\log\left(S_{i,\,t-q}^{R}\right)+\alpha_5\log\left(Z_{i,\,t-q}\right)+\varepsilon_i$$

9.3　相关理论基础

9.3.1　技术扩散的基础理论

自 20 世纪 50 年代以来，技术创新学受到世人普遍关注，技术扩散的基础理论已初步形成，有代表性的理论大致有五种：传播论、学习论、替代论、演化论和博弈论。

1. 传播论

在技术扩散理论中，传播论最具有代表性，也是迄今最有影响的一种观点，其理论也比较完善。技术创新学派的鼻祖熊彼特认为，技术扩散实质上是模仿行为，众多企业出于对超额利润的追求，会积极模仿某一项技术创新，这样，技术创新信息就传播开来。而传播论的代表人物罗杰斯认为，技术扩散是创新在一定时间内，通过一定的渠道在社会成员中进行传播的过程。国内也有很多学者持有类似的观点，傅家骥认为技术扩散是技术创新推广、辐射、接纳三者

相统一的过程。许庆瑞认为技术扩散是某项创新成果伴随着时间推移通过各种渠道，在社会成员之中逐步影响的过程。因此，传播论有较完整的理论体系，其研究的主要内容就是技术特性对扩散的影响，包括扩散过程中相关信息的传播机制、模式和技术创新带给企业的预期利润等。

2. 学习论

该理论认为，某项技术创新是否能够得到扩散，并不是受信息完整性的影响，而是技术创新的潜在使用者是否会认为新技术比原有技术更具优势；同时，企业是否采用技术创新成果，实际只是一个等待和选择最佳采用时间的问题。基于以上两点，众多学者提出了诸多的学习方法，如"干中学""用中学""模仿学习""培训学习""交互学习""联盟的学习""共享的学习"等。与此同时，也构建了大量的学习模型，如戴维和戴维斯提出的"刺激 - 反应"模型、曼斯菲尔德提出的模仿模型、贝叶斯模型、阿瑟和梅特卡夫提出的"竞争选择"模型等。曼斯菲尔德认为，学习是创新技术在被采用的过程中解决技术问题和降低成本的关键，技术创新扩散过程实质上就是学习的过程。斯通曼对技术创新在企业之间、企业内部的扩散进行了专门研究。

我国学者陈国宏等 1995 年提出，技术势差是技术创新扩散得以实现的充要条件，正是技术势差的存在，造成了低技术系统向高技术系统的学习。

3. 替代论

替代论者从实证中总结认为，新技术与旧技术在某些特征上具有相似性，新技术不会是孤立地发生的；与此同时，任何一项新技术在采用过程中常常会发生变化，采用者会根据自身的需要对新技术在用途、性能上进行改造。因此，技术创新扩散是一种均衡转移到另一种均衡水平的不平衡的过程。Fisher-Pry 最先提出了两种产品的竞争将导致技术上的替代，并从时间角度构建了替代模型。随后，瑞典隆德大学教授哈格斯川德从地理空间角度提出了替代思想，奠定了空间扩散的理论基础。除此之外，技术扩散资源替代分析也是替代论的一个重要内容。

4. 演化论

该理论来源于温特和纳尔逊提出的经济演化思想。持有此观点者认为，技术扩散与产业的变化、经济的变化、经济与技术的发展，以及社会的发展密切相关，关于技术扩散的研究应该回归到现实环境中进行。胡宝民教授提出了系统演化论观点。接着康凯于 2004 年提出，应该从质量空间的视角研究创新技术的扩散，认为新技术时空扩散系统中的潜在采用者都有一定水平的综合质量，其中质量空间就是由综合质量大小依次排序构成。

5. 博弈论

市场经济的主要特征之一是竞争，博弈论者认为研究技术扩散必然要研究竞争对扩散形成的影响，而博弈论的主要研究对象即是"竞争"。因此，技术创新扩散的博弈论主要是研究在什么样的环境里会产生对应的竞争行为，对于博弈的多方而言，何种竞争及竞争过程会导致企业新产品扩散的博弈方——供应方和采用方，选择各博弈方策略或行动集合、博弈的次序、博弈方的得益，等等。该理论认为，技术扩散是垄断性博弈对策的结果。

9.3.2 梯度转移理论和循环累积因果论

梯度转移理论是区域经济学中的一个重要理论，由于经济技术在世界范围或者某一特定区域内的发展是不平衡的，因此便形成了技术梯度，有梯度就有技术的空间推移。生产技术的空间转移需要从实际情况出发，让有条件的高梯度地区首先引进先进技术，然后依次向二级、三级梯度地区推移。随着推移速度的加快，地区间的差距得到逐步缩小，经济分布实现相对均衡。

梯度推移理论产生两个重要的效应，即极化效应和扩散效应。极化效应通过不断积累有利因素，使自身具有一种自我发展的能力，为自己进一步发展创造有利条件。而扩散效应则是通过释放由极化获得的能量来推动周边地区的发展。

1957 年，缪尔达尔对资本主义社会的地区经济发展做了观察，提出了循环累积因果论，认为一个地区的发展是极化效应、扩散效应和回程效应三种效应同时作用的结果。极化效应促使城市带的发展水平梯度上升，与此同时，扩散效应也在起作用，随着城市带发展梯度的上升，附近地区在城市带的帮助下将得到不同程度的提高。即便如此，发达地区仍然比不发达地区具有更多的优势，资金、移民仍然会向发达地区集中，使发达地区的竞争力得以保持。

扩散效应和回程效应常常被用来阐释为什么会产生二元经济及如何由二元经济过渡到一元化或一体化经济，同时也常用于解释区域经济增长的相互作用以及国家调控的作用。缪尔达尔对新古典主义传统的静态均衡分析方法进行了批判。他认为市场经济发展中市场的调控作用并不适合所有的国家，特别是发展中国家不能完全通过市场的调节达到均衡发展，相反其调节的结果则是区域经济发展的失衡。他认为，在一个国家经济发展的初期，各地区的人均收入、工资水平和利润率都是大致相同的，且各种生产要素可以进行自由流动。这时，若是某地区的发展因为外部原因或者说是在外力的作用下比其他地区更快地发展起来，并且有着逐渐累积起来的优势，这种优势随着时间的推移就会造成区域之间的发展差距越来越大，且有长期持续下去的可能，最后发展成为区域性二元经济结构。由于这种地区二元经济结构的存在，一些地区发展所需要的生产要素得不到足够的支持，要素的流动出现偏差，发展快的地区有足够的劳动力、资本、技术等要素，而落后地区的各种要素变得非常紧缺，从而阻碍落后地区的继续发展。生产要素的这种选择性的流动会形成回程效应。当发达地区发展到一定程度后，由于资本过剩、人口稠密、交通拥挤、污染严重、自然资源相对不足等原因，发达地区生产成本上升，外部经济效益逐渐变小，从而产生资本、技术、劳动力等要素不可逆转的向落后地区扩散。为防止积累性因果循环造成的差距继续扩大，面对这种状况，政府不应该消极地等待发达地区产生扩散效应来消除这种差别，有必要采取措施以促进落后地区的发展。

9.3.3 工业生产生命循环阶段理论

美国哈佛大学教授雷蒙德·弗农于 1966 年提出工业生产生命循环阶段论，认为各个工业部门、产品、技术都要历经创新、发展、成熟、衰退四个阶段。发展经济学家把这种工业生产生命循环阶段理论引申到区域发展研究当中便产生了区域经济梯度转移论。其主要观点是每个国家或地区都处在一定的经济发展梯度上，每出现一种新行业、新产品、新技术，都会随时间推移由高梯度区向低梯度区传递。按照该理论，一个落后地区要实现经济起飞，就必须循阶梯而上，不可超越。它首先应该重点发展自身有较大优势的初级产业，尽快接过那些从高梯度地区外溢来的产业，如钢铁、纺织、食品产业等。目前，由经济发展不平衡而引发的产业转移已成为我国经济发展过程中的必然趋势。弗农的理论认为，区域经济的发展在很大程度上取决于某地区的产业结构状况，而产业结构的水平和当地的主导产业直接相关，当这一产业处于一个创新阶段或者说有很专业的部门存在且具有相对的创新优势，那么该地区就被认为其具有很大的发展潜力，这样的区域其地位就应当是处于高梯度的。弗农认为各种创新活动可以决定区域的发展层次，有创新才有发展，而创新活动大都发生在高梯度地区。随着时间的推移及生命周期阶段的变化，生产活动逐渐从高梯度地区向低梯度地区推移，而这种梯度推移过程主要是通过多层次的城市系统而扩展开来的。当然，因为不同地区存在梯度差异，其中消化吸收有强弱之分，所以各种梯度转移应该是顺次进行的。梯度转移理论通常是从静态的角度将区域经济发展划分为不同的梯度等级，从而使得技术依次转移。但是从动态的角度讲，区域经济的发展应当受极化效应、扩展效应与回程效应三种效应的综合影响，而占主导地位的究竟是极化效应还是另外两种，则是衡量区域经济发展处于哪一梯度以及各地区发展水平差距的一个标准。

第10章　技术溢出效应的影响因素分析

10.1　空间影响因素

空间对技术扩散溢出效应的影响比较复杂。很多学者都把国家、地理、时间，空间等因素引入自己的分析中。随着对技术溢出效应研究的不断深入，地理距离、地域的临近、区域知识存量、人力资本流动等已经成为空间技术溢出修正模型中相关技术差距的综合因素。新产业空间理论认为，科技创新的过程通常限定于特定的区域，而这一特定区域指的就是技术创新过程的地理空间。同时，在高技术部门，高度专业化的技术进步作为知识创新的基础，一般表现为空间上的高度集聚，这一理论又一次将集聚这一概念引入到技术进步的研究中。因此，影响技术扩散的溢出效应的空间因素主要可概括为：区域地理距离接近性、技术势能差、集聚等。

10.1.1　地理距离的影响机制

从地理空间的角度看，影响技术溢出效应的空间因素最主要的应该是区域地理距离。1992年国外学者Griliches在研究溢出效应问题时指出：技术溢出效应会随着空间距离的增加而衰减，即因距离的增加而逐渐减弱。这里的"距离"通常有三种解释：市场距离即产业价值链之间的相对位置、技术距离（主要指各个地区的企业之间或产业之间的技术距离）和地理距离。而这三个距离中，我们首先要考虑的是地理距离。地理距离是指技术扩散源与技术扩散汇之间可测量的空间距离差。

由于人们较为关注技术的空间扩散是否具有地域性，也就是说技术的空间扩散是否受地理范围的限制，从而产生了地理距离对技术扩散的限制作用。由于人们通常认为技术知识是全球性的，否则就不会产生技术的扩散和溢出，世界经济也就不会全球化，国与国之间就会因缺乏技术交流而停滞不前。而技术知识的扩散和溢出也主要得益于第二次世界大战后世界各国的通信方式和交通运输条件的不断进步。同时，随着经济全球化和各国经济实力的不断提高，世界各国除了在时间上存在差异外都能够获得基本相同的技术知识，但是对相关技术知识扩散的地域性也应该引起高度重视，当然这一点已经被国内外众多学者所证实了。一个较为显著的事实就是，美国获得的专利主要是被本国引用，而很少被其他国家所引用。Kortum 和 Eaton 分别在 1996 年和 1999 年利用专利注册方面的相关数据估计本国内部的技术扩散模式与生产率的提高，实证研究表明地理区域性对技术扩散的影响非常显著，本土内的技术扩散强于国家之间的技术扩散；而 Coe 和 Helpman 在 1995 年通过研究国内外研发对提高本土企业生产率的影响表明，国内研发对提高本土企业生产效率的影响更大，同时也表明了技术扩散的地域性。

技术扩散的溢出效应会随着区域间地理位置的远近而表现出差异性，因而在不同地区之间地理位置的相近程度对于技术的扩散或转移会产生不同程度的影响。自 20 世纪 70 年代以来，众多国外学者在研究技术的溢出效应时都考虑到了这一因素。Audrestch、Hagerstrand 等学者在研究时都考虑到了地域上的接近对区域间技术溢出的影响，特别是 2004 年 Lesage 和 Pace 在他们的空间技术溢出模型中考察技术距离时，都采用了地理距离衰减的观点和空间邻近的思想，用权重矩阵来阐释区域技术距离，提高了技术距离的贴近度。地域上的接近对区域技术扩散空间溢出的影响，其实质是地理距离影响的一种延伸，在研究技术溢出时必须考虑两个地区间可测量的物理距离。地域上越是接近，不同区域技术扩散的成本也就越低，从而技术交流越频繁，区域间技术溢出效应也就越大，所以说地域上的接近促进了技术的溢出。

Wolfgang Kell 在 2000 年研究了世界五大工业国研发对经济合作与发展组织的九个成员国的生产率的影响，表明了地理距离在技术扩散中的重要作用，他认为地理距离的远近直接影响一个国家的研发投入对其他国家全要素生产率增长的影响，研究结果也表明世界五大工业国的研发对九个成员国的影响是随地理距离的增加而逐渐减弱的。研究还表明，这与初始假设的"远离世界五大工业国的国家的生产效率低"是相一致的，其中对国外科技研发的吸收产生的作用要比国内研发产生的作用更重要，表现为国外科技研发的溢出程度会随着地理距离的增加而逐渐减弱，即技术引进国与技术创新国之间距离的增加会带来技术引进国相应生产力水平的降低，从而使技术引进国从技术扩散中获得的溢出效应随着与技术创新国的距离增加而减少。这种观点也多次被国内外众多学者所证实，例如，Verspagen 和 Caniels 分别在 1992 年和 2000 年研究区域技术溢出时，以中心地理论为依据，将空间因素引入到溢出理论分析中，并假设技术溢出与地理距离之间是反比例关系，也就是说技术溢出效应随距离的增加而衰减的指数应该为负的，因此，技术在地理空间上的溢出是随着地理距离的增加而逐渐减弱的。

上述研究表明，地理距离对技术溢出效应的影响会随着社会经济的发展、信息技术的进步而逐渐减弱。地理距离过远的话，其中产生的运输成本会抵消一部分区域技术扩散的溢出效应，从而使溢出效应减弱，而且这些影响并不会消失，因此，地理距离对技术扩散的溢出效应的影响在研究中应该予以关注。而技术扩散汇与技术扩散源之间的地理距离的远近，又直接影响着人才与资金的空间流动、信息观念的传播和物资的流通。技术扩散汇距离技术扩散源越近，技术的可获得性会越大，从而技术扩散的强度就越大，技术扩散产生的溢出效应就会越显著；相反，技术扩散的强度就会越小，溢出效应也越不显著。也就是说，技术扩散程度会受地理距离增加的影响而逐渐减弱。因此，一个地区对其他地区的技术扩散会因与不同地区的地理距离不同而产生不同的影响。

10.1.2 技术势能差的影响机制

所谓技术势能差是指技术在不同空间的位势差，也可以理解为不同地区间的技术差距，它是影响技术溢出效应仅次于第一位的影响因素。李平认为技术差距是影响技术扩散的一个基本条件，它可以体现出技术势能对技术扩散影响的重要性。技术扩散与溢出的基本条件表现为技术差距与技术扩散路径这两个方面；技术在不同地区之间存在位势差，会促使技术位势高的地区的先进技术迅速扩散，同时促使技术位势低的地区引进先进技术。

技术势能是指在某一时点上某一个特定区域范围内技术水平的高低，表现形式可分为该地区范围内技术水平的高低和技术潜力的强弱。技术扩散是指技术在一定时期内一定空间范围内的传播，包括技术扩散源、技术扩散汇，以及它们周围相互联系与相互作用的各种相关技术要素，由此形成特定区域内复杂的分布，也就是技术扩散场。技术之间位势差的存在促使技术扩散源持续不断地向扩散汇扩散技术，这就相当于技术在相关的技术扩散场中，处于高位的扩散源技术实力强和潜力较大，而处于技术扩散场低位的扩散汇却技术实力和潜力相对较弱，因而高位势的技术扩散源与低位势的技术扩散汇之间便形成了所谓的技术势能差。傅家骥、沈越等学者认为，为了消除这种差异，必然会产生一种能够使之平衡的力量，促使技术创新者将新的技术向外传播和扩散，或者是周边区域对创新技术进行学习、模仿和借鉴，技术势能差正是这里促使技术扩散与溢出的动力。技术位势差是用技术创新相对于原有旧技术的比较优势来测量的，因为技术位势差（或技术势能差）是技术扩散源与技术扩散汇由于技术水平不同形成的差异。因而，技术势能差作为技术在空间内的扩散与溢出的一个影响因素，导致了技术势能差较高的技术会扩散到技术势能差较低的地区。技术在地区与地区之间差距越大，技术表现出的扩散与溢出效应就越强，但是技术向外扩散的强度和效应并不是由技术的势能差这个差值直接完全作用的，技术势能差越大，吸收与消化外溢技术的难度也就越大，此时尽管技术扩散的强度和需求很大，但是在其他影响技术溢出效应的因素不发生变化的前提下，区域技术扩散的溢出效应是不显著的。

技术势能差除了在技术水平上的差距外，在时间跨度上，以及在社会、经济、文化方面的差异也是应当考虑的方面。如果这些因素距离过大，技术的扩散与溢出就会受到限制，某些地区间双向空间对流式的技术扩散模式正说明了这一点，在部分地区与地区之间，经济文化水平、技术水平及社会状况等多方面的相似性就为技术溢出提供了极有利的条件。技术势能差对技术溢出效应的影响无疑是多方面的。当然，经济技术在地区间表现出相近的同时还存在着本质性的差异，这也就形成了技术的空间位势差即技术势能差。由于存在着技术的空间位势差，就导致了区域技术扩散与溢出的存在，技术扩散的空间溢出就变得容易实现，这就与"水往低处流"是一样的道理。

10.1.3 集聚的影响机制

可以说，地理接近性因素是从空间上考察对技术扩散溢出效应的影响，而集聚因素则是将技术扩散与溢出缩小到地区内进行研究。集聚，人们习惯上又称之为簇群或集群，它既缩小了地理意义上的距离，同时也降低了由于距离产生的交易成本。1990 年马歇尔认为，专业接近性投入、劳动力共享、公司与人员之间的信息流通这三个方面是产业聚集的主要优势。专业接近性投入和劳动力共享具有明显的地域性特征，明显地受地理距离及空间接近性因素的影响，在特定地区的劳动力和专业性投入的集聚使得各种信息更便捷、更高效地进行流通，从而促进技术的扩散与溢出进程。随着世界各国之间经济竞争的日趋激烈，生产要素在世界经济市场内不断地扩散和流动，促使国家与国家、国家与各经济主体之间的联系更加紧密，合作关系进一步加强；同时，各经济主体为了获得更加显著的规模经济效应，技术集聚过程中的各优势要素在一定时期内又会在一定区域内形成新的集聚。

技术的扩散和集聚是相互联系又相互影响的。主要表现为两个方面，一方面，技术扩散在很大程度上推动了技术集聚的快速发展。技术的集聚通常会在某一地域范围内发挥作用，即由于不同企业之间的技术势能不同，企业就可以利用技术溢出代替其自身的技术研究，这样既节省了研发成本，又实现了企业自身技术的快速发展。不同区域内因技术位势差所带来的技术转移基本上是单向的，即由高水平位势向低水平位势流动。也就是说，处于低位势的同一地域内企业由于各自的研发活动不可能面面俱到，所以必须利用外部技术的溢出来提高自身的技术水平，从而使整个区域内的效率得到相应程度的提高。通过相互的学习与模仿，以及外部技术的溢出与内部技术的转移，实现技术的双向转移，提高企业的集群度。技术溢出与转移效应是区域内产业集聚的动力，同时产业的集聚也促进了技术转移过程中的溢出效应。技术扩散在现实中一般会依空间距离而衰减，扩散中常形成产业（企业）集聚现象，其中以高新技术企业最为突出，一旦形成空间上的某种集聚，集聚内的企业就具有了享受产业集群内特定的共有技术，从而在很大程度上减少了企业在技术引进过程中所花费的成本和时间，提高了企业的技术创新能力，促进了技术的进一步扩散。而集群内的企业一旦退出该产业群体，这种技术知识就会随之消失。

集聚在提高技术扩散强度的同时，也对技术扩散带来一定程度的负面影响。首先，集聚使得该产业集群内部企业所生产的产品同质化，缺乏差异性，导致该集群内的企业之间的竞争加剧；其次，在一定时期内随着同一区域内企业之间竞争的加剧，集聚在该区域内的企业会产生分化，使部分原来具有创新能力的企业因长期搭便车而失去创新能力，所以集聚在表现为对地区经济增长的促进作用的同时，也会给区域经济带来一些负面影响。但是任何时候我们都不能否认，集聚对经济增长的正效应是占主导地位的。

10.2　技术扩散通道

技术扩散通道是又一影响技术扩散溢出效应的重要因素。技术扩散的通道是否畅通，与技术扩散过程中的内外部环境密切相关。所谓的技术扩散通道因素，就是指技术主体间进行技术扩散的内外部环境。技术扩散的内部环境，包括区域内部经济水平、资源、企业自身素质、知识结构、技术能力、市场结构、信息体系等；技术扩散的外部环境包括经济法律体制、政策、社会环境系统等。根据已有的研究可知，技术扩散通道具有动态性与非均质性等特点，技术扩散的效果与进程受到技术扩散通道是否畅通的影响。技术势能相同的地区之间技术扩散也不尽相同，如果不同地区之间具有不同的经济制度、产业、市场结构、文化环境、技术发展策略，就会使得不同地区之间开发和引进的技术产生不同的结果，最终导致地区与地区之间技术扩散的内容与表现形式完全差异化。

10.2.1　技术扩散的内部环境

技术扩散的内部环境主要包括区域技术创新能力和区域经济发展水平两个方面。

1. 区域技术创新能力

技术创新是个复杂的过程，它作为影响技术溢出效应的一个重要因素伴随在技术扩散的整个过程中。区域内技术创新能力的强弱，直接决定着区域内能否有效地吸收和转化外来技术创新成果，区域技术创新能力强对外部技术的吸收能力就强。区域技术创新能力主要受到以下几个因素的影响。

1）科研机构水平

科学研究过程中，科研机构、科技平台和实验条件为基础研究和应用研究提供了保障，众多高新技术产业开发区在中国正是依托区域内科研机构或科技资源进行区位选择而集聚到该区域内的，通过整体的合理布局组建而成，形成了技术集群效应，最后形成技术的扩散源。

2）人力资源水平

技术的发展少不了人的参与，而技术扩散则需要的是大量的高素质的科学家和工程师等优秀人才。技术在不同区域间形成技术扩散与溢出效应可以说是这些科学家和工程师等在无数次交流与合作过程中形成的。只要是人才高度集聚的区域，其技术创新活动就比较活跃，同时创新技术扩散速度就快，相应地技术溢出效应也就明显。

3）信息流通水平

由于信息常常是不对称与不完备的，因此每一项新的决策就会对企业带来决策成本与决策风险，所以企业在采用新技术的同时也就增加了企业的成本与风险。在理性情况下，只有当新技术所带来的期望值明显大于其可接受的最大成本时，技术扩散或溢出才会发生。因此，在技术扩散与溢出的过程中，信息流通水平的高低可以部分地反映技术扩散程度的高低，进而影响技术溢出效应的大小。

4）技术吸收能力

这里所说的技术吸收能力指吸收、消化引进技术的能力和再创新的组织实施能力。这一点对于技术的跨国转移尤其重要。引进技术能否在所处的环境尽快产生溢出效应，要看技术引进企业的技术能力，看它是否能迅速地模仿、消化、吸收，并在此基础上有所创新，形成对跨国公司的竞争压力，促使跨国公司转让更先进的技术，而造成新一轮的技术溢出。因此，技术能力越强，技术差距越小，溢出效应就越大越快。我国现有企业的规模、技术、管理水平、产权结构等多方面都制约着对跨国公司溢出技术的吸收。国内部分大中型企业目前普遍存在生产设备老化、生产流程僵化、研究与开发能力薄弱的问题，尤其是缺乏具有很强业务能力的专门技术人员和管理人才。而且由于中外双方在规模、技术水平和管理等方面的实力差距，国内企业在与跨国公司合作过程中容易处于不平等的地位，这些都严重影响到跨国公司技术扩散的速度和溢出的强度。

2. 区域经济发展水平

区域经济发展在很大程度上受到技术创新和技术扩散能力的影响，反过来技术扩散和技术溢出效应也受到经济发展水平的制约。一个区域处于经济发展和生产力水平的不同阶段直接影响着其技术创新及溢出的表现形式和强度，如人均国内生产总值、工业化水平等经济指标都是重要的影响因素。

1）人均国内生产总值

区域内人均国内生产总值是当前世界各国普遍承认并采用的能够反映一定时期内一个国家和区域经济发展水平的重要指标。技术扩散可以给区域带来丰厚的经济利润，技术方面的投入可促进技术的高效溢出，同时技术溢出可以加速区域经济的均衡发展。发达资本主义国家通过技术溢出与引进先进技术，促进了资本主义经济的快速发展，使得人均国内生产总值达到并超过了 1 万美元，在世界范围内处于前列。而技术扩散与转移全球 80% 以上是在发达资本主义国家内部和他们之间进行的，经济水平较低的国家由于其自身经济实力较弱，不能充分吸收和转化先进适用的技术成果，配套机制不健全，技术创新与引进量较少。

2）工业化水平

世界经济工业化主要经历了三个阶段，即前工业化阶段、工业化实施阶段和后工业化阶段，区域产业结构会随着工业化进程的不同而表现出不同。目前世界经济处于第三阶段，即后工业化阶段，此阶段主要是以第三产业为主导，此阶段处于信息化阶段，对高科技技术要求较高，科学技术成为各大企业的主要生产力，企业在大力开展技术创新的过程中，推动了整体经济的全面发展。产业结构不断呈现出的高级化不仅是技术溢出的结果，而且也是技术创新扩散与技术溢出的前提。产业结构较低、内部技术基础较低的区域或国家，其缺少创新技术的扩散；而在产业结构较高、内部技术基础较高的区域或国家，其技术溢出效应较强，同时其吸收和转化技术溢出的能力也较强。

10.2.2 技术扩散的外部环境

技术扩散的外部环境主要包括政策环境、市场环境、中介环境和社会支撑环境这四个方面。

1. 政策环境

研究区域政策环境的主要目的是为了更好地处理在技术扩散与溢出过程中涉及的各种社会关系，是技术创新扩散及溢出的导向标。地方政府必须制定正确的财政政策、金融政策、政府采购政策、税收政策等，以便对技术扩散与溢出作出正确引导。这里我们将主要讨论税收政策、金融政策、价格政策、法律法规政策对地区间的技术扩散与溢出的影响。

1）税收政策

税收作为一个国家调节经济的重要手段，起到杠杆作用，对国民收入的分配和再分配都具有重要的调节作用。税收对技术扩散与溢出的影响是巨大的，合理的税收政策会促进技术扩散与溢出。我国实行了分税制改革后，各地方政府根据本地区区域经济发展的具体特征，都开征了新的地方税种。一方面分税制使得中央政府可以集中足够的财力以进行国民经济的基础设施建设，改善技术扩散与溢出的经济环境。另一方面由于地方政府拥有了当地经济的征税权，地方政府有可能为了加快自身发展，制定新的税种，从而加重了当地企业的税收负担，结果阻碍了外来企业的迁移和人员流动等区域互动与合作，所以，不利于地方技术的扩散与溢出。从目前我国的实际情况来看，国家对企业所得按统一的税率征税，一方面体现了企业之间公平竞争的原则，另一方面却无法充分体现对先进技术企业的鼓励与对落后技术企业的淘汰抑制作用。所以客观地说，好的税收政策会有利于区域技术创新和技术扩散与溢出效应的产生，而不好的税收政策则有碍于区域技术创新和技术扩散与溢出效应的产生。

2）金融政策

技术的创新和扩散需要有足够的资金支持，如技术开发与创新、生产设备的更新换代都需要大量的资金支持等，由此创新与扩散才能得到广泛的施展。在众多金融政策当中，信贷政策最直接最有效地体现着对技术创新和扩散的作用，依此可分为积极的信贷政策和消极的信贷政策。积极的信贷政策对创新技术的扩散与溢出会给予鼓励和支持，反之则对创新技术的扩散与溢出产生抑制作用。我国目前技术创新与扩散由于缺乏信贷资金的支持，在一定程度上受到了很大的制约，而且部分高新技术在开发阶段时有资金中断现象出现，部分需要改进和更新的项目由于资金匮乏也有迟迟不能开展的现象。在技术创新与扩散的金融政策方面，中国先后颁布和施行了多种相关的信贷法规，其中包括《银行管理条例》《工业企业挖潜、革新、改造资金试行贷款暂行规定》《信贷合同条例》等制度法规。这些法规对技术创新过程中的贷款利率、性质等都做了明确规定，在一定程度上将促进技术的扩散与溢出。

3）价格政策

在价格政策方面，国家采取了"按质论价、优质优价、低质低价、分等定价"的价格政策，客观上促进了区域内的技术扩散与溢出。技术作为一种商品存在于市场中也有成本，如研发成本、风险溢价等。所以在对技术进行定价时，必须根据技术成本与技术的可利用程度，作出合理定价。与其他商品相同，价格低可促使某些新技术快速变现，从而加快技术的扩散和溢出，但同时也会影响企业经营或其他的方面。比如，如果价格过低就会使技术开发的成本无法回收，则必然会影响到下一轮的技术开发；价格过高会抑制新技术的扩散和溢出，也会加大新技术开发的市场风险。目前，中国正处于市场经济的初期阶段，企业对产品的自主定价权逐步放开，因而商品的市场价格必然会受到商品供求关系的影响。技术产品同样也会受到技术产品供求关系的影响，所以制定合理的价格政策，有利于激励研发企业对技术的创新及扩散，更有利于技术的溢出。

4）法律法规

法律作为技术成果引进与技术转让的保护手段，必将促进合法的技术创新成果在区域内与区域间扩散从而产生技术溢出。在我国，目前对技术创新等方面出台了多种相关的法律法规，如《专利法》《知识产权法》《商标法》《技术合同法》等法律法规。法律法规的不断完善，既保护了技术创新者的权利，使其合法权益不受损害，也完善和规范了技术创新与技术创新成果流转的市场。

2. 市场环境

市场环境一般分为社会需求、市场需求、市场结构、市场竞争四部分，其中在我国，市场结构的影响表现最为突出。由于我国目前尚处于市场经济的转轨阶段，市场经济运行还没有走上正轨，优胜劣汰的企业运营机制尚不健全，部分国有企业在面临破产和倒闭时，不但不能进行合法的破产清算，反而会受到地方政府在政策与其他方面的优惠和照顾。因此，有时候能够提高企业生命力的技术不一定能够得到重视，这样的企业就缺乏危机感和紧迫感，因而技术扩散与溢出效应所带来的利益得不到企业从战略高度的重视。有时候技术的价格并不能真正反映技术的质量，这就导致了企业资金的大量浪费和盲目投资，一定程度上减缓了技术扩散的速度，同时也减弱了技术溢出效应的强度。

市场结构因素在技术的跨国转移中尤其具有重要意义。在一个非完全竞争的市场结构里，跨国公司向子公司转移技术的新旧程度和转让速度，从根本上说取决于东道国市场竞争的压力，即其他跨国公司在东道国投资同类产品的技术先进程度，以及东道国同行业企业技术吸收、改进和革新的能力。因此，一个介于完全垄断与完全竞争之间的市场结构不仅有利于先进技术的采用，而且也会加快技术在先进技术产业内扩散的速度与效率。

3. 中介环境

中介环境应该说是技术溢出与扩散的纽带，为技术在输出与吸收双方中起到中介作用。技术的中介环境通常包括信息中介、创新孵化、转移代办等三种类型。中介机构是为了技术扩散与溢出能够顺利进行而存在的机构，其对技术扩散与溢出都具有多方面的作用。

1）促进创新集群的形成

中介机构是不同企业之间的连接者，既了解目标市场，又熟悉科技活动组织和其相关成果。中介机构由于其专业性强，成本在技术扩散过程中相对较低，因而就促进了技术溢出，也促进了技术相关方之间的融合，形成创新集群，从而产生"集群经济"。

2）准确迅速地传递创新信息

常见的技术信息传播有两种途径，即人际交流和大众传媒。人际交流是技术扩散溢出的一条有效途径，也是技术溢出的最佳载体，由于人受到空间与时间的限制，对技术创新信息的捕捉存在较大的随意性，而且往往忽视技术信息的全面性、真实性。大众传媒作为信息社会信息传递的纽带，在空间和时间上受到的局限性较小，覆盖面广且内容丰富，但其信息不够具体，对于某一项新技术的信息传递不够深入且较简单。中介机构专业性较强，既克服了大众传媒不具体的弊端，又克服了人际交流方面随意性大的弊端。

3）为技术创新成果的交易提供更专业的服务

技术扩散是技术创新成果实现交易的过程，新技术的输出与吸收双方需要在交易协议达成前，对技术成果进行全面且充分的评估，充分了解该技术的可行性，因而需要进行多次磋商。在技术扩散与溢出过程中，技术的吸收方对新技术有一个吸收和转化的过程，以便技术在扩散中充分得到利用。中介机构作为一个中立的独立机构，拥有较强的专业优势，在新技术的转移过程中，为交易双方提供新技术的分析和评估，也可以对新技术引进方的技术人员进行技术培训、促进新技术在技术转移过程中尽快取得成效，实现扩散和溢出。

4. 社会支撑环境

社会支撑环境由投资条件、人文环境、基础设施等构成。资金是保证技术扩散良好运行的基础，人文环境是技术扩散的必要条件和重要保证，基础设施能够为技术扩散搭建良好的平台。一个地区如果是相对开放的、拥有良好的人文环境和基础设施，就会促进和激发技术迅速扩散；一个僵化、封闭、保守的社会环境则容易扼杀技术创新成果。很显然，从技术创新及其扩散和溢出的角度来看，社会支持环境的作用是不可低估的。

10.3 FDI影响因素

研究技术溢出问题，FDI是一个重要的组成部分。对于FDI而言，其技术溢出的状况和强弱，除了受到前面分析过的一些因素影响之外，也还与FDI自身的一些因素密切相关。

10.3.1 技术先进程度

在外商直接投资过程中，所伴随的技术转移，按照技术的先进性程度主要有三类："一是先进技术转移；二是适应性技术转移；三是传统技术转移。"（李平，2007）不同等级的技术转移溢出效应是不同的。跨国公司通常会严格控制先进技术对东道国的扩散和传播。一般来讲，先进技术的整体尤其是关键环节都掌握在随着技术转移来到东道国的外方高级技术人员手中，技术的创新和产品的改进则依赖跨国公司的母公司供给。这样，东道国就不能直接得到这种先进技术的扩散和传播，而只能通过间接方式零散地逐步得到，这种溢出具有滞后性。"适应性技术"是指被转移的技术能够适应东道国的环境条件的技术，与传统技术比较，它可以称为比较先进的技术。由于适应性技术已失去了它的领先性或先进性，因而技术拥有者便放松了对它转移和扩散的控制。另外，由于输入国的技术水平和生产环境条件能够与这种被转移技术相适应，这就奠定了直接转移和溢出的有效性。传统技术转移对东道国产生的溢出效应是不大的。只是随着这种技术转移会带来一些技术诀窍和生产工艺或操作技术方面的经验，对于东道国劳动人员和经营人员可发挥知识补充和普及的作用。

10.3.2 投资方式

我国引进跨国公司直接投资的主要形式有三种，即外商独资经营、中外合资经营、中外合作经营。不同的投资方式对东道国的溢出效应是不同的。通常独资企业的技术不直接向中方企业转移和扩散，或者说它正是为了严格垄断这种先进技术的控制权才不愿与中方合资、合作，而是仅仅将部分技术单项地、分散地传播给所吸收的中方技术工人个人。但通常情况下仅靠普通技术工人所掌握的那点技术是达不到溢出效应的。合资企业转移来的多属于适应性技术和传统技术。由于合资企业的产品有很大比例的产品要出口外销，这就需要中外双方共同保证产品的质量，同时还要保证生产技术的先进性，使其在国际市场竞争中不断占领市场份额。这一共同利益就促使中外双方共同开发和改进技术，外方技术人员也会尽可能快地让中方技术人员掌握技术，提高管理人员的技术水平。此外，合资企业为了节约成本、提高效益，还会将产品的部分零部件委托给同行业及相关产业的中方企业加工生产，这又会将生产技术转移和扩散到这些加工企业，帮助它们改进和提高技术水平，培训技术工人，从而提高产品质量，通过这一过程带动同行业或相关产业的技术结构及产品结构逐步地升级换代。可见，合资企业的技术溢出效应是最理想的。合作企业多是在大型基础设施建设项目上才出现，通常契约规定该项目由外方组织承建，有偿使用若干年后交还中方。在企业经营过程中，多表现为外方负责一定时期内的投资、技术或产品销售，之后才交付中方人员。这种形式在充分保持经营管理连续性的条件下，也比较有利于技术转移和扩散。

10.3.3　人才当地化程度

跨国公司培养的大量技术人才与管理人才，必将随着人才流动，使一些硬技术与软技术得到扩散。但是一般技术含量高的合资项目，不但严格控制关键技术，管理权也牢牢把握在外资人员手中。总经理是合资企业日常经营活动的实际决策者，往往由母公司派出。从短期看，这不仅可以改善该母公司与合资企业的信息沟通，而且在母公司熏陶下形成的价值观、管理风格和方式也将继续在合资企业中起作用，有利于中方管理人员学习。但从长期看，中方不能介入合资企业的核心管理层和决策层，难以提高管理技能和决策能力。因此，很显然人才的当地化程度越高，技术溢出效应也就越大。

10.3.4　所投资产业的关联度

跨国公司所投资产业关联度越大，先进技术的前波后及作用就越强。龙头企业通常都是关联度较大的产业，有极强的牵动其他产业发展的能力。前段时期，我国外商投资企业主要分布在投资少、见效快、赢利高的第二产业，特别是赢利高、产品畅销的加工工业，其次是第三产业，尤以投机性强的房地产开发业为甚。而在那些需要巨额资金投入，资金投资回收期又较长的农业、能源、交通等基础产业和基础设施等领域内，外商投资企业很少。直到近几年，跨国公司和国际财团来华投资有所增加，在某种程度和某些地区带动了投资项目向高档次、高水平、高技术和高质量方向发展，使高新技术产业以及与产业关联度大的龙头产业的投资逐渐增加，这也将大大促进高新技术的迅速扩散和溢出。

10.4 对技术溢出效应影响因素的综合分析

技术的转移和扩散遵循的基本规律是梯度规律，即从高梯度地区流向低梯度地区。充分认识这种转移过程中的影响因素，就能够加快这种转移和扩散，从而促进区域经济的均衡发展。对上述几个方面的因素进行综合分析，我们认为影响技术梯度转移和扩散的因素可从技术溢出的前提条件、技术溢出的基础因素、技术溢出的保障因素、技术溢出的空间因素及技术溢出的主观因素等五个方面将其归结为：技术差距、认知距离、吸收能力、地理距离及控制意愿与能力等几个方面。其中，技术差距、认知距离与技术溢出效应呈倒 U 形关系，吸收能力与技术溢出效应呈正向相关关系，地理距离、控制意愿与能力与技术溢出效应呈反向相关关系。

10.4.1 技术溢出的前提条件：技术差距

技术差距是不同梯度地区技术溢出存在的必要条件，在梯度转移过程中，如果两个梯度地区之间的总体发展水平是相同的，就不会有溢出。如果不同地区的经济发展水平存在差异，那么技术上的差距就可使先进地区在技术上具有比较优势，但是这种状况不会一直持续下去，随着落后地区对其模仿和学习，这种所谓的技术差距就会随之消失。在这种以技术差距为基础的区域合作与互动过程中，低梯度地区一旦模仿成功，就得到了扩散的或溢出的技术。也就是说，在技术方面相对落后的地区就有可能吸收利用到技术溢出带来的好处，两个地区间的技术差距越大，产生技术溢出效应的机会就越多。但是如果两个不同梯度地区的技术水平差距过大，则会造成技术溢出的减少，因为这种差距太大，落后地区的模仿就有难度。差距越小区域间的技术共享就越多。例如，我国的中西部地区因为技术水平上的接近，容易更快地吸收外部技术，但潜在的溢出不会很大。当然，如果地区间不存在技术差距，学习的范围就相当狭小。因此，最大的技术溢出可能发生在地区间适度的技术差距上。在我国利用 FDI 的技术溢出时，溢出水平随着技术差距的增加而增加，而当差距增大到某一水平，以至于新技术的接收地区不能在现有条件基础上对外部先进技术充分吸收时，技术的溢出效应就会下降。

10.4.2 技术溢出的基础因素：认知距离

技术差距主要是从量的视角和地区客观实际来说明不同梯度地区技术溢出的可能性，如果从技术本身和人们对技术信息的接受方面考虑的话，则需要从认知距离去衡量和分析技术溢出的可能性。从区域层面上讲，认知距离是指不同梯度地区的技术组合间的差距大小，这也是技术溢出强弱的一个重要的约束条件，因为从各不同梯度区域间的技术知识交流情况来看，接受技术者的消化吸收能力要与相应的技术组合相匹配。一般技术溢出的有效性可分解为两个主要方面：接收能力与新技术知识。认知距离小，接收能力就强，但不能得到较多有效的新技术知识；相反，认知距离大，接收能力就会变得有限，但是可以获得较多的新技术知识。如果技术溢出的主体地区两个方面其总体上的认知能力接近，他们对一项技术的解释和理解也接近，而且能够通过使用他们通用的语言表达方式进行交流，那么一项新技术就会更加容易地产生溢出。所以，在区域间整体上如果存在着适当的认知距离，不同梯度地区之间就能方便地进行技术信息方面的交流，反之如果认知距离太大，理解能力不匹配，就难以进行交流，如果认知距离为零那么地区的创新潜力也将不复从在。因此，在这里可将认知距离分为三个方面：首先，各梯度地区的某种技术组合完全重叠，即技术相同，这时地区间的技术水平就得不到进步；其次，各不同梯度地区某种技术的组合没有完全重叠，即技术存在差异，这样技术主体也难以得到提高或升级；最后，各不同梯度地区的技术组合若有部分在一定程度上的重叠，即相似性较高，此时技术主体之间的合作与互动将有利于科学技术的发展。因此，适宜的认知距离促进了学习的效率，从而也有利于技术扩散和技术溢出的形成。

10.4.3 技术溢出的保障因素：吸收能力

技术差距和认知距离为技术在不同梯度之间的溢出提供了有效的条件和技术溢出的可能性，但在技术转移的过程中要真正地把溢出的技术为本地区所用，甚至形成产出，技术接收方的吸收能力就是非常重要的因素。低梯度地区对技术溢出的吸收能力直接决定了技术溢出的量与质。

在技术转移过程中低梯度地区对技术的吸收能力受到该地区人力资源状况、经济发展水平、已有技术水平、技术研发投入和学习机制等因素的影响。人作为经济活动中的主体，是技术吸收能力的主体因素，低梯度地区作为技术的接收方，要对新技术进行模仿并充分吸收，必须要有足够丰裕的人力资本存量，从而达到溢出技术的充分吸收。地区经济发展状况影响着区域内技术的创新与技术的溢出，也就决定了该地区内已有技术水平的高低。而已有技术水平是新技术吸收能力的基础，较高的技术水平决定了低技术梯度地区对外部技术的认知能力较强，进而影响到低梯度地区对新技术的吸收速度。研发活动与学习机制是提高吸收能力的保障，在低梯度地区的技术研发投入，通过对相关技术的学习，可增强低梯度地区的整体技术认知能力，从而为新技术的吸收、累积与不断提高提供现实支持。随着经济的发展，新的技术会不断出现，通过学习可提高低梯度地区对新技术的吸收与利用能力。

10.4.4 技术溢出的空间因素：地理距离

在技术的梯度转移过程中，无论是产业的梯度转移，还是劳动力等生产要素的区域流动都受到地理距离的影响。新古典经济学认为，技术是瞬间溢出的，空间不起作用。随着现代运输、通信和信息技术的发展，从全球范围看，人类正在进入信息社会，传统上的空间距离在不断缩小，"地球村"正在一步一步向我们走来，因此有人甚至认为"距离已经消亡"。信息传播速度随着现代科学技术的进步不断加快，技术在不同梯度区域间的传递成本随之大幅降低。与古典经济学观点相反的看法是，在技术的扩散和溢出过程中空间或地理距离对梯度转移起着非常重要的作用。由以上对集聚要素的影响机制分析可知，由于技术溢出的外部性存在，在空间上技术集聚的地区能从技术溢出中获得较多的利益。这种看法显然是有道理的，技术的溢出效应随着距离的缩短会变强，原因在于：第一，交易双方需要进行较多的联系，较近的地理距离拥有相近的语言、文化、习惯等，所以交易双方更容易交流，进而会增加双方技术沟通的频率，创造更多的交流与合作机会。第二，临近地区在技术创新活动中具有一种默契性，技术创新人员近距离接触才能促进信息的高效传递，所以当创新活动中的技术知识越具有缄默性时，地理邻近就越重要。相反，距离越远，技术溢出效应就越弱。

10.4.5 技术溢出的主观因素：控制意愿与能力

以上对各因素的分析是在假定不同梯度地区间技术充分溢出的情况下进行的，虽然技术溢出是不可避免的，但对高梯度地区或者企业来说，如果任由技术溢出，就会影响相应地区在整个经济发展中的竞争力，同时也会影响企业在市场竞争中的综合地位、利润水平与研发投资的效果。目前在我国技术溢出本身并没有受到高梯度地区的重视，但是随着技术梯度转移的不断向前发展，它必然会发觉到本地区的技术溢出对该地区经济等方面所造成的影响，如企业在市场中的份额下降、利润减少、竞争力受到严峻挑战等，某些地区的政府或者企业必然会着手采取一些措施有意识地降低技术溢出的效应。这也就是我们在技术扩散通道当中所讲的政策环境，而该地区自身对技术溢出的控制能力直接决定了该地区能否有效阻止技术溢出以及阻止到什么程度。目前，最常见的抑制措施就是地区内部对知识产权的保护；还可以通过对核心技术锁定来处理，如对技术设计、生产工艺等方面的核心技术进行有效控制，致使别人难以对其模仿。某些地区政府或者企业为了防止核心技术溢出，常常对技术人才给予优厚的报酬以进行挽留。当然，不同梯度地区对技术溢出的控制意愿与能力是不同的。大学、研究机构与受到政府资助的组织控制技术溢出的意愿一般较弱，而企业控制技术溢出的意愿就相当强。但是在技术的梯度转移过程中由于地区间的贸易等需要，一些企业的产品不能不出售，另一梯度地区竞争对手总是可以通过逆向工程，解剖产品来获得产品中所嵌入的新技术和新知识。因而，企业不可能完全控制技术溢出。这样随着新技术的扩散，就容易形成由高梯度地区到低梯度地区的技术溢出。

第11章　技术梯度转移中溢出效应的一般分析

11.1　梯度划分

研究技术的梯度转移问题，首先要求必须合理划分梯度。因为特定地区的技术经济梯度并不是一成不变的，所以在考察技术的梯度转移与技术溢出问题之前有必要对当前我国的技术经济梯度进行客观的分析和划分。本篇试图在广义梯度理论的基础上对我国除港澳台和西藏以外的 30 个省（自治区、直辖市）的综合实力，从自然资源、基础设施、生态环境、经济发展水平、教育与科技水平五个方面，选取恰当的指标值对进行评价，划分出不同的梯度等级，以便为后面的分析奠定基础。

11.1.1　评价指标的选择

为了对我国各个地区的梯度等级做出全面、客观、合理的评价，我们在选取指标时将遵守以下原则：①综合全面性原则。即指标内容必须涵盖我国社会经济的各个方面，如人口状况，资源状况，经济、教育发展水平等。②可比性原则。即所有指标必须具有省与省之间的横向可比性。③数据易获取原则。即指标的相关数据应该容易获得，来源可靠，科学客观。④简洁性原则。要求指标选取包含信息量大而且能够反映事物本质特征。

按照上述指标选取的原则，并且根据广义梯度论的主要思想和观点，本篇共选择了 5 类一级指标和 24 项二级指标作为梯度等级划分的依据，具体内容参见表 11-1 所列。传统的梯度论所包含的概念通常都过于单一化，只是从某一个方面去测度梯度发展水平，比如 GDP 或者是 GNP，或者以此为主，将其他指标作为辅助性的指标，在此基础上进行拓展和衍生出一些相关的变量。而广义的梯度理论则不同于此。表 11-1 中所选的 5 类 24 项指标集中体现了上述四方面原则的要求，同时也参考了大量的已有文献。下面就每个一级指标的选取加以说明。

表11-1　区域梯度分布评价指标体系

目标	准则	指标
区域梯度综合评价指数（RGI）	地区自然资源状况（NR）	人均水资源量（NR1）
		人均耕地面积（NR2）
		人均常规能源占有量（NR3）
	基础设施建设水平（ID）	人均铁路营运里程（ID1）
		人均公路里程（ID2）
		人均邮电业务量（ID3）
	地区生态环境水平（EI）	地区森林覆盖率（EI1）
		地区工业废水排放达标率（EI2）
		二氧化硫排放达标率（EI3）
		工业固体废弃物综合利用率（EI4）
		自然保护区占辖区面积比重（EI5）
	地区经济发展水平（ED）	人均地区生产总值（ED1）
		单位面积经济密度（ED2）
		人均地方财政收入（ED3）
		人均工业产值（ED4）
		非农产业比重（ED5）
		城镇居民人均可支配收入（ED6）
		农村居民人均纯收入（ED7）
	教育与科技发展水平（ET）	文盲率（ET1）
		高中以上学历人员比重（ET2）
		人均教育经费（ET3）
		职工平均工资（ET4）
		R&D人员数（ET5）
		R&D经费（ET6）

（1）地区自然资源状况。各种能源的合理分布是人类赖以生存和发展的基础及前提条件，它的作用无论是对人类的生存，还是经济社会的发展，都起到重要的保障作用。特定地区的发展状况和水平也绝对离不开自然资源禀赋，其重要性虽然在现代知识经济社会正在逐步下降但仍然不可忽略。通常来讲，能够对一个特定地区发展产生重要影响的自然资源状况，包括地区人均水资源量、人均耕地面积、人均常规能源占有量等。这几个指标综合地体

现了一个地区主要自然资源的梯度水平。例如，人均水资源占有量是指按某个地区人数平均的水资源量，它是反映地区资源状况的重要指标之一。而地区人均耕地面积特别反映出土地资源的人均拥有水平。常规能源占有量是将煤、石油、天然气等常规能源按系数折合计算为标准煤，用以反应人均常规能源占有情况。

（2）基础设施建设水平。基础设施主要包括交通运输、机场、港口、桥梁、通信、水利及城市供排水、供气、供电设施和提供无形产品或服务于科教文卫等部门所需的固定资产，它是一切企事业单位生产经营和居民生活的共同物质基础，是城市主体设施正常运行的保证，既是物质生产的重要条件也是劳动力再生产的重要条件。在这里我们选取三个指标分别为，人均铁路营运里程、人均公路里程、人均邮电业务量。人均铁路营运里程和人均公路里程用来综合反映地区交通发达程度，交通是否发达畅通直接影响到地区的经济发展和外贸。邮电业务量是对邮电通信产品量的统称，即指邮电各专业的业务量，用来反映邮电部门为社会提供的完整信息和传递服务的数量指标，也用来反应邮电通信企业的产品量。人均邮电业务量用来反映地区人均的完整信息服务数量同时也反映出其邮电通信服务的水平，它对地区与外界的信息交流有很重要的作用。

（3）地区经济发展水平。对一个地区的经济发展水平与竞争力的评价一直以来是梯度理论的主要研究对象，地区经济发展是处于何种程度在某种意义上反映了该地区的富裕程度甚至是综合实力。一般来讲能够体现区域经济发展水平的主要有人均地区生产总值、单位面积经济密度、人均地方财政收入、人均工业产值、非农产业比重、城镇居民人均可支配收入、农村居民人均纯收入等指标。人均 GDP 是反映一个地区经济发展水平的基本指标。单位面积经济密度是用来反映产业空间布局状况和土地利用效率的指标，其值等于 GDP/ 土地总面积，它能够准确反映出某一地区单位土地面积上的经济产出水平。人均地方财政收入反应人均可支配的财政收入，是全面小康社会实现程度的一个重要指标。人均工业产值主要反映的是地区工业发达程度。非农产业比重用来反映地区农民收入的结构性转变和地区城市化程度。城镇居民人均可支配收入和农村人均纯收入用来表示地区城镇居民和农村居民的富裕程度，进而反映各地区的贫富差距状况。

（4）教育与科技发展水平。这是测量一个国家或地区在教育和相关科技活动以及在此方面的投入程度的一把标尺。反映居民受教育程度的指标有文盲率、高中以上学历人员比重、人均教育经费、职工平均工资（假定工资水平的高低与受教育的程度正相关）。反映科技发展状况的基本指标是 R&D 经费、R&D 人员数。

（5）地区生态环境水平。良好的地区生态环境是地区经济发展的支撑条件。一个地区良好的生态环境可以使本区经济循环持续地发展，而恶劣的区域环境对经济的整体发展或梯度转移会产生阻碍作用。一般来说，能够充分反映环境优良与否的指标有地区森林覆盖率、地区工业废水排放达标率、二氧化硫排放达标率、工业固体废弃物综合利用率、自然保护区占辖区面积比重。

11.1.2 梯度评价模型的构建

要根据上述的 5 类 24 项指标评价确定 30 个省（自治区、直辖市）的技术经济梯度，必须有一个能够综合各种不同因素的模型。本篇中使用的模型是

$$\mathrm{RGI}_j = \sum \lambda_i \times X_{ij} \ (i = 1, 2, \cdots, 24)(j = 1, 2, \cdots, 30) \qquad (11\text{-}1)$$

在（11-1）中，等式左边的 RGI 代表文中所要考察的 j 地区的综合评价水平，λ_i 为指标 i 的权重，X_{ij} 是代表 j 地区 i 指标的标准化值。在这里，分析中的所有数据均来自《中国统计年鉴 2009》和各省（自治区、直辖市）的统计年鉴，以及《中国科技统计年鉴 2009》，数据均由国家统计局提供，标准可靠，具有权威性。因为上述模型采取了加权求和的方法，其中部分数据不可以直接求和，所以需要对相关数据进行标准化处理，进行无量纲化变换。目前大多学者在无量纲化处理时采用标准差法与极大极小值法。为了计算简便和对比分析，本篇利用 SPSS17.0 软件进行描述性统计分析实现标准化，共处理了 30 个省（自治区、直辖市）2008 年的 24 个指标数据，之后得到 30×24 个标准化数值（原始数据可查阅相关统计年鉴得到，此处省略）。

在完成数据采集和处理后，还需要给所选取的各个指标赋予不同的权重 λ_i。为此，将采用近年来使用较多的主成分分析法来加以确定。这种方法的原理是先求出各指标相关系数矩阵或者各变量协方差矩阵的特征根，然后根据所得出的特征根（即方差）的贡献率从全部 n 个原始数据指标中抽取 m（$m < n$）个彼此间不相关的主成分，再使用这些主成分替代大量的原始指标以便更好地分析，这些主成分不仅能够完全体现原来指标所要表达的含义，而且可以使得所采集的数据信息在不重复的条件下减少分析的工作量，从而对所研究对象最终做出准确的评价和判断。

下面将运用统计分析软件SPSS17.0的主成分分析功能，对30个样本24个变量的数据进行分析，根据分析结果共提取了5个主成分（分别记为Fac1，Fac2，Fac3，Fac4，Fac5），累计方差贡献率为85.532%，如表11-2和表11-3所示。

表11-2　方差分解主成分提取分析表

主成分	初始特征值			提取平方和载入			旋转平方和载入		
	特征根	方差的 %	累积 %	特征根	方差的 %	累积 %	合计	方差的 %	累积 %
1	11.543	48.095	48.095	11.543	48.095	48.095	9.814	40.891	40.891
2	4.355	18.146	66.241	4.355	18.146	66.241	4.407	18.362	59.253
3	1.761	7.338	73.579	1.761	7.338	73.579	2.864	11.931	71.184
4	1.656	6.902	80.481	1.656	6.902	80.481	2.093	8.722	79.907
5	1.212	5.051	85.532	1.212	5.051	85.532	1.350	5.625	85.532
6	0.907	3.780	89.312						
7	0.561	2.338	91.649						
8	0.459	1.911	93.560						
9	0.324	1.349	94.909						
10	0.286	1.191	96.099						
11	0.255	1.062	97.161						
12	0.190	0.791	97.952						

注：提取方法为主成分分析法。

表11-3　初始因子载荷矩阵

变量	主成分				
	1	2	3	4	5
人均水资源量 / 米 ^{3}	−0.470	0.320	−0.584	0.347	−0.273
人均耕地面积 / 亩	−0.577	0.360	0.501	−0.188	−0.082
（人均常规能源占有量）	−0.232	0.396	0.624	−0.186	0.232
人均铁路营运里程 / 米	−0.419	0.772	0.207	0.065	−0.126
人均公路里程 / 米	−0.655	0.623	−0.016	0.274	−0.066
人均邮电业务量 / 元	0.903	0.263	−0.077	−0.010	−0.129
（地区森林覆盖率）	−0.094	−0.566	−0.275	−0.159	−0.483
（地区工业废水排放达标率）	0.551	−0.607	0.110	−0.302	−0.119
（二氧化硫排放达标率）	0.237	−0.521	−0.171	−0.054	0.652
（工业固体废弃物综合利用率）	0.659	−0.418	0.077	0.127	−0.126
自然保护区占辖区面积比重 /%	−0.172	0.809	−0.180	0.252	−0.056
（人均地区生产总值）	0.953	0.240	0.059	0.011	−0.048
（单位面积经济密度）	0.858	0.247	−0.154	−0.077	0.098
（人均地方财政收入）	0.908	0.335	−0.118	−0.151	0.061
（人均工业产值）	0.906	0.098	0.127	0.226	0.009

变量	主成分				
	1	2	3	4	5
（非农产业比重）	0.734	0.324	0.315	0.179	0.119
（城镇居民人均可支配收入）	0.959	0.036	−0.102	0.065	−0.008
（农村居民人均纯收入）	0.961	0.061	−0.050	−0.023	−0.083
（文盲率）	−0.513	0.062	−0.412	0.331	0.540
（高中以上学历人员比重）	0.797	0.448	−0.111	−0.270	−0.013
（人均教育经费）	0.887	0.364	−0.140	−0.118	−0.005
（职工平均工资）	0.875	0.392	−0.171	−0.047	0.103
R&D 人员数	0.479	−0.407	0.305	0.665	−0.095
R&D 经费	0.577	−0.340	0.286	0.656	−0.033

注：提取方法为主成分分析法。

利用表 11-2 和表 11-3 可得出主成分与原始变量之间的关系，用表 11-3 中的每一列数据除以主成分相对应的特征值开平方根，便得到 5 个主成分中每个指标所对应的系数，也就是每一特征根所对应的单位特征向量。在这里为了计算方便利用 SPSS17.0 软件进行计算，即将表 11-3 因子载荷矩阵中的 5 列数据输入到编辑窗口（设为变量 M_1、M_2、M_3、M_4、M_5），然后利用"转换→计算变量"，在对话框里输入" $e_1 = M_1/\mathrm{SQR}$（11.543）"即可得到特征向量 e_1。同理可得到特征向量 e_2、e_3、e_4、e_5，计算结果见表 11-4。将得到的特征向量与标准化后的数据进行相乘，然后得出主成分表达式。

表11-4 特征向量计算结果

e_1	e_2	e_3	e_4	e_5
−0.138	0.153	−0.440	0.270	0.315
−0.170	0.173	0.378	−0.146	−0.171
−0.068	0.190	0.470	−0.145	−0.169
−0.123	0.370	0.156	0.051	0.059
−0.193	0.299	−0.012	0.213	0.249
0.266	0.126	−0.058	−0.008	−0.009
−0.028	−0.271	−0.207	−0.124	−0.144
0.162	−0.291	0.083	−0.235	−0.274
0.070	−0.250	−0.129	−0.042	−0.049
−0.051	0.388	−0.136	0.196	0.229
0.194	−0.200	0.058	0.099	0.115
0.281	0.115	0.044	0.009	0.010
0.253	0.118	−0.116	−0.060	−0.070
0.267	0.161	−0.089	−0.117	−0.137

e_1	e_2	e_3	e_4	e_5
0.267	0.047	0.096	0.176	0.205
0.216	0.155	0.237	0.139	0.163
0.282	0.017	−0.077	0.051	0.059
0.283	0.029	−0.038	−0.018	−0.021
−0.151	0.030	−0.310	0.257	0.301
0.235	0.215	−0.084	−0.210	−0.245
0.261	0.174	−0.105	−0.092	−0.107
0.258	0.188	−0.129	−0.037	−0.043
0.141	−0.195	0.230	0.517	0.604
0.170	−0.163	0.216	0.510	0.596

根据 $F = e_i^{\mathrm{T}} X$，其中 X 表示标准化矩阵，可得

$F_1 = -0.138X_1 - 0.17X_2 - 0.068X_3 - 0.123X_4 - 0.193X_5 + 0.266X_6 - 0.028X_7 + 0.162X_8 + 0.07X_9 - 0.051X_{10} + 0.194X_{11} + 0.281X_{12} + 0.253X_{13} + 0.267X_{14} + 0.267X_{15} + 0.216X_{16} + 0.282X_{17} + 0.283X_{18} - 0.151X_{19} - 0.235X_{20} + 0.261X_{21} + 0.258X_{22} + 0.141X_{23} + 0.17X_{24}$ 　　　　　　　　　　　　　　　　　　　　　　　　　　　　　　（11-2）

$F_2 = 0.153X_1 - 0.173X_2 - 0.190X_3 + 0.370X_4 + 0.299X_5 + 0.126X_6 - 0.271X_7 - 0.291X_8 - 0.25X_9 + 0.388X_{10} - 0.2X_{11} + 0.115X_{12} + 0.118X_{13} + 0.161X_{14} + 0.047X_{15} + 0.155X_{16} + 0.017X_{17} + 0.029X_{18} - 0.030X_{19} - 0.215X_{20} + 0.174X_{21} + 0.118X_{22} - 0.195X_{23} - 0.163X_{24}$ 　　　　　　　　　　　　　　　　　　　　　　　　　　（11-3）

$F_3 = -0.44X_1 + 0.378X_2 + 0.47X_3 + 0.156X_4 - 0.012X_5 - 0.058X_6 - 0.207X_7 + 0.083X_8 - 0.129X_9 - 0.136X_{10} + 0.058X_{11} + 0.044X_{12} - 0.116X_{13} - 0.089X_{14} + 0.096X_{15} + 0.237X_{16} - 0.077X_{17} - 0.038X_{18} - 0.310X_{19} - 0.084X_{20} - 0.105X_{21} - 0.129X_{22} + 0.23X_{23} + 0.216X_{24}$ 　　　　　　　　　　　　　　　　　　　　　　　　　　（11-4）

$F_4 = -0.270X_1 - 0.146X_2 - 0.145X_3 + 0.051X_4 + 0.213X_5 - 0.008X_6 - 0.124X_7 - 0.235X_8 - 0.042X_9 + 0.196X_{10} + 0.099X_{11} + 0.009X_{12} - 0.06X_{13} - 0.117X_{14} + 0.176X_{15} + 0.139X_{16} + 0.051X_{17} - 0.018X_{18} + 0.257X_{19} - 0.210X_{20} - 0.092X_{21} - 0.037X_{22} + 0.517X_{23} + 0.510X_{24}$ 　　　　　　　　　　　　　　　　　　　　　　　　　　（11-5）

$$F_5 = 0.315X_1 - 0.171X_2 - 0.169X_3 + 0.059X_4 + 0.249X_5 - 0.009X_6 - 0.144X_7 - 0.274X_8 - 0.49X_9 + 0.229X_{10} + 0.115X_{11} + 0.01X_{12} - 0.07X_{13} - 0.137X_{14} + 0.205X_{15} + 0.163X_{16} + 0.059X_{17} - 0.021X_{18} + 0.301X_{19} - 0.245X_{20} - 0.107X_{21} - 0.043X_{22} + 0.604X_{23} + 0.596X_{24}$$
$$\text{（11-6）}$$

根据以上各个主成分所对应的特征值和主成分总的特征值之间的比求出综合评价模型的权重，公式如下所示。

$$\sum \lambda' = 11.543 + 4.355 + 1.761 + 1.656 + 1.212 = 20.527 \qquad \text{（11-7）}$$

$$\text{RGI} = \frac{11.543}{20.528}F_1 + \frac{4.355}{20.528}F_2 + \frac{1.761}{20.528}F_3 + \frac{1.656}{20.528}F_4 + \frac{1.212}{20.528}F_5$$

$$= 0.562F_1 + 0.212F_2 + 0.0858F_3 + 0.080F_4 + 0.059F_5 \qquad \text{（11-8）}$$

将式（11-8）分别代入式（11-2）、式（11-3）、式（11-4）、式（11-5）、式（11-6），即可得到主成分的综合模型。

$$\text{RGI} = -0.043X_1 - 0.048X_2 + 0.021X_3 + 0.030X_4 - 0.014X_5 + 0.170X_6 - 0.109X_7 + 0.001X_8 - 0.031X_9 + 0.071X_{10} + 0.086X_{11} + 0.187X_{12} + 0.148X_{13} + 0.159X_{14} + 0.194X_{15} + 0.196X_{16} + 0.163X_{17} + 0.159X_{18} - 0.067X_{19} + 0.139X_{20} + 0.161X_{21} + 0.168X_{22} + 0.135X_{23} + 0.156X_{24}$$
$$\text{（11-9）}$$

根据主成分的综合模型式（11-9）分别将标准化后的 30 个省（自治区、直辖市）的数据代入计算出 30 个省（自治区、直辖市）的梯度综合指数，并对其按照上述模型得出指数结果进行排名，这样就可以对区域梯度发展水平进行综合评价比较，结果见表 11-5。

表11-5　区域梯度综合指数和主成分指数及排名表

地区	RGI	总排名	F_1	F_1排名	F_2	F_2排名	F_3	F_3排名	F_4	F_4排名	F_5	F_5排名
上海	6.273	1	5.805	1	0.653	4	−0.097	26	−0.047	19	−0.041	19
北京	4.643	2	4.555	2	0.516	5	−0.116	27	−0.168	30	−0.144	30
天津	3.047	3	2.884	3	0.226	8	0.013	14	−0.041	18	−0.035	18
广东	2.266	4	2.130	5	−0.428	27	0.079	7	0.261	2	0.223	2
江苏	2.154	5	2.013	6	−0.374	26	0.115	5	0.216	3	0.184	3
浙江	2.006	6	2.214	4	−0.308	20	−0.048	18	0.080	5	0.068	5
山东	0.979	7	0.956	7	−0.434	28	0.125	4	0.179	4	0.153	4
辽宁	0.433	8	0.400	8	0.026	12	0.047	12	−0.022	16	−0.019	16
福建	−0.086	9	0.386	9	−0.346	22	−0.095	25	−0.017	14	−0.014	14
山西	−0.174	10	−0.476	13	0.192	10	0.241	2	−0.071	26	−0.061	26
内蒙古	−0.271	11	−1.128	24	0.741	2	0.260	1	−0.064	23	−0.054	23
宁夏	−0.543	12	−0.791	18	0.283	6	0.095	6	−0.071	24	−0.06	24
河北	−0.578	13	−0.276	10	−0.266	19	0.070	8	−0.057	22	−0.049	22

地区	RGI	总排名	F_1	F_1排名	F_2	F_2排名	F_3	F_3排名	F_4	F_4排名	F_5	F_5排名
重庆	-0.601	14	-0.444	12	-0.123	15	-0.026	16	-0.004	10	-0.004	10
河南	-0.721	15	-0.410	11	-0.349	24	0.050	11	-0.007	11	-0.006	11
吉林	-0.727	16	-0.798	19	0.152	11	0.060	9	-0.076	27	-0.065	27
黑龙江	-0.818	17	-1.097	23	0.222	9	0.147	3	-0.048	20	-0.041	20
新疆	-0.824	18	-1.538	27	0.658	3	0.054	10	0.001	8	0.001	8
湖北	-0.852	19	-0.501	14	-0.309	21	-0.012	15	-0.016	13	-0.014	13
青海	-0.873	20	-2.541	30	1.388	1	-0.215	30	0.267	1	0.228	1
陕西	-0.908	21	-0.709	16	-0.097	14	0.046	13	-0.079	28	-0.068	28
湖南	-1.066	22	-0.574	15	-0.368	25	-0.049	19	-0.040	17	-0.034	17
四川	-1.167	23	-1.007	22	-0.135	16	-0.081	22	0.030	7	0.026	7
安徽	-1.263	24	-0.764	17	-0.441	29	-0.040	17	-0.01	12	-0.008	12
江西	-1.537	25	-0.964	21	-0.348	23	-0.094	24	-0.07	25	-0.06	25
广西	-1.580	26	-1.136	25	-0.250	18	-0.091	23	-0.055	21	-0.047	21
甘肃	-1.648	27	-1.946	29	0.254	7	-0.055	20	0.053	6	0.045	6
海南	-1.692	28	-0.888	20	-0.449	30	-0.172	29	-0.098	29	-0.084	29
云南	-1.908	29	-1.535	26	-0.199	17	-0.135	28	-0.021	15	-0.018	15
贵州	-1.965	30	-1.821	28	-0.059	13	-0.077	21	-0.004	9	-0.003	9

11.1.3 评价结果分析

上述的分析结果如图 11-1 所示。按以上划分结果我国三大梯度地区区域分布图如图 11-2 所示。对此分析结果，有几点我们需要予以明确。

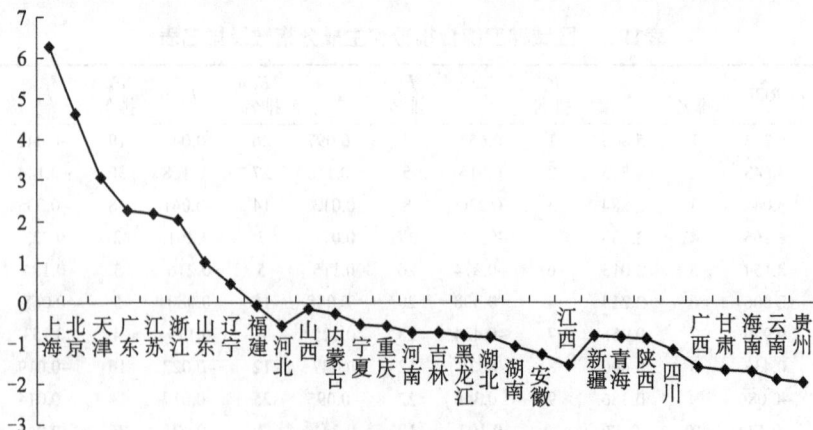

图11-1 区域综合指数评价结果图

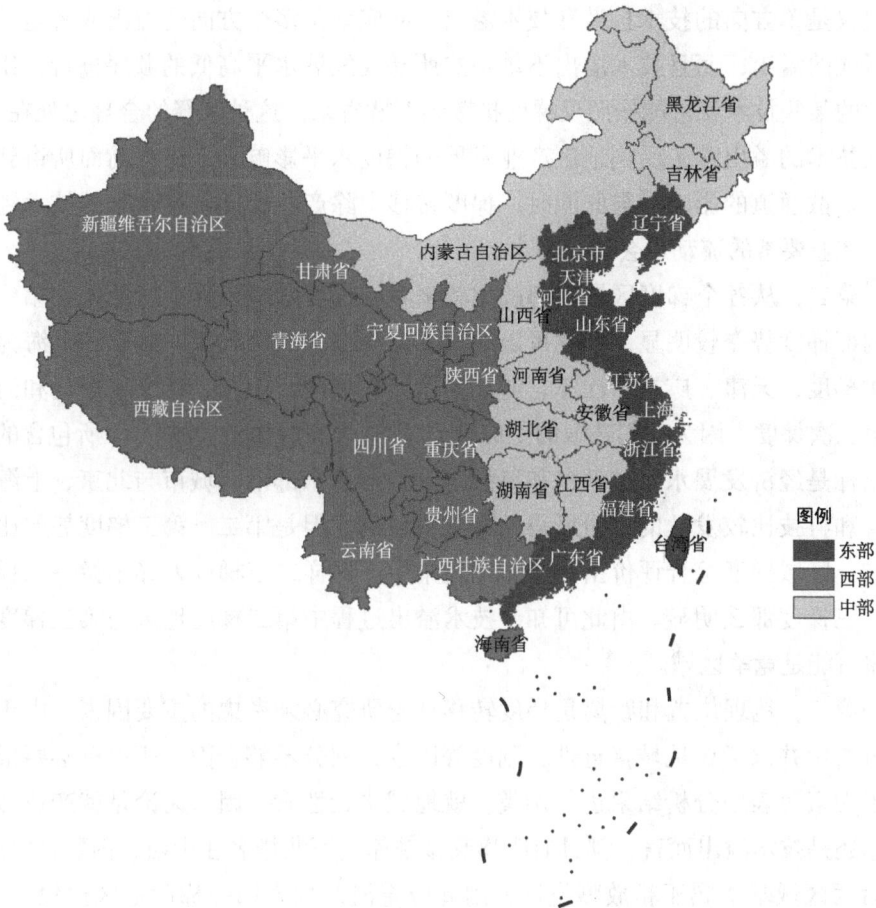

图11-2　中国区域梯度分布图（依图11-1绘制而成）

第一，从整体来看，我国目前各个省份的整体经济发展水平的确是有着东部至西部逐渐下降的趋势，这与我国过去一直坚持的分区管理的思路基本一致，即按照东部地区、中部地区、西部地区和东北地区四个区域分层管理。东北地区共有黑龙江、吉林和辽宁3个省份，按照区域梯度评价综合指数显示，辽宁被划入第一梯度地区，黑龙江和吉林则被划入第二梯度地区。

由分析结果显示的排名来看，区域之间在发展水平上尚存在交叉，并不严格地符合第一梯度地区必须大于第二梯度地区，第二梯度地区大于第三梯度地区的一般规律，如河北的区域梯度综合排名和山西相比处于靠后的位置，但由于其地理位置上与京津接近，还是作为第一梯度比较合适，这在第二与第三梯度交叉的几个省份就更加明显。由此可以看出，三个不同等级的梯度区域之间不仅仅是单方向的技术扩散和技术溢出，而应该是多个方向的溢出或者是一种跳跃式的溢出；而且技术溢出不单是按照梯度发展水平高低的顺序进行，比如陕西的某些技术就可能按照反梯度扩散到安徽省来。这种解释的合理之处在于，一项技术的溢出除了受到地区产业发展的梯度水平影响外，还有前面所讲到的技术扩散通道的影响。与此同时，梯度转移中除产业梯度转移带来的技术溢出外，产业要素的流动也会形成溢出。

第二，从各个梯度区域内部的比较来看，梯度水平差异有所不同。第一梯度内部梯度势差较明显，据此可以继续划分为三个次级梯度：北京和上海为第一次梯度，天津、广东、江苏、浙江为第二次梯度，山东、辽宁、福建和河北为第三次梯度，因为我们选取的主成分 F_1 具有较高的权重，成分 F_1 所包含的主要指标是经济发展水平、教育和科技水平，显然东部沿海城市与北京、上海等教育和科技比较发达的省份所得的指数值较高。但是第二、第三梯度势差比较缓和，区域梯度综合评价指数分布比较集中，这样二三梯度差异不像一二梯度和一三梯度那么明显。由此可知，技术溢出过程中第二梯度地区与第三梯度地区将可能是竞争区域。

第三，地理位置和距离是梯度转移理论研究必须考虑的重要因素。由于上述分析中并未考虑地域接近性、制度等因素，划分不够全面，所以有必要根据以上因素对表中分析结果进行调整。就地域接近性看，因为无论是就产业梯度转移还是技术溢出而言，都具有距离衰减规律，河北排名在山西、内蒙古之后，但后两区域基本属于粗放型发展，因此应将河北划入第一梯度地区比较合适。安徽、江西排名靠后但地理位置优势明显，靠近上海、南京等发达城市，综合实力较低可能是由于制度等其他因素造成的，仍然划入第二梯度地区。重庆是西部唯一的直辖市，受到国家政策倾斜，重庆的发展已经上升为国家战略，这里仍要划入第三梯度地区。这里需要说明的是，新疆、宁夏、青海三地区一直被划入西部地区，在表 11-5 中它们的评价得分虽靠前，但是由于这三个地区的地理位置，结合前面第 10 章我们对技术溢出研究中所考虑的地理距离等影响因素，从以下三个方面考虑也划入第三梯度地区。首先，这三个地区均深处内陆，与其他发达地区地理距离较远；其次，三个地区所占的地理面积较大而人口较少，全年气候恶劣，且很大一部分地区是沙漠，经济发展主要依靠省会或首府城市，基础设施等城镇整体建设比较落后；最后，三个地区的排名靠前还得益于国家对少数民族地区的重视，其发展主要是依靠国家投资拉动，而在市场经济体系下他们的综合竞争力不强。当然，这三个地区在未来的边境贸易方面具有巨大的发展潜力，自然资源也较丰富，但主要的是各省会或首府城市在吸引技术扩散与吸收技术溢出的过程中具有的优势。

综合上述各个方面，将全国各省份的梯度划分如下：第一梯度地区包括上海、北京、天津、广东、江苏、浙江、山东、辽宁、福建、河北共 10 个省份；第二梯度地区包括山西、内蒙古、黑龙江、吉林、湖北、河南、湖南、安徽和江西共 9 个省份；第三梯度地区包括重庆、陕西、新疆、宁夏、四川、青海、广西、海南、甘肃、云南和贵州共 11 个省份。这种划分与国家统计年鉴对我国区域的划分基本一致，因此在后续章节的研究中将依然沿用东、中、西部的说法。

11.2　梯度转移及其规律

梯度转移理论认为，一个国家的经济发展客观上存在着梯度差异，高梯度地区通过不断研究创新并不断向区外扩散求得发展，而中、低梯度地区通过接受扩散或者寻找机会跳跃式发展或者可反梯度推移得到发展。一个地区经济的发展快慢与该地区产业结构状况有很大关系，而地区产业结构主要取决于该地区主导产业处于工业生命周期中的哪个阶段。梯度转移理论认为，梯度发展水平处于何种水平主要由技术创新决定，能够率先进行某项技术创新的常常是高梯度地区。随着时间的不断推移，产业逐渐从高梯度向低梯度地区转移。在此转移的过程中，区域之间的梯度推移不外乎包括两个方面：一是代表生产力发展水平的产业在不同梯度间的转移；二是区域之间生产力要素的流动。

11.2.1　产业梯度转移的内涵

产业梯度转移即产业在各个不同梯度地区之间的转移，主要是以微观主体即企业为主导的经济互动。由于地区对某种产品的需求和相关原材料供应等发生变化后，部分产业就会从一个地区向另外一个地区发生转移。产业梯度转移通常可以分为国家之间和区域内两种转移形式。对某个特定的地区来说，包括本地区内产业的梯度转移以及转移到其他区域的产业转移两个动态过程。改革开放以来，在我国实施梯度推进的发展战略下，梯度转移主要表现为，东部地区产业优先发展，达到优化升级进而在升级的过程中同时将大量的资源消耗型、劳动密集型等传统产业渐次转移到中部和西部，也就是按照梯度发展的顺序进行转移。这种产业的梯度转移包括以下基本条件。

（1）高梯度地区的产业结构调整已经完成。

（2）高梯度地区新型产业带来的新市场，必然会有新需求，它和本地区夕阳产业所创造的原有剩余需求的和必须大于原来市场的需求，不然就不会形成产业梯度转移。用一个不等式来表示即

$M_1 + M_2 > M_3$（M_1代表的是新型产业的市场需求，M_2代表的是夕阳产业的市场需求，M_3则代表原有产业的市场需求）。

从上述不等式可以看出，只要M_3足够大，当M_1取值一定时，M_2必须更大，如纺织业。假设这时候让所有产业都进行梯度转移，当$M_2 = 0$时，不等式的左边就会小于右边，如此就会使得高梯度地区的市场需求减少，这就制约了产业的梯度转移。这就表明，高梯度地区产业的转移，依然需要夕阳产业的发展。

（3）在当前经济体制转轨的混合经济形势下，政府因素即宏观调控在夕阳产业的转移中变得必不可少。

（4）人力资本的流动会受到阻碍，比如流动的成本限制等。

若以上四个条件不能达到同时满足，产业就不可能从高梯度地区向外转移。

11.2.2 我国产业梯度转移的动因

我国东部向西部地区的产业转移有着多方面的原因。随着世界经济的发展，东部积极地准备大量的资源和土地来迎接国际产业的梯度转移，依此通过自身产业结构的升级换代来提升东部的产业竞争力。同时由于国内经济发展的原因，东部地区在资本、劳动力、原材料等生产要素的利用上其生产力成本越来越高，这也使得一些粗放型企业不得不转移到要素成本相对较低的落后地区以求得生存和发展。如果从东部本地区企业的角度来讨论产业转移，产业梯度转移的动因可分为被动和主动两个方面，其中以被动原因为其转移的主要原因。下面就从这两个方面对我国产业由东部至西部地区依次转移的原因作一分析。

1. 产业梯度转移的被动原因

1）劳动力、资源等要素成本大幅上升促使"东业西移"

近年来我国东部长江三角洲、珠江三角洲的许多城市和地区水、煤、电、地及劳动力成本在快速上升，"能源荒""民工荒"，以及大量上游原材料价格的飞涨成为东部地区经济发展挥之不去的阴影。东部地区经过20多年对外开放与经济高速发展，各种要素成本已经有较大幅度的上升，许多产业尤其是劳动密集型产业的边际收益逐步下降，产业生存与发展的压力日益增大，迫使东部产

业不得不向相对欠发达的中西部地区转移。福建省福州市开发区有关人士宣称，目前在开发区投资的企业，平均每亩地的投资额要超过 204 万元人民币，产品或劳务的售价减去成本的差与成本的比率即产品增值率，必须达到 30% 以上才能够维持正常运营。因此要素成本大幅度提升已经成为东部劳动密集型产业向中西部地区转移的主要动力。

2）土地资源的有限使得一些企业不得不转出东部

土地资源是不可移动的资源，且大部分土地以农田为主或者被森林覆盖，东部城市的土地可以说是寸土寸金。目前，东部地区许多开发区早期圈定的规划用地已经饱和，经过几次土地调控"风暴"后，开发区也不可能再像过去那样圈占土地。部分开发区为此出台了很严格的用地政策。过去相当多的开发区标准厂房通常只造一层，而现在要盖六七层，部分开发区常常引以为荣的"花园式"工厂现在也少有踪影。此种环境下，部分开发区为了吸引高新技术产业，不得不通过政策迫使园区内的高污染产业和落后产业向其他地区转移。

3）环境污染的累积迫使一些产业进行转移

这方面最明显的例子是发生于2007年的太湖蓝藻危机。这一年的春夏之交，江苏省无锡市城区的自来水水质突然发生变化，区内大批市民家的自来水出现刺激性气味，无法正常饮用。而造成自来水发臭、变质的直接原因就是太湖蓝藻的发生。由于工业污水、农业污水，以及居民生活用水未经处理直接排放到太湖，长时间的水污染超过了太湖自我净化的能力范围，各项环境监测指标均出现超标（如水中的氮和磷）。主要污染源是太湖周围不计其数的大大小小的化工厂。危机爆发以后，无锡市决定对大批的小规模化工厂进行整顿处理，其主要方式就是关停并转。但是就目前的情况而言，在我国的很多地区主要的都是依靠这些工业企业来带动整体经济的发展，这些企业一旦被关闭后，他们必然要寻求第二个生产基地，这样一来就发生了大规模的产业梯度转移，东部地区的这些企业将转入中西部地区从而成为支柱产业，这必然带动当地相关产业的发展。当然，在转移过程中并不只是将原来的重污染企业复制式地转移到中西部地区，相反同时进行的还有产业的升级和更新换代，这就必将促进中西部相关产业的创新和发展。

2. 产业梯度转移的主动原因

1）进行市场拓展是东部劳动密集型产业梯度转移的主要动力

我国中西部21个省份面积占全国的80%以上，人口数量占全国总人口的

60% 以上，拥有巨大的市场潜力。伴随着西部大开发和中部崛起发展战略的实施，各地区的经济实力不断增强，地区环境、人文社会、科技教育等方面不断发展进步，这样中西部地区明显的（投资）发展机遇和巨大的市场潜力使得东部很多传统产业开始向外转移，以实现市场拓展的目标。所以说随着中西部地区的快速发展，市场拓展已经成为东部地区部分产业特别是劳动密集型产业扩张与梯度转移的重要驱动。

2）国家在政策上对中西部地区的倾斜诱使一部分东部企业实施梯度转移

我国在 2008 年实施的新企业所得税法中，已经统一了内外资企业税收优惠政策，但是对中西部的税收优惠仍然保留。企业所得税统一以后，国家为了配合经济发展重心向中西部转移的战略部署，同时也取消了多档优惠税率，对多种优惠政策进行规范，而且着重调整了区域层面上的优惠政策，区域经济的重点发展对象逐渐由东部沿海向中西部内陆地区转移，以促进全国整体经济的平衡发展。除了上海浦东新区和经济特区，新税法实施以后设立的高新技术产业的有关税收优惠政策在过渡时期予以保留外，在东部地区的区域性定期减免优惠政策和低税率优惠政策均被取消，但对属于西部大开发地区的所得税优惠政策方面，在一定期间内将继续执行。这样一来，就使得中西部地区能够更好地吸引东部企业资金，进而发挥自然资源和原材料丰富的优势，以加快发展中西部地区的优势产业，达到产业的优化升级和促进区域经济整体协调发展。

11.2.3 产业梯度转移规律

产业梯度转移是在市场经济条件下发生的企业行为。在决定梯度转移的诸多要素中，利益的诱导是主要因素，而不是某个政府的意志。在经济发展的同时，市场的供给、需求，以及国际和国内分工的结构也会发生相应的变化，从而进一步引发地区的资源结构优势发生一定的动态变化。一些企业在这个过程中为了回避经营过程中的风险以及寻求利益的最大化，必然会进行生产空间的转换。国内的产业转移既有着产业转移的一般特点，但同时也有一些特殊性，这主要可以从以下几个方面来了解。

第一，国内各地区发展的不平衡问题产生的原因和特征与国际之间的发展不平衡有着很大的不同点，除了各自在地理环境上的因素之外，地区间不平衡的形成进一步导致欠发达问题，而且很重要的一点是在很大的程度上这种差别是因为发展政策的取向不同所导致的。

第二，国际产业转移往往表现为企业战略性地对外扩张，如进行持续性的跨国投资和贸易等活动。但是这种行为和一些零散的企业跨区域投资、贸易的行为是有不同之处的。产业转移常常表现为同属于某个或者几个产业的大多数企业都有着寻找空间转换的意愿和行为，从而实现利益的最大化。国内产业的梯度转移也是这样，伴随着国内地区间市场壁垒的不断被打破，生产要素的流通也会变得顺畅起来，区域产业结构的调整也大都采取产业梯度转移这样的方式进行。

第三，政府在国内产业梯度转移的过程中会充分发挥调控作用，这样就能够有效地避免市场自发调节所存在的一些弊端，这也是国内产业梯度转移和国际转移所不同的特点之一。在产业梯度转移的一些重点领域和转移的次序等一些问题上，我国国内学术界目前还没有达成共识，相关的观点主要有以下三种。

（1）传统的"梯度转移论"。传统的"梯度转移论"认为，中国的经济发展从客观上讲，存在着东部、中部和西部这样的三大地带，因为在地理位置、劳动力素质、经济基础、科技水平等方面存在着不同，呈现出的是经济技术上东高西低的整体梯度。因此，我国从战略上来看，必须首先让有条件发达起来的高梯度地区，即东部地区可以首先引进一些资金和高技术，然后一步步向属于第二、第三梯度的中西部地区推移，从而逐渐地一步步缩小地区间的差异，最终达到三大地带之间经济社会的协调发展，实现区域经济的均衡发展。

（2）反驳性的"逆梯度推移论"。这一理论认为，我国的生产力水平呈现的是东、中、西三级的梯度态势，但是后发展的欠发达地区只要能够在政策上得当，措施上得力有效，再结合本地区自身优势，如矿产资源、原材料丰富等类似的一些特点，这样就可以直接引进或者采用国际上最先进的一些技术，从而发展高新产业，包括进行再创新，实现跨越式发展等，然后再从低梯度地区向高梯度地区进行逆梯度转移。

（3）挑战性的"产业聚集论"。挑战性的"产业聚集论"认为，从当前形势来看，我国目前正在朝着这样的方向发展，即利用有利地点或者说是地理上的优势和政府的政策倾斜来发展经济的趋势越来越被淡化，而利用产业集聚发挥聚集优势正受到高度重视。多年以来东部地区的产业一直发展迅速，且已经形成规模，具备一定的产业基础，其相关配套设施已经高度专业化，这样的优势一旦形成或是成熟以后就很难转移出去，因为这样的转移将会带来很高的成本。比如，纺织、轻工等一些劳动密集型的产业，是否能够伴随着我国经济的增长而逐渐地向我国的中西部地区大规模地推移，仍需要进一步的研究，但是能够在将来看到的一点是，"不发生推移"的概率相对来说更大。

综上所述，从国外产业转移的一般历程上来看，产业梯度的转移主要具有以下规律：产业梯度转移一般需要经历一个从劳动密集型、资本密集型及技术密集型一步一步转移的过程。具体地说，产业梯度转移通常是先从纺织业等一些劳动密集型的产业开始转移，然后逐渐一步步地转向如钢铁、石化、冶金等一些资本密集型的产业，最后再向电子、通信等一些相对来说属于较高层次的技术密集型产业转移。

11.2.4 区域要素的流动

对于要素的内涵和种类，不同的学科有不同的理解。在区域经济学中，对要素的理解通常有两种，一种是指区域经济的构成要素，也就是指构成一个区域单元的各个组成部分，如经济中心、经济腹地和经济网络等；另一种是指影响区域经济发展的各种自然资源、资本、劳动力、科学技术、信息、组织管理要素和区域环境的总和。本篇中所说的要素是后一种解释，也就是影响区域经济发展的要素。区域要素具有流动性，书中所定义的区域要素均指影响区域经济发展的可流动的生产要素。从要素流动的角度看，影响区域经济发展的要素可区分为四种：劳动力、资本、信息和技术。

区域要素流动是指在区域内和区域之间，所有影响区域经济发展的可流动要素在地域空间上的位移，其本质是具有比较优势的各种要素超越本区域，而流向更需要的区域。在市场经济条件下，市场这只"看不见的手"能够帮助区域要素实现优化配置。同样的，要素流动也需要借助区域市场和区域贸易来实现。区域要素流动包括区域内和区际要素流动两种。由于一个完整的地区是由区域中心、次中心和腹地有机组合起来的，它们之间有着不同的梯度和层级划分，因此某一个区域总是非均质的。并且由于各个梯度和层级的区域发展水平不同，区域内对各个要素的拥有量也差异较大。在一个区域内，各个要素的集聚、扩散、回流和涓滴作用贯穿于其整个发展阶段，区域经济和社会的发展是与要素在区域内部的流动相伴而生的。换言之就是说，为了提高要素的利用效率，实现优化配置，区域内和区域各个要素之间必然要流动，正是要素之间的流动推动了整个区域经济和社会的发展，这种发展进而又促进了区域内部的分工和区域之间的贸易，从而又会加速区域内和区域之间的要素流动，也就是说，区域经济的发展必然伴随着要素的流动。在区域经济这个开放的系统中，只要区域之间存在发展的不平衡，区际要素流动就会随之发生，这是由区域经济要素的趋利性质所决定的。

　　区域要素的流动通常需要通过一定的组织形式（或紧密型的或松散型的）完成区域间的流动，从而实现区域之间的分工与协作及区域主体利益的最大化。区域间的贸易，通常既包括一般商品流动也包括经济发展要素的流动，区域要素的流动正是通过这种区域间普通消费品交换的外在形式，从而实现了区域间经济发展要素的内在交换。例如，劳动力丰富的地区，主要生产劳动密集型产品，与资本技术密集型地区所生产的资本密集型产品互相交换，实质上就实现了两区域劳动力要素和资本技术要素的交换。我们把区域要素流动的形式进行分类如表 11-6 所示。

表11-6　区域要素流动的形式

流动形式	交换产品	流动方向	联系程度	流动实质
1. 区际贸易	消费品和资本品	双向	松散	发展要素交换
2. 区际协作	资本品或要素	双向或单向	紧密	发展要素交换
3. 区际投资	资本品或要素	单向	最紧密	发展要素注入

　　区际贸易即为了互通有无，调剂余缺，或为了在区域分工中获取比较利益而进行各种发展要素的区际交换。区际贸易涵盖了区域分工和区域要素流动的所有内容，通过区域之间商品的流动可实现区际内在的要素流动，所以说区际贸易是区际要素流动的首要形式。但并非所有的区际贸易都是以要素流动的形式来完成的，如区域间直接进行的消费品贸易，只是通过区域间商品的交易实现的区域要素流动。

　　区域之间的经济协作，是不同的区域在商品、资金、劳务、技术和信息等开发过程中，通过相互依赖的经济组织或单位，为得到较高的经济利益，在互惠互利的基础上，通过合同、协议或章程等，建立起来的各种经济协作组织或联合体。同时它也是以交换为前提，为实现一定的生产目标（共同的或各自的）而建立的不同区域间的分工合作体系。在协作过程中，各区域不同的生产力单元可以相互成为对方商品生产过程中的某个环节，并共同构成"投入产出链"。

　　区际投资也就是投资主体的跨区域投资活动。一般来讲，广义的投资是指各种经济资源的投入和配置活动，而狭义的投资则指资金对某些生产性项目或是非生产性项目的定向投入过程。无论何种含义的投资，都伴随着对所有区域要素的一系列需求、购买与组合行为。区际投资是区域要素流动过程中一个重要的形式，比较区际贸易与区际协作，区际投资的组织性、目的性和约束性更强，因而区际投资也是政府进行宏观调控，达到区域经济协调发展的重要形式。

　　区域要素流动的过程一般可以区分为要素的极化过程、扩散过程和注入过程。

所谓区域要素的极化过程就是各发展要素向同一区域的流动和集中，然后构成特定的区域生产系统组合的聚集经济效益或规模经济效益的过程。一般来说，区域经济发展要素总是由区域腹地向区域中心或是由落后区域向发达区域集中、聚合。这样的集中、聚合是以区域经济资源的合理利用为前提的，而不是缺少有机的经济联系的"拼凑"如高技术产业基地由于其科技开发力量雄厚引起知识密集型产业的集中，能源方面如水电产地因动力能源富集引起高能耗产业的集中等。极化现象既说明了区域经济发展的非均衡性，也说明了产业部门可以非均衡发展的规律，一个极富创新能力的产业的形成或者由因果循环累积形成的区位优势就是各种发展要素极化过程的具体产物。

区域要素的扩散过程就是一定区域的发展要素有目的地向区域中心以外的腹地分化、疏散和转移。这种分化转移是以区域生产系统本身的扩张、更新为前提的，而不是简单地将各要素或其组合传递到区外。比如，在要素扩散运动的过程中，扩散方由于一些新技术的获得而将原有技术转移到区外，实现技术的梯度转移，或者因想要将自己的生产集中在某一些关键的环节或产品上，而将一些非关键环节或者产品转移出去。区域要素扩散过程在区域要素流动的路径中，居于主导地位的时期一般是区域经济发展处于成熟时期，由区域要素集聚所带来的规模经济将逐渐被规模不经济取代，各种经济发展要素流动由向区域中心集中逐渐转变为向区域腹地扩散，从而产生区域要素流动的扩散效应。

区域要素的注入过程就是根据特定地区内部或外部需要，在较短的时期内向另外某区域一次性或多次性地输入、移植生产力要素或者其组合。这种要素注入的目的，主要不是在于"迁就"或强化原有的地区整体经济格局，而是在于逐步建立全新的产业结构或生产体系，或者是为了形成新的经济生长点，当然有时可能是出于国家或各区域政府进行宏观调控等非经济的原因。因而，通过这种注入或移植的生产要素，对原地区的生产要素来说，多具有异质性等特点，只要其相互组合获得成功，就可能产生影响明显的连锁反应。

例如，我国"一五"期间由苏联援建的 156 个重点项目及后来的大规模技术、设备引进，就属于国外资本要素与我国当时的生产力系统的一种"注入"式相结合，这种"注入"其历史作用的确不可低估。又如，国家出于国防或政治因素或对地区内外产业平衡的综合考虑，20 世纪 60 年代我国曾经在某些地区集中布点的"三线建设"企业和另外一些基础性原材料产业，也是一种要素注入过程。但是，这些企业（产业）大多是缺乏与区域经济的有机联系，而且对区域经济发展带动作用不够，这在一定程度上属于要素"注入式"选择上的教训。但是相对来说，与通常的要素极化过程和扩散过程相比，由于区域要素的"注入"具有可以形成和带动区域内较大生产力发展的优点，只要将这种注入的形式运用得当，其积极的效果和影响，在某些方面其作用将会是其他形式无法比拟和替代的。

11.3 梯度转移中的技术溢出效应

11.3.1 技术溢出的原因分析

了解技术溢出的原因，是提高技术扩散溢出效应的决定性因素和要求。以下将从区域发展的宏观层次和产业发展的微观层次两个方面来分析技术溢出的原因。

从宏观方面来看，主要包括四个方面。

一是区域经济社会发展的梯度差异。区域经济是一个涵盖多种关系，包括经济关系和其他社会关系的庞大系统，受到诸如自然环境与历史文化、人口素质与信仰、人民生活水平、劳动力和科学技术等支撑条件及其组合结构的影响。一般来说，区域经济发展的水平需要与本地区产业结构相配套，产业结构的优化是区域经济增长的驱动力，而区域经济增长又为产业结构的高级化提供支撑条件。先天的要素禀赋差异和后天发展水平差距形成各区域之间的梯度差异，进而导致要素在区域间的流动，最终引致技术的扩散溢出。因此，区域梯度差异是技术溢出的基础条件。

二是区域产业结构调整的要求。经济发展最重要的驱动力之一是产业结构的演进。其实，说透彻点，区域经济发展的本质就是产业结构通过不断的调整得以升级和优化的过程。高梯度地区利用产业升级过程汇聚了各种生产要素，从而又创造出可以蓬勃发展的、新的优势产业，与此同时，其原有的优势产业为了能继续存在只能逐渐地转向梯度相对较低的地区，实现产业的区域转移。同时相应的产业技术也实现了由高梯度地区向低梯度地区的扩散，技术的扩散和溢出反过来又加快了产业的升级速度，所以产业转移实际上是实现区域产业结构优化升级的一种手段，也是技术梯度扩散溢出在地理空间上的体现。所以，产业优化升级将在很大程度上促进技术的扩散和溢出。

三是科技进步的推动。科技进步已成为推动区域技术扩散和不同区域技术溢出最活跃、最具影响力的因素，是推动产业结构变革和进化的根本动力，科学技术进步对产业结构调整一般可以从供给和需求两方面进行分析，同时又和要素投资密切相关。从供给角度来看技术进步通过引入改进的生产函数，提高了相关产业的劳动生产率、工作专业化程度及劳动者素质，同时也加快了生产过程的社会化，更进一步地引起了对不同产业比重的调整。从需求角度来看技术进步可以进一步地满足生产过程中的各类需求，加快新的劳动手段的诞生，开创新的产业部门和劳动部门，从而拉动新的需求。此外，技术进步还通过改进或改良相应产业的技术素质，提高产品的质量和竞争力，促使产业结构发生变化。

四是政府政策的引导。当前中国的技术转移和扩散在很大程度上是政策追逐型的，实行区域性优惠政策对内外资都带有很大的吸引力和导向性，所以，在国内技术扩散包括引入外资的技术溢出的研究中政策的作用是不可忽视的。除此之外，地方政府也可能会从地方政治经济利益出发，扮演着阻碍技术扩散的角色，阻碍技术溢出效应的发生。所以，政府政策因素从正反两个方面驱动着技术扩散和技术溢出效应的形成。

从微观方面来看，主要包括两个方面。

一是区域产业的梯度差异。技术扩散的中坚动力是区域产业的梯度差异，因为存在技术梯度，所以区域在产业结构和产业层次上都有差异。处于不同梯度的地区间要素在技术创新和产业升级的共同作用下，不断地在要素流动中重新组合。不光从高梯度地区向低梯度地区流动，还包括从低梯度地区向高梯度地区的流动。正是由于这种双向的梯度转移方式的存在，使得高梯度地区集聚了大量要素，进而加强了技术的扩散和溢出。本篇认为，逆梯度推移也是梯度推移的一种重要形式。考察技术扩散随产业推移的方向，不仅要从静态角度分析某时刻产业的梯度，同时还要比较梯度的变化趋势，也就是看产业处于哪一等级梯度，是上升阶段还是下降阶段。接下来再比较同时处于上升或下降阶段的不同区域的产业梯度，还要进一步比较梯度上升或下降的快慢速度，以此来进一步明确技术是否发生扩散和溢出。

二是产业集群发育程度。产业集群是指在某一特定领域中大量紧密相关的企业及附属机构和支撑机构在空间上的集聚，从而形成该地区具有持续强劲的竞争优势的相关产业。产业集群所显示的技术创新和扩散优势在我国东部沿海地区表现明显，如浙江省这方面就尤为突出。现阶段的区域产业转移正呈现出集群化的趋势，其发育和成熟的程度在很大程度上关系到技术扩散的区位选择。

11.3.2 技术扩散的空间效应

技术扩散现象几乎是随处可见的，自然界中生物品种的空间扩散、作物栽培技术的地域转移、人口的迁徙迁移、各种生产技术的推广、商品营销额和市场的扩大、社会政治体制的连锁反应及通过新闻媒体的传播等。在技术扩散的研究中，各种各样的扩散现象都可当做信息的传递来看待。扩散的过程首先是通过创新者与最早接收者间的信息传输发生的，然后首批接收者又作为新的创新者继续扩散，如此经过一定时间，接收者的累积数量将趋于饱和，扩散的全部过程结束。但技术扩散受一系列媒介的限制，如大众传媒、私人信息交流等。一个人可能接触的信息的空间称为个人信息场（MIT）。由于平均信息场的空间分布特征及信息流特征的不同，技术扩散通常会表现出近邻效应、等级效应、轴向效应和网格效应，具体如下。

（1）近邻效应（neighborhood effect）。由于信息场的空间分布服从距离衰减规律，因此距离是影响技术扩散的首要因素。距离技术创新源较近的人和区域，容易获得新技术，距离远的地区则相对较为困难，这一现象叫做技术扩散的近邻效应。

（2）等级效应（hierarchy effect）。技术创新本质上具有专业特性，无论是创新者还是接收者都需要具有一定的专业技术层次，因而也必然存在着类似于电磁场或者引力场的位势，这种位势差是由接收者的特质、接收水平、能量等级等因素及其在平均信息场中的区位决定的，从而形成对技术发明或创新接收和消化能力的差别即是综合素质。在非均质的技术扩散空间中，其扩散的形式会按照这种位势形成的不同梯度在地区之间进行"蛙跳式"扩散，这一现象被称为技术扩散的等级效应。

（3）轴向效应（axial effect）。技术在不同梯度区域间的等级扩散中，扩散的速度和模式往往因其扩散的方向而有所不同。与区域经济的轴线发展理论相一致，在有些区域其环境不仅对高新技术有较强的吸引力，同时由于在轴线地带，资本、技术知识交流比较方便，往往能以较快速度扩散。因此，在扩散源产生后，其扩散通常是沿着轴线进行，这种扩散方式称为轴向效应。

（4）网络效应（network effect）。对于接收技术的区域来说，可以同时接收来自多个创新源，或者是相互关联的信息，如果这些创新信息在区域当中集聚，形成信息网络中的节点，即成为信息汇聚的中心，这样的地区往往可以获得更好的信息技术，更容易接收新技术扩散，这种因信息相对集中而产生的"几何集聚"被称为技术扩散的网络效应。

11.3.3 技术溢出的基本类型

技术扩散通常情况下会按照梯度规律扩散，技术总是沿着梯度差最小的方向扩散，向着吸引力最大的方向聚集。第 10 章对技术溢出影响因素进行分析时曾指出，技术差距、比较优势、对技术的吸收能力及技术扩散通道等都是技术溢出的重要制约因素。根据技术的空间扩散方式，技术溢出通常可以分为空间梯度式、跳跃式和双向对流式三种类型。

（1）空间梯度式。空间梯度式的技术扩散是指以技术的创新地为核心，向周围以辐射形式渐次转移的过程，地理空间距离的远近会直接影响溢出的强度，技术接收地区的消化吸收能力会影响溢出效应的显著性，如我国目前中、西部大部分城市的技术扩散即是该种溢出类型。也就是说，空间梯度的存在是技术溢出在基础设施不完善的比较落后地区产生的前提条件。

（2）跳跃式。这种模式的技术溢出是指技术通过类似于"蛙跳"的跳跃式方式扩散到距离较远的地区。随着区域经济整体的发展，各地区基础设施等特别是交通运输和通信的大力发展，空间梯度溢出型的技术溢出越来越弱，取而代之的是在资本的趋利要求下，技术可能会快速地传播到远距离地区。在这里，扩散源所在地区与扩散汇所在地区之间由于各种因素的作用产生较大的位势差仍然是技术扩散的最基本的条件。我国东部与中部地区距离东部较远的城市及东部与西部地区间的技术扩散和溢出都是以这种类型为主。

（3）双向对流式。这种技术溢出方式是指某一项技术首先从一个地区扩散到另外一个地区，然后经过技术再创新反过来向原地区扩散溢出的过程。它其实是跳跃式技术溢出的高级形式，与跳跃式技术溢出所不同的是，它通常发生在地区经济发展水平较为相似的地区之间。因此，两个地区在经济发展水平、技术水平、社会文化与风俗等方面的近似使得两地区间的技术溢出变得更加可能，进而会形成一个相互联系和渗透的技术平台。这主要得益于地区之间的技术交流与合作，我国东部与中部邻近接壤且发展水平相近的地区及中部与西部地区间的技术扩散就属于这种类型。

11.3.4 技术溢出的途径

生产要素的区域流动是一种普遍现象，技术虽然也是其中一种生产要素，但是它与其他生产要素存在很大的不同，技术溢出必须借助一定的载体才能在经济活动中充当重要角色，这里所说的载体包括劳动者和机器设备，而且技术溢出是经常随着产业的梯度转移而发生的。技术在梯度转移中的扩散溢出之所以更需要一定的载体，是因为技术本身及其特点的多样性决定了其溢出途径的多样性。按技术本身与其特点，技术溢出途径分为两大类：以人为载体的技术溢出和以物为载体的技术溢出。技术溢出途径如图 11-3 所示。

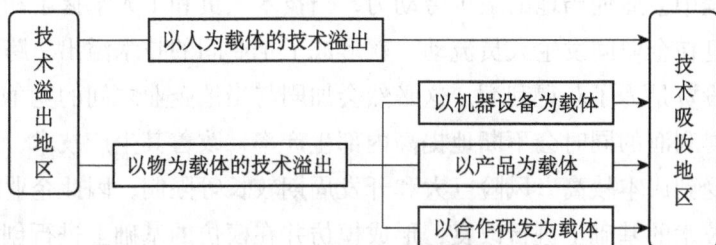

图11-3　技术溢出路径图

1. 以人为载体的技术溢出

技术溢出即技术在经济活动过程中的自然外漏和扩散。人是一切经济活动的主体，是技术的创造者和使用者，所以在技术的梯度转移中以人为载体的技术溢出是最为普遍的。梯度转移中随着产业及技术的梯度转移，技术人员的流动是不可避免的。伴随着技术人员的区域流动会带来产业内部各部门技术的交流和学习，由于技术存在互补性，它的应用能够有效地整合产业现有的技术力量，而且同时还可能产生另一项技术的创新。因此，在产业梯度转移过程中相关技术人员的流动所带来的技术溢出效应也是比较明显的。由于工资、福利及升迁机会等多种诱惑性因素的存在，各中相关的技术人员与管理人员都可能流动到跟他们原来所在的单位具有竞争性的相关企业。当工作经验丰富、专业上训练有素的人员流动到其他地区相同的行业时，同时也带走了在该地区同产业相关的先进技术和知识，结果是这些人员所带来的技术被流入地区使用进而形成产出，于是技术溢出也就形成了。因此，技术人员在不同梯度地区间的流动会导致技术在区域间的扩散，人员的流动是区域技术溢出的一种常见的有效途径。

2. 以物为载体的技术溢出

技术溢出以物为载体主要是指以机器设备、产品、合作研发为载体的技术溢出。

（1）以机器设备为载体的技术溢出。随着世界经济一体化进程的不断加快，国际贸易不断深入，跨国公司以国际直接投资为主要手段在各国进行投资活动，技术梯度相对较高地区的企业到低技术梯度地区投资办厂，直接投资主要是以机械设备为载体，从出口国到进口国，技术溢出是从经济发达的高梯度地区转移到经济相对落后的低梯度地区。具体表现为，跨国公司在进口国投资建厂，在经营过程中会雇佣当地的廉价劳动力，当技术人员和工人掌握了相关生产技能后，一旦在企业间发生人员流动，就形成了企业间的技术溢出。跨国公司对外的直接投资是为了获得利润，这必然会加剧与当地企业之间的竞争，而当地企业在获得利润的同时会不断地提高内部生产率，改善其生产技术，而新的技术由于多受到成本较高、风险巨大和开发周期较长等限制，因此企业通常会选择在已有技术的基础上进行改良，形成模仿并在模仿的基础上进行创新，这就间接地形成了技术溢出。

（2）以产品为载体的技术溢出。产业在梯度转移过程中，不管其处于哪个发展阶段，不同梯度地区间在产业链上的分工，使得更多的上下游企业处于两个甚至多个不同地区。于是产品便成为这些企业联系的中介枢纽，从而将上游企业与下游企业紧密地联系在一起，这样下游企业在与上游企业的长期业务往来过程中，通过对企业所生产的产品进行剖析，对原产品进行模仿和改良，不断提高生产率，深化产品加工工艺，形成新一轮的技术扩散，进而产生不同梯度地区间的技术溢出。在这里，处于两个地区间的上下游企业在业务过程中往往会出现双向技术溢出，从而实现了双赢，这种情况有时也称作逆向工程。

（3）以合作研发为载体的技术溢出。随着信息化速度的加快，企业对技术的研发是势在必行。但是一项新技术对资金的需求和技术人员要求很高，由于研发新技术的同时企业需要承担较高的市场风险，企业不会独自研发新技术。它们往往会选择合作开发，因为合作是共同分担成本和分散研发风险的有效方式，一定程度上还会缩短研发周期。因此，不同梯度地区的企业常常可能会选择与本地区或其他地区科研机构进行合作开发。合作开发是在企业与企业、区域内部或区域与区域之间进行的，在合作开发的过程中，技术知识会通过信息的传递，出现技术外漏等自然现象，这也就形成了技术溢出。

11.3.5 技术溢出的一般规律

技术溢出的一般规律可以归结为以下几点。

（1）向技术梯度差较小的方向溢出。技术梯度差就是技术扩散源地区与技术吸收地区所表现出的知识水平、经济技术水平、社会文化环境的综合差距。充分发挥技术扩散中的溢出效应，不仅要求地理位置接近，而且技术溢出必然是向梯度差较小的地区溢出。当然，在某些梯度差较大的地区，由于具有某些特殊的有利条件，或采取了恰当的特殊的强化技术政策，也有可能比梯度较小的地区，先接受新技术而跳过传统的技术发展阶段。但是，在这里技术溢出的大方向是不变的，即总是向技术梯度差较小的方向溢出。

（2）向吸引力大于排斥力的方向溢出。一个地区对于技术常常是既有吸引力又有排斥力。在市场竞争条件下某个地区为了发展地区经济，提高经济地位，总会不断地引进新的技术，这就是对于技术扩散的吸引力。排斥力表现在，采用新的技术有一定的风险，初始投资过大；新的技术产品，在开始阶段价格往往较高，市场有局限性；还有产业政策、技术政策上的某些限制等。在很多地区，有时候新技术的引进将会排挤劳动者，造成失业加剧。另外，技术的垄断、核心技术锁定等技术秘密也会人为地阻碍技术的溢出。一个地区，只有当技术扩散的吸引力大于排斥力时，技术才会扩散从而产生技术溢出效应，技术扩散的吸引力越强技术溢出就越快、越多。

（3）以人才为主要载体溢出。高水平的专业技术人员，是技术溢出的载体，技术人员的转移必然引起技术的转移、扩散。在历史上，我国经济重心由黄河流域转移到长江流域，是一批具备高技术的劳动者的首次南移。根据人力资本论，对人才有效需求大的地区，人才的作用半径就大；对人才有效需求小的地区，人才作用的半径就小。而人才的有效需求一般是低梯度地区大于高梯度地区。人才由发达地区向落后地区的转移或流动，是高梯度地区向低梯度地区的技术溢出的一种主要形式。

（4）技术溢出的实现要经历若干阶段。技术空间溢出首先要经过选择阶段，即对某一地区来说选择引进什么样的新技术；其次是学习消化吸收阶段，通过这一阶段使得某项新的技术最终被吸收掌握；再次是改造阶段，这一阶段的目的是使得原有的技术逐渐适应新的地区环境；最后是创新阶段，即利用吸收的技术开发新的产品，形成新的技术和产业，最终实现技术溢出。

第12章 东、中、西部地区之间技术溢出效应的实证分析

12.1 模型的构建与数据来源

12.1.1 模型构建

1991 年克鲁格曼在其研究中指出，由于知识的流动是无形的，因此对不同梯度地区的空间技术溢出研究的最大困难在于如何测度技术溢出。研究区域间技术溢出活动最常用的测度方法，是利用技术生产函数。这种方法即将一个地区某个时期的技术产出作为产出变量，将创新活动投入、经济实力、进口额、地区产业结构等指标作为投入变量，来估计多元线性方程模型的方法。

为了研究不同梯度地区间的技术溢出效应，根据本书 9.2 节对知识生产函数的讨论，本篇对知识生产函数进行了改良，构建的知识生产函数模型如下所示

$$KQ_{i,\,t} = F\left(STE_{i,t-p},\ GDP_{i,t-p},\ IM_{i,t-p},\ ROT_{i,t-p}\right) \tag{12-1}$$

其中，KQ 表示该地区或毗邻地区创新活动的产出；STE 反映科技活动投入的影响；GDP 反映经济实力的影响；IM 反映进口额或技术吸收能力的影响；ROT 反映地区产业结构的影响；i 表示地区；t 表示年度。

考虑到技术知识的生产与技术产出需要考虑时滞问题，以及所选取的指标数据的易取性，可上述将模型中的滞后阶数 p 确定为 1 年。根据这种解释，提出两大假设如表 12-1 所示。

表12-1 研究中两大假设

项目	研究假设
假设1	一个地区 t 时期的知识产出与其 $t-1$ 时期的自身的创新活动投入、经济实力、进口额、地区产业结构有关
假设2	一个地区 t 时期的知识产出与其毗邻地区 $t-1$ 时期的技术产出有关

在两大假设基础上，本篇构建的知识生产函数如下所示。

$$\ln KQ_{i,t} = \alpha_2 + \beta_1 \ln STE_{i,t-1} + \beta_2 \ln GDP_{i,t-1} + \beta_3 \ln IM_{i,t-1} + \beta_4 \ln ROT_{i,t-1} + u_i \quad （12-2）$$

$$\ln KQ_{i,t} = \alpha_2 + \beta_1 \ln STE_{i,t-1} + \beta_2 \ln GDP_{i,t-1} + \beta_3 \ln IM_{i,t-1} + \beta_4 \ln ROT_{i,t-1} + \beta_5 \ln KQ_{i,t-1} + u_i （12-3）$$

其中 u_i 表示随机误差项。

式（12-3）可用于研究其他不同梯度地区过去一年的技术产出对本地区当年技术产出的溢出作用。

在实证研究中，数据来源的可靠性和准确性直接关系到结论的科学合理性。由于本篇偏重于宏观数据的分析，在指标的选取上必须考虑数据获取的难易程度和来源。上述模型中指标的选取分相对数指标和绝对数指标，相对数是由绝对数调整得来的。指标数据的来源及其解释如下。

12.1.2 绝对指标数据

绝对指标的数据来源，主要来源于中国科技统计网站、《中国科技统计年鉴》（1994～2008年）《中国高科技统计年鉴》（1994～2008年）。在统计过程中，为了得出15年分区域（即东、中、西三大区域）的各项统计指标，将各省（自治区、直辖市）15年的指标进行汇总，得出所需之数值。为了方便研究，研究中主要汇总了三大分区的7个相关指标。各个变量指标的说明如表12-2所示。

表12-2 绝对指标所使用变量的说明

指标	用途说明
研发经费支出R&D	用以反映技术创新活动的投入
国内生产总值GDP	用以计算人均GDP。为了消除价格指数对GDP的影响，以1994年的居民消费价格指数为100，得到历年所需数值
专利申请受理量KQ	用以反映技术创新活动的产出
年底总人口PN	用以计算人均国内生产总值等人均指标时使用
进口商品总额ROT	用以计算进口商品在地区GDP中的占比
第二产业从业人数SN	用以计算二三产业从业人数之比
第三产业从业人数TN	用以计算二三产业从业人数之比

12.1.3 相对指标数据

为了便于分析，本篇将选取相对指标进行实证分析。这可以通过对绝对指标数据进行整理得到，其解释如表 12-3 所示。我国东中西部地区 1994 ~ 2008 年的 5 个相对指标的具体数据如表 12-4 和表 12-5 所示。

表12-3 相对性指标含义及用途

指标	计算方法及用途
人均专利申请量（KQ_i/PN_i）i表示东、中、西区域（下同）	将 15 年分区域的专利申请量除以分区域的年底总人口，即为 KQ_i/PN_i，用以反映人均的创新活动产出
研发经费支出占国内生产总值比重（$R\&D_i/GDP_i$）	将分区域的研发经费支出除以分区域的国内生产总值，即为 $R\&D_i/GDP_i$，用以反映各个区域在技术生产和技术创新上的力度
人均国内生产总值（GDP_i/PN_i）	用以反映各个区域的富裕程度，一个地区的富裕程度决定着科技活动投入大小
区域进口商品总额 / 该区域 GDP_i统计数据按美元计价，考虑汇率折算	将 15 年分区域进口商品总额除以该区域的 GDP，即 IM_i/GDP_i，用以反映各个区域引进吸收技术的能力
二三产业从业人数比（SN_i/TN_i）	将 15 年分区域第二产业从业人数除以该区域第三产业从业人数，用以反映各个区域产业结构，产业结构决定着专利倾向

表12-4 东中西部地区人均专利授权量和科技经费占GDP比重

年份	人均专利授权量/项			科技经费占GDP比重/%		
	东部	中部	西部	东部	中部	西部
1994	0.000 086 8	0.000 035 7	0.000 030 1	0.889	0.566	0.948
1995	0.000 090 4	0.000 033 9	0.000 028 2	0.857	0.549	0.911
1996	0.000 11	0.000 038 6	0.000 032 5	0.810	0.477	0.833
1997	0.000 12	0.000 039 5	0.000 033 0	1.475	0.853	1.412
1998	0.000 13	0.000 041 5	0.000 034 7	1.471	0.819	1.290
1999	0.000 15	0.000 045 4	0.000 036 6	1.569	0.902	1.344
2000	0.000 19	0.000 052 5	0.000 046 4	2.499	1.418	1.896
2001	0.000 23	0.000 056 7	0.000 048 2	2.516	1.455	1.956
2002	0.000 29	0.000 065 0	0.000 056 6	2.638	1.567	1.988
2003	0.000 36	0.000 078 4	0.000 069 1	2.634	1.558	2.045
2004	0.000 40	0.000 087 1	0.000 069 8	2.791	1.625	2.120
2005	0.000 56	0.000 11	0.000 096 2	2.840	1.661	2.223
2006	0.000 88	0.000 16	0.000 14	2.899	1.805	2.095
2007	0.000 87	0.000 16	0.000 14	3.026	1.819	2.104
2008	0.001 05	0.000 20	0.000 18	3.081	1.842	2.100

表12-5　东中西部地区人均GDP、进出口占比及二三产业人员数之比

年份	人均GDP/万元			进出口占GDP比重/%			二三产业人员数之比		
	东部	中部	西部	东部	中部	西部	东部	中部	西部
1994	0.58	0.279	0.248	64.818	11.014	14.649	1.174	0.921 3	0.745 3
1995	0.622	0.303	0.259	61.143	9.637	12.643	1.131 2	0.888 3	0.712 7
1996	0.669	0.331	0.277	54.725	7.383	9.597	1.101 8	0.857 4	0.687 6
1997	0.73	0.359	0.273	241.372	6.815	9.655	1.055 9	0.796 6	0.646 7
1998	0.781	0.406	0.317	51.43	5.399	8.097	0.948 1	0.694 8	0.565 8
1999	0.845	0.424	0.333	53.67	5.785	7.488	0.932	0.690 5	0.544 7
2000	0.891	0.467	0.363	63.154	6.985	8.03	0.915 5	0.671 8	0.501 8
2001	1.038	0.484	0.391	59.428	7.115	7.534	0.916 1	0.662 7	0.487 8
2002	1.163	0.532	0.432	64.86	7.499	8.264	0.895 2	0.667 3	0.489 8
2003	1.33	0.598	0.481	76.251	9.017	9.954	0.937 1	0.674 8	0.491 7
2004	1.516	0.697	0.552	86.4	9.829	11.041	0.936 4	0.680 0	0.485 8
2005	1.718	0.832	0.647	89.996	9.945	11.229	0.961 5	0.715 8	0.492 7
2006	1.953	0.95	0.743	95.239	11.077	12.23	0.984 5	0.753 1	0.535 1
2007	2.189	1.095	0.851	98.169	12.444	13.837	1.005 9	0.788 3	0.575 2
2008	2.394	1.252	0.965	97.756	13.474	15.758	0.980 7	0.792 7	0.580 3

12.2　不同梯度地区间技术溢出的测度

根据上一部分推导出来的技术生产函数式（12-2）和式（12-3），为了更好地研究东西部对中部地区的技术溢出效应，本篇建立联立方程模型，以下为东、西部对中部地区技术溢出测度的递归方程模型。模型如下所示。

$$\ln KQ_{1,t} = C_1 + \beta_{11}\ln STE_{1,t-1} + \beta_{12}\ln GDP_{1,t-1} + \beta_{13}\ln IM_{1,t-1} + \beta_{14}\ln ROT_{1,t-1} + u_1 \quad (12\text{-}4)$$

$$\ln KQ_{3,t} = C_2 + \beta_{21}\ln STE_{3,t-1} + \beta_{22}\ln GDP_{3,t-1} + \beta_{23}\ln IM_{3,t-1} + \beta_{24}\ln ROT_{3,t-1}$$
$$+ \gamma_{21}\ln KQ_{1,t-1} + u_2 \quad (12\text{-}5)$$

$$\ln KQ_{2,t} = C_3 + \beta_{31}\ln STE_{2,t-1} + \beta_{32}\ln GDP_{2,t-1} + \beta_{33}\ln IM_{2,t-1} + \beta_{34}\ln ROT_{2,t-1}$$
$$+ \gamma_{31}\ln KQ_{1,t-1} + \gamma_{32}\ln KQ_{3,t-1} + u_3 \quad (12\text{-}6)$$

由模型可知其内生变量的系数矩阵如下所示。

$$\boldsymbol{B} = \begin{bmatrix} 1 & 0 & 0 \\ -\gamma_{21} & 1 & 0 \\ -\gamma_{31} & -\gamma_{32} & 1 \end{bmatrix}$$

内生变量系数矩阵 $\boldsymbol{B}$ 是主对角线为 1 的下三角矩阵，且三个方程的变量的参数各不相同，随机扰动项两两独立有 $E(u_1u_2) = E(u_2u_3) = E(u_1u_3) = 0$，由此可知满足递归模型成立的条件，可以直接使用普通最小二乘法进行参数估计（这里需注意，按照递归模型的要求，上述三个方程的因变量也应是滞后变量才对，但考虑到一阶滞后变量与当期变量一般不会有太大差别，故这里可以按递归联立方程模型处理）。

式（12-4）表示东部地区技术生产投入对本地区技术产出的影响。各个变量和符号的解释如下：i 表示东中西部各区域，$i=1$ 为东部，$i=2$ 为中部，$i=3$ 为西部，下同；$KQ_{i,t}$ 表示 t 时期东部地区人均专利申请量；$STE_{i,t-1}$ 表示 $t-1$ 时期 i 地区科技活动经费支出占国内生产总值比重；$GDP_{i,t-1}$ 表示 $t-1$ 时期 i 地区人均国内生产总值；$IM_{i,t-1}$ 表示 $t-1$ 时期 i 地区进口商品总额占该地区国内生产总值比重；$ROT_{i,t-1}$ 表示 $t-1$ 时期 i 地区第二产业与第三产业从业人数比；C_i 表示常数项，μ_i 表示随机误差项。

式（12-5）表示东部地区技术产出对西部地区技术产出的影响（通过 $KQ_{1,t-1}$）。

式（12-6）表示东部地区和西部地区的技术产出对中部地区技术产出的影响（通过 $KQ_{1,t-1}$ 和 $KQ_{3,t-1}$）。

采用同样的方式，可建立东、中部对西部地区技术溢出效应的联立方程模型如下所示。

$$\ln KQ_{1,t} = C_1 + \beta_{11}\ln STE_{1,t-1} + \beta_{12}\ln GDP_{1,t-1} + \beta_{13}\ln IM_{1,t-1} + \beta_{14}\ln ROT_{1,t-1} + u_1 \quad (12\text{-}7)$$

$$\ln KQ_{2,t} = C_4 + \beta_{21}\ln STE_{2,t-1} + \beta_{22}\ln GDP_{2,t-1} + \beta_{23}\ln IM_{2,t-1} + \beta_{24}\ln ROT_{2,t-1} +$$
$$\gamma_{21}\ln KQ_{1,t-1} + u_2 \quad (12\text{-}8)$$

$$\ln KQ_{3,t} = C_5 + \beta_{31}\ln STE_{3,t-1} + \beta_{32}\ln GDP_{3,t-1} + \beta_{33}\ln IM_{3,t-1} + \beta_{34}\ln ROT_{3,t-1} +$$
$$\gamma_{31}\ln KQ_{1,t-1} + \gamma_{32}\ln KQ_{2,t-1} + u_3 \quad (12\text{-}9)$$

式（12-7）和式（12-4）实际是同一模型，无需再做解释。方程（12-8）是东部地区技术产出对中部地区技术产出的影响（通过 $KQ_{1,t-1}$）。方程（12-9）是东、中部地区技术产出对西部地区技术产出的影响（通过 $KQ_{1,t-1}$ 和 $KQ_{2,t-1}$）。

12.3　实证分析

12.3.1　东、西部地区技术产出对中部地区技术产出影响分析

根据上一部分所构建递归方程模型中的式（12-4），利用 1994～2007 年东部地区 STE、GDP、IM、ROT 以及东部地区 1995～2008 年 KQ 统计数据，运

用 Eviews6.0 软件对表 12-4 和表 12-5 中的时间序列数据做线性回归，回归结果如表 12-6 所示。

表12-6　式（12-4）的回归结果

类别	$\ln KQ_1$				
	C_1	$\ln STE_{1, t-1}$	$\ln GDP_{1, t-1}$	$\ln IM_{1, t-1}$	$\ln ROT_{1, t-1}$
系数	−7.916 9	1.764 94	0.664 94	0.711 60	0.491 93
标准差	0.306 98	0.235 19	0.166 28	0.283 11	0.195 08
t 统计量	−25.789	7.504 22	3.998 9	2.513 5	2.521 6
显著性	<0.000 1	0.005 5	<0.000 1	0.012 2	0.032 8
样本总体	$R^2 = 0.992$　调整后 $R^2 = 0.988$　F 统计量 = 277.34　显著性 <0.000 1				

由表 12-6 可以看出，线性拟合优度 $R^2 = 0.992$，而且调整后的 $R^2 = 0.988$，显示出该模型的拟合度良好。整个模型的显著性水平（不可靠性概率）小于 0.0001，由 F 统计量为 277.34 可以看出回归变量整体是显著的。

模型表明，对于东部地区来说，其科技活动经费支出占国内生产总值的比重这一变量对东部地区技术产出影响显著，其弹性系数为 1.764 94，即科技活动经费支出占国内生产总值的比重每增加 1%，其地区人均专利申请量将增加 1.765%。东部地区人均国内生产总值弹性系数为 0.664 94，进口商品总额占本地区国内生产总值的比重的弹性系数为 0.711 60，东部地区二三产业从业人数之比的弹性系数为 0.491 93。

根据所构建递归方程式（12-5），运用 Eviews6.0 软件对表 12-4 和表 12-5 的时间序列数据做线性回归，结果如表 12-7 所示。

表12-7　式（12-5）的回归结果

类别	$\ln KQ_3$					
	C_2	$\ln STE_{3, t-1}$	$\ln GDP_{3, t-1}$	$\ln IM_{3, t-1}$	$\ln ROT_{3, t-1}$	$\ln KQ_{1, t-1}$
系数	−8.957 9	1.427 38	0.783 486	0.410 67	0.714 24	0.179 06
标准差	2.311 08	0.607 35	0.072 594	0.221 547	0.320 655	0.131 092
t 统计量	−3.876 4	2.350 17	10.792 71	3.378 693	2.227 441	1.365 941
显著性	0.004 7	0.005 8	<0.000 1	0.006 3	0.039 6	0.068 5
样本总体	$R^2 = 0.992 5$　调整后 $R^2 = 0.984 9$　F 统计量 = 131.665　显著性 <0.000 1					

由分析结果表 12-7 可以看出，此模型的线性拟合优度 $R^2 = 0.9925$ 且调整后的 $R^2 = 0.9849$，表示模型整体的拟合优度良好。同时，模型的整体显著性水平小于 0.0001，F 统计值为 131.6654，表明回归变量整体显著。

由回归结果可知，对西部地区技术产出影响最大的是地区内科技活动经费占本地区 GDP 比重的变量，技术产出弹性系数高达 1.427 38；其次为西部地区人均 GDP 变量对本地区技术产出的影响也显著，产出弹性系数为 0.783 485；西部地区进口商品总额占西部地区国内生产总值的比重变量对本地区技术产出的弹性系数为 0.410 67；西部地区二三产业从业人数比的变量对本地区技术产出的弹性系数为 0.714 24。

重要的一点是，从回归分析结果中容易看出，东部地区技术产出对西部地区的技术产出溢出效应较弱，虽然溢出效应为正溢出，但是弹性系数较低，为 0.179 06，其显著性水平为 0.0685，保证概率不足 95%。

根据所构建的递归方程模型式（12-6），运用 Eviews6.0 软件对表 12-4 和表 12-5 中的时间序列数据进行线性回归，结果如表 12-8 所示。

表12-8 式（12-6）的回归结果

类别				$\ln KQ_{2,t}$			
	C_3	$\ln STE_{2,t-1}$	$\ln GDP_{2,t-1}$	$\ln IM_{2,t-1}$	$\ln ROT_{2,t-1}$	$\ln KQ_{1,t-1}$	$\ln KQ_{3,t-1}$
系数	−10.571 7	1.433 4	0.123 3	0.087 6	0.530 9	0.681 5	−0.713 6
标准差	1.919 4	0.332 4	0.067 8	0.041 4	0.165 0	0.277 3	0.439 9
t 统计量	−5.507 9	4.312 5	1.819 6	2.114 7	3.264 0	2.457 5	−1.622 3
显著性	0.001 5	0.000 5	0.015 6	0.081 6	0.003 3	0.137 1	0.113 9
样本总体		$R^2 = 0.994\,95$	调整后 $R^2 = 0.989\,89$		F统计量 = 196.87	显著性 < 0.000 1	

由表 12-8 可以看出，拟合优度 $R^2 = 0.994\,95$ 且调整后线性拟合度 $R^2 = 0.989\,89$，显示模型拟合是良好的。同时，整个模型的显著性水平为小于 0.0001，F 统计值为 196.87，它表明回归变量整体显著。

由结果中的参数容易看出，中部地区科技活动经费支出占地区国内生产总值的比重变量对本地区的技术产出影响最显著，其弹性系数为 1.4334；中部地区人均国内生产总值变量对地区的技术产出影响也比较显著，其弹性系数为 0.1233；中部地区进口商品总额占地区国内生产总值的比重的弹性系数为 0.0876，影响相对较小；中部地区第二产业与第三产业从业人数比对本地区技术产出影响较为显著，其弹性系数为 0.5309。

重要的是，就不同地区的技术溢出效应看，东部地区的技术产出对中部地区的技术产出的溢出效应较为显著，且溢出效应为正溢出，其弹性系数为 0.6815。而西部地区技术产出变量对中部地区的技术产出影响并不显著，且技术溢出效应为负溢出，其弹性系数为 −0.7136，显著性水平为 0.1139 也比较低（保证概率仅 88% 多一点）。这说明，反梯度的正溢出事实上是不可能的。

12.3.2　东、中部地区技术产出对西部地区技术产出影响分析

在东、中部地区对西部地区技术溢出测度的递归模型中，我们知道式（12-7）与式（12-4）相同，且已做过分析，下面仅对东、中部地区的技术产出对西部地区技术产出的影响即式（12-8）和式（12-9）做回归分析。

根据所构建的递归方程式（12-8），运用 Eviews6.0 软件对表 12-4 和表 12-5 中的时间序列数据做线性回归，回归结果如表 12-9 所示。

表12-9　式（12-8）的回归结果

类别	$\ln KQ_{2,t}$					
	C_4	$\ln STE_{2,t-1}$	$\ln GDP_{2,t-1}$	$\ln IM_{2,t-1}$	$\ln ROT_{2,t-1}$	$\ln KQ_{1,t-1}$
系数	−8.6148	1.3454	0.8326	0.5431	0.8305	0.5601
标准差	0.0449	0.0661	0.0859	0.1816	0.3818	0.2400
t 统计量	−191.7860	20.3682	9.6893	2.9909	2.1754	2.3337
显著性	<0.0001	<0.0001	0.0001	0.0077	0.0222	0.0376
样本总体	$R^2 = 0.996$　调整后$R^2 = 0.992$　F统计量$= 252.66$　显著性<0.0001					

由表 12-9 可以看出，拟合优度 $R^2 = 0.996$ 且调整后 $R^2 = 0.992$，显示整体模型拟合良好。模型整体的显著性水平小于 0.0001，同时 F 统计量为 252.66，表明回归变量整体显著。

分析结果表明，中部地区科技活动经费支出占国内生产总值的比重对中部地区的技术产出影响最显著，弹性系数为 1.3454；中部地区人均国内生产总值变量对本地区的技术产出影响比较显著，弹性系数为 0.8326；中部地区进口商品总额占国内生产总值的比重对中部本地区的技术产出影响也比较显著，弹性系数为 0.5431；中部地区第二产业与第三产业从业人员数比对本地区的技术产出影响也显著，弹性系数为 0.8305。

从溢出情况看，东部地区技术产出变量对中部地区的技术产出的溢出效应较为显著，溢出效应为正溢出，弹性系数为 0.5601。这说明，确确实实存在着由较高技术梯度向较低技术梯度的技术溢出。

根据所构建的递归方程模型式（12-9），运用 Eviews6.0 软件对表 12-4 和表 12-5 中的时间序列数据做线性回归，结果如表 12-10 所示。

由表 12-10 可以看出，模型的拟合优度 $R^2 = 0.992\,913$ 且调整后 $R^2 = 0.985\,826$，参数显示模型拟合度良好。而且整个模型的显著性水平小于 0.0001，F 统计值为 140.11，表明回归变量整体显著。

表12-10　式（12-9）的回归结果

类别	$\ln KQ_{3,t}$						
	C_5	$\ln STE_{3,t-1}$	$\ln GDP_{3,t-1}$	$\ln IM_{3,t-1}$	$\ln ROT_{3,t-1}$	$\ln KQ_{1,t-1}$	$\ln KQ_{2,t-1}$
系数	−15.981 6	1.590 17	0.455 33	0.061 95	0.449 94	0.253 79	0.714 13
标准差	3.868 298	0.180 87	0.088 72	0.030 29	0.110 93	0.181 97	0.290 86
t统计量	−4.131 42	8.792 90	5.132 38	2.045 50	4.055 97	1.394 67	2.451 01
显著性	0.006 1	<0.000 1	0.001 9	0.014 97	0.001 4	0.151 1	0.013 5
样本总体	$R^2 = 0.992\ 913$		调整后$R^2 = 0.985\ 826$		F统计量 = 140.11		显著性<0.000 1

由表12-10可以发现，西部地区科技活动经费支出占西部地区国内生产总值的比重对西部本地区的技术产出影响最显著，弹性系数为1.590 17；西部地区的人均国内生产总值变量对本地区的技术产出影响比较显著，弹性系数为0.455 33；西部地区进口商品总额占国内生产总值的比重对西部地区技术产出影响较弱，弹性系数为0.061 95；第二产业与第三产业从业人数比对本地区的技术产出影响比较显著，弹性系数为0.449 94。

就技术溢出情况看，我国东部地区技术产出变量对西部地区的技术产出溢出效应是比较显著的，且溢出效应为正溢出，但是弹性系数较低，为0.253 79，显著性水平为0.1511，不算很高（保证概率不足85%）。而中部地区对西部地区的技术产出影响则比较显著，且技术溢出效应是正溢出，产出弹性系数为0.714 13，显著高于东部地区，显著性水平为0.0135，也比较高（保证概率达到98%以上）。这说明了我们前面的分析的正确性，即技术溢出受距离的影响较大，因为东部到西部中间隔着中部，属于跨区交流，毫无疑问，技术溢出会受到距离的影响。

第13章 政策建议及总结

13.1 政策建议

我国中部地区与东、西部地区为毗邻地区，同时也呈现出不同的梯度差异，中西部与东部地区之间区域经济发展的不平衡是当前中国区域经济发展需要解决的现实问题。如何缩小中西部地区与东部地区之间的差距，需要根据各个区域自身的特征与目前的发展水平，增强区域之间的技术合作与创新，使得中西部地区与东部地区协调发展。这里根据前面的分析，结合中西部地区目前的发展情况，提出以下政策建议。

1）加强政府引导作用

东部地区在技术扩散溢出效应的利用中处于主动和相对优越的地位，但是政府应该注意引导好不同梯度地区间的技术扩散，以通过东部地区的技术进步引导和带动整个国家技术水平的提升。技术梯度推移的策略可以是地区梯度式的，由东部向中部、西部转移；也可以是行业梯度式的，由技术溢出能力最强的制造业向技术溢出能力弱的行业转移。技术梯度转移的内容是多方面的，东部地区技术利用的模式、途径及经验等都可以通过政府的主导性行为引入中西部地区；政府还可以通过区域经济发展的政策引导，借助东部地区较强的溢出能力，使技术通过产业的竞争、合作与转移扩散至中西部地区。在技术进步的过程中，专业性的人才是关键，因此为了更好地承接东部地区的技术转移，政府还应该加大对中西部教育的投入，重视发展职业技术教育，改革相应的人才引入机制，减少优秀专业人才的外流，为中西部接收来自东部地区的技术扩散储备可用的人才，以提升其消化吸收技术和技术创新的能力，增强技术梯度转移的效果。

2）加大技术创新投入

对于技术创新来说，资金就是创新的"血液"。而现实中，中国中西部地区在技术创新投入中，无论是企业、个人还是政府相对东部地区的技术创新都存在着严重的不足。资金投入不足，必将严重影响到中西部地区科技资源作用的发挥。中西部地区经过多年的发展，拥有了一大批高校与科研机构，拥有丰富的科研资源，而面临的主要问题就是资金投入问题。因此，政府需要加大对中西部地区科技创新活动的资金投入，尤其是加大研发资金投入力度，才能促使中西部技术的大力发展。企业作为市场经济中重要的组成单元和科技创新的主体，要使其能够可持续发展，一个重要的手段就是要努力提升其科技创新与研发的水平，所以在政府加大投入的同时，企业也需要增加自身对研发工作的投入。加强企业自主创新能力培育是提升区域创新能力和经济竞争力的关键。

3）调整产业结构、促进区域合作

不断加强和深化中国不同领域不同行业的国有企业产权制度改革，发展以公有制为基础、多种所有制共同发展的混合所有制经济。在国有企业改革的同时要大力发展民营高新技术企业，为中国中西部地区培养出一大批掌握核心技术、拥有自主技术产权的民营企业。通过发展民营企业，从而不断调整中国中西部与东部地区的产业结构，促进经济发展。在产业结构调整的同时，需要加强区域之间的合作。区域与区域之间存在着差异性，所以要认清各区域的特点，从区域的实际情况出发，统筹制订区域的发展规划，发展区域特色产业，从区域整体出发，合理布局产业，发挥区域整体优势。通过区域之间、企业与企业、企业与研发机构、研发机构与研发机构之间的合作，提高区域整体科技发展水平，促进区域经济发展。以不同形式、不同方法鼓励不同机构间开展经济技术交流活动，以多种形式展开合作。

4）完善人才培养及交流体制

优秀的人才在技术的发展过程中一直处于关键地位，人是科技的主导因素，所以要不断加强人才的培养。我国中西部地区人力资源十分丰富，但存在着质量不高的现实情况，这就在一定程度上制约了我国中西部地区的技术创新与经济发展。所以要不断发展中西部地区的高等教育，提高人力资源质量。在中西部与东部地区的合作过程中，中西部要有效地承接东部地区的技术转移，政府必须不断地加大对中西部地区教育系统的资金投入，发展中西部地区的职业技术教育，通过一定的政策指导，为中西部地区技术创新建立先进的人才培养和引入机制，防止专业人才的外流，提升中西部地区对技术与技术创新的吸收能力，从而得到技术梯度转移过程中的溢出效果。

5）有效地实施产业升级战略

目前我国中西部地区的工业化及城市化进程相对于东部地区有明显的差距。产业结构层次低，现代化程度低。三次产业的状况是第一产业比重大，第二产业发展欠佳，第三产业缺少工业的支撑。第一产业中的原材料产业和初级加工等低端产业占比较大，深加工和高新技术占比较小，导致了工业化的落后。因此产业升级是中部崛起和西部大开发的重中之重，把国内外市场的需要作为发展导向，以高新技术为重点，尤其是以电子信息产业作为国内的主导产业，并同时大力发展生物工程、新型材料和机械制造业等，而传统的钢铁、有色金属、纺织及能源化工业要进行合理的改造和结构调整。通过高新技术产业的高效率来提高产品的价值，获得更好的竞争优势。在起步阶段之后，就要开始创立自己的名牌产品，形成支柱产业，能够发展出一批高新技术企业。与此同时，要发展为制造业服务的生产性服务业，为制造业提供相关的辅助性服务。发达国家的经验表明，工业化要想进入深层次阶段，生产性服务业的发展必不可少。所以对中西部进行产业升级，对提高科技竞争力，提升整体的竞争力有着非常重要的作用。

6）逐步完善区域创新系统

对于区域创新系统的完善，政府有责任发挥自身的协调作用。其中最重要的是政府应从法律角度上来确立技术创新人的有形和无形资产的所有权。而目前专利制度的不完善，造成了模仿者可以在他人的技术创新基础上改造和二次创新。这样必然会影响创新者的积极性。从厂家角度来看，他们是希望创新引起的技术改造越简单越好，范围越小越好，这样对成本影响较小。但如果从消费者角度来看，当然是创新所引起的技术改造越大越好，这是社会进步所需要的。因此政府所要做的就是，在企业和全社会之间找出平衡点，使双方的利益都能得到保护。比如，知识的产权化和市场化、给予创新者优惠及补助等都是政府应该努力做好的。另外，对一些风险大的关键产业的投资，政府可以动员各方面的力量来辅助企业的投资，降低企业的风险，吸引并且鼓励创新性企业进入。只要这些领域活跃了，其他产业就会被带动起来。同时可以通过政府采购政策，为这些产品打开销路，为初期发展提供帮助。由此可见，建立一个完善的区域创新系统非常重要。为此，可以从以下几个方面入手。

第一，完善所需的基础设施，保证创新资源能够持续利用。增加技术基础设施的投资，完善研发机构基础设施是关键。只有这样才能有效地去研发，才能有效地去生产，充分利用技术成果，从而可以进行技术创新和提高生产率，提高区域的竞争力。

第二，增强区域间的人才资源的培养和互补，提高效率，降低成本。这就要求必须努力提高中西部地区的教育质量，扩大教育规模。通过教育的发展，比如吸引教育投资，以便更好地承接发达地区的技术知识转移。

第三，低梯度地区实施走出去的经济发展战略，学习和吸收其他地区的先进技术为我所用。中西部地区可与东部地区合作，通过增加压力来提高动力，最终提高竞争力。

第四，要加强对知识产权的保护。只有健全了法律保护，才能保证企业利益的合法化。但同时也要注意不能过分保护，这样不利于技术在区域间的交流。所以要达成一种平衡，最终实现利益的平衡。既不能让研究者入不敷出，又不能过分保护，发挥不了技术创新的最大效益。

13.2　总结与展望

本篇运用规范分析与实证分析相结合的方法，对东、中、西部地区分区域进行研究，对区域生产技术和不同梯度地区间的技术溢出问题及其影响因素进行了比较全面的分析和论证。在第 12 章中重点对我国东、中、西部地区分区域进行了实证研究和分析，据此提出了几个方面的对策建议，包括如何促进东部地区向中西部地区技术溢出、加大中西部地区技术产出、提高中西部地区技术吸收能力，等等。

研究中我们发现，技术溢出作用在毗邻地区间的溢出效应较为明显，同时，高梯度地区（东部地区）向低梯度地区（中西部地区）技术溢出效应也比较明显；相反，非毗邻地区间技术溢出效应相对较弱，而低梯度地区（中西部地区）向高梯度地区（东部地区）的技术溢出效应也相对较弱甚至为负溢出。

通过实证分析我们发现，不管地区的梯度水平如何，技术创新投入的多少都直接影响着技术产出，具体表现为技术投入越大，技术知识产出就越高，东中部地区因为技术投入较高，其技术知识产出也更高。

在技术政策的导向作用下，东部地区与中、西部地区近年来在很多技术领域展开了较多合作，处于高梯度的东部地区其知识存量对处于低梯度的中、西部地区均产生了正的溢出效应。其中，技术知识的溢出效应中，东部地区对西部地区的技术溢出效应相对微弱，说明在东西部之间技术产出水平的差距在于东西部之间的生产要素流动的不对称性，东部地区历经了市场改革和民营经济蓬勃发展，经济体制较中西部地区都有了较大改革，其技术产出已经走上了跨越式发展的快车道。这正是非毗邻地区（东部与西部）之间较之毗邻地区（东部与中部）之间的技术溢出效应较弱的主要原因，而与之不同的是，东部对中部的技术溢出效应就更为明显。

西部地区对中部地区的技术知识产出存在负溢出作用，这是因为就承接东部地区溢出而言，中部和西部之间存在着竞争关系。另一个原因是，由于中部地区和西部地区在知识产出水平上差异不是很大，大量的东部技术要素由于地缘关系向中部溢出的效果更加明显，使得中部的技术产出与西部的知识存量之间的关系变得并不十分紧密。但是由于技术溢出在毗邻地区间（中部和西部之间），一般由高梯度地区向低梯度地区溢出，所以中部地区的技术产出对西部地区的技术产出均呈正的溢出效应，溢出效果明显。这使得不同等级的梯度地区间，梯度差异较大的地区之间溢出较为明显，溢出方向是高梯度地区向低梯度地区溢出。

虽然我们的研究取得了预期的成果，然而由于研究对象的复杂性，在指标体系构建的时候必须考虑数据的可获得性，因此指标体系的构建难免会有纰漏，这是最后我们必须声明的。数据的可获得性使得指标构建过程和研究方法的选择上难免会有欠缺之处。另外，本篇主要是从宏观层面上对不同梯度地区之间的技术溢出效应进行研究，或许还不够深入，对于微观层面上技术溢出效应的研究和对东、中、西部地区内部不同梯度地区的技术溢出效应等问题还没有涉及，因此提出的政策建议还显得不够全面和具体。所以，在以后的研究中，对各个区域之间技术溢出效应的更深入研究尚需从微观层面和指标体系的完善化方面再不断深化，如此才有助于提出更加有针对性的政策建议。

第三篇

产业集群的技术溢出效应

　　本篇在对相关理论考察的基础上，首先分析产业集群间技术溢出的两种形式，即产品内涵型技术溢出和资本内涵型技术溢出，进而从要素、过程和能量三个方面讨论产业集群间技术溢出效应的一般机制，探讨产业集群间技术溢出的三种实现途径，分析产业集群间技术溢出的影响因素和可能出现的正负效应。之后，着重对产业集群间技术溢出效应的度量和模型构建问题进行讨论。在对两部门技术溢出模型分析的基础上，基于生产函数模型，分别构建反映产品内涵型技术溢出和资本内涵型技术溢出的经济计量学模型，并以西安高新区为例，选择医药制造业、航空航天制造业、电子及通信设备制造业、电子计算机及办公设备制造业、医疗设备及仪器仪表制造业五大行业，对不同产业间的两种技术溢出进行了实证分析。在对产品内涵型技术溢出进行分析时，针对不同产业间相互影响客观存在的滞后性，对产品内涵型技术溢出的即时效应和滞后效应进行区分。分析表明，就即时产品内涵型技术溢出效应来看，电子计算机及办公设备制造业的产品内涵型技术溢出最强；就滞后产品内涵型技术溢出效应来看，医疗设备及仪器仪表制造业的滞后产品内涵型技术溢出最强。就产业间的资本内涵型技术溢出来看，分析表明，在所考察的五个不同产业中，产业间的相互影响是客观存在、不可避免的事实，一些产业表现强些，如电子技术等一些通用性技术产业，而一些产业则表现弱些，如医药制造等一些专业性较强的产业。运用经济计量学方法对西安五大高新技术产业的技术溢出情况进行实证分析，是本书的一个突出贡献和创新之处。根据实证分析，最后提出了西安市充分利用技术溢出加快区域产业经济发展的五个方面的建议，包括：①充分合理利用外部技术溢出，提升自身产业技术吸收能力；②开展高校与高技术产业互动，加大对高校及科研单位研发的产业化引导力度；③推进实施人才高地战略；④转变政府职能，建立分工协作的产业网络体系，强化技术创新；⑤建设有利于促进高新区产业集群发展的区域文化。根据实证分析，提出切合西安地区高新技术产业发展的对策建议，是本书的另一突出贡献和创新之处。

第14章 导 论

14.1 研究背景及意义

随着经济全球化和国际竞争的日益加强，全球经济呈现出显著的区域化特征，产业集群现象已成为区域经济活动中的普遍现象，全球的生产要素、资源和分工在不同层次上迅速变化，并越来越集聚于一些个性特点明显的地区，几乎所有经济富有活力的地区都是产业集聚较发达的地区。经济的全球化与具有地方特色的产业集群现象的并行发展，正在对世界经济产生着深刻的影响，特定区域的产业集群作为产业组织的新形式和区域经济发展的新现象，使得产业在空间上的集聚成为经济学家们热衷于研究的一个主题。

放眼全球，在一些国家和地区都出现了具有较强竞争力的产业集群，如美国硅谷、英国的剑桥、日本的筑波、印度的班加罗尔、中国台湾的新竹，这些产业集群都表现出极强的创新能力、技术溢出效应和经济辐射力，并日益成为区域乃至国家的新经济增长极，这些区域培育出了一大批产业和企业，形成了相互联结的产业链，以及企业间高度关联的产业集群。产业集群作为企业与产业组织的一种形态，具有集群竞争优势，对市场环境的变化和经济发展的不同阶段都具有极强的适应能力，不仅能提高企业与产业竞争力，而且是推动区域经济增长的重要力量。

改革开放以来，我国东南沿海等地区也相继出现了一批集聚程度高、专业化分工细密的产业集群。这些产业群的出现极大地带动了当地经济的发展，促进了地方产业结构的调整，进而增强了区域经济发展的竞争优势，部分省份特色鲜明的产业集群的迅速崛起，成为支撑当地经济快速发展的重要载体。以浙江省为例，改革开放以来，浙江创造了上百个具有专业化分工协作特点、年产值几十亿乃至上百亿的产业集群。据浙江省经贸委调查，2003 年，浙江省工业总产值在 10 亿元以上的制造业产业集群有 149 个，工业总产值合计 1 万亿元，约占浙江省制造业总量的 50%；其中，产值 50 亿元以上的有 35 个，100 亿元以上的有 26 个，200 亿元以上的有 6 个。从专业化类型看，有绍兴的轻纺产业群、海宁的皮革产业群、嵊州的领带产业群、永康的五金产业群、永嘉的纽扣产业群、乐清的低压电器产业群、桐庐的制笔产业群、诸暨的袜业群等。这些星罗棋布的产业群已经成为开拓国际、国内市场的生产和创新基地，其经济发展速度一直以两位数在增长，呈现出良好的势头。浙江省经济发展的特色是以民营经济为主，而浙江省民营经济的发展在地域上的特色则是以产业集群为主。实践中，浙江这种集群式的产业组织及其空间形态呈现出了较高的经济价值，尤其是它在发挥地区比较优势、完成资本积累、并进而提高区域竞争力方面具有重要作用。

显然，产业集群产生了良好的技术溢出效应。首先，产业集群为企业创造了良好的创新氛围。由于产业集群内企业相对集中，彼此间更能感受到竞争的压力，从而迫使企业不断地进行技术创新。其次，产业集群有利于促进技术转移与知识的传播。集群内由于相同的地缘及产业文化背景，在专业化协作分工的同时也促进了技术溢出。此外，产业集群由于地缘相近为企业创新提供了更多相互学习的机会，建立在互信、共赢基础上的竞争合作机制，有利于加强企业间的技术创新合作，从而降低了新产品开发和技术创新的成本。

在产业集群发展的同时，高新技术开发区作为高新技术产业集群的载体，同样受到学术界的关注。随着开发区建设的升温，迄今我国已先后建立了 53 个国家级高新技术产业开发区，西安国家级高新技术产业开发区就是其中一员。西安高新区经过近 20 年的建设，已成为西安市经济发展最快，经济拉动能力最强和对外开放的窗口，是西安经济最具活力、最有发展潜力的地区。目前西安高新区已经完成了由"要素聚集"阶段向"产业主导"阶段的转换，且正逐渐向"创新突破"阶段过渡，以更好地发挥产业集群的技术溢出效应。在发展转型和快速发展的关键阶段，确保西安高新区保持领先优势，更好地促进产业集群的技术创新和溢出，实现持续健康发展已经迫在眉睫。

目前，陕西正处在建设经济强省的关键时刻，西安高新区如何有效地发挥产业集群的技术溢出效应以提升产业结构和技术进步，最终提高西安市乃至整个陕西省的产业竞争力，从而实现区域经济的快速健康发展是当前面临的重要问题。近几年，国内在技术溢出方面的研究，或借鉴国际，或求证地方，针对形成机制、技术溢出等方面开展了多方位的探讨，大多都从 FDI 对东道国技术创新及产业经济的影响这一角度出发，并涌现了一批有影响的学术研究成果。许多关于产业集群的文献都强调技术溢出的重要性，但对技术溢出的产生机制及产业集群内不同产业和企业之间的技术溢出效应分析关注较少。技术溢出作为技术进步在产业间转移和扩散的一种特定形式，其对于经济增长和产业发展来说是至关重要的。如何实现技术溢出的正效应，是一个值得探讨的现实问题。

在一个产业集群中，产业集群内的不同产业之间是否存在着一定的技术溢出效应，各产业或企业之间的溢出效应是否显著，是否一定是正效应，都是值得研究和探讨的问题。因此本篇将从另外一个视角——产业集群的技术溢出效应来对技术溢出进行研究，把区域经济学与技术经济学联系起来，利用产业集群与技术溢出的相关理论，建立产业集群模式下的技术溢出效应模型来测度产业集群的技术溢出，从而积极发挥正溢出效应，避免负溢出效应，来促进产业集群及区域经济的发展。近年来在区域经济发展的过程中，产业之间及区域内产业之间的技术创新活动能否彼此取长补短，充分利用各种本土资源及区位优势，共同推进经济发展，实现技术进步，也成为区域经济发展关注的焦点。因此，无论从经济增长的现实需要还是对产业间技术溢出作用于区域经济增长的机制进行前沿的理论探索看，对产业集群间溢出效应的研究都是非常必要的。

基于以上认识，本篇将产业集群和技术溢出理论作为分析和研究高新区产业集群的技术溢出问题的主要视角，以总结产业集群内部技术溢出效应的一般规律，分析探讨西安高新区当前的集群化发展状况，为区域经济和技术溢出问题研究提供理论支持，并试图通过理论模型分析并结合实证研究，以西安高新区高技术产业为例，构建产业集群的技术溢出模型来具体分析不同产业间的技术溢出效应，探索产业集群的技术溢出效应在西安高新区的具体表现，这不仅对了解西安高新区产业集群发展过程中的技术溢出作用有重大意义，而且对于未来产业集群发展和政府的政策导向也可提供相应的参考，这正是我们开展本项研究的主要目的。

14.2　研究方法和主要内容

14.2.1　研究方法

本篇将主要采用定性分析与定量分析相结合，规范研究与实证研究相结合的方法。

在大量查询、阅读、借鉴国内外有关技术扩散及溢出效应和产业集群等相关领域的文献资料的基础上，通过定性分析，阐述产业集群的技术溢出形式并将其分为产品内涵型和资本内涵型两种，从产业集群技术溢出的一般机制、实现途径、影响因素及产业集群的技术溢出的正负效应这五个方面展开理论研究。在定量分析方面，本篇将根据两部门技术溢出模型构建产业间技术溢出的计量模型，来分析和探讨不同产业间的技术溢出问题。

本篇并不仅仅是理论研究，而且将还通过搜集大量数据，应用所构建的计量模型，以西安高新区的高技术产业为研究对象，对西安高新区高技术产业间的技术溢出效应进行实证研究。

14.2.2 研究内容

根据本篇的研究方法，本篇的主要研究内容包括以下几方面。

第一，国内外关于产业集群间技术溢出的研究动态，包括产业集群、技术溢出概念的界定，以及产业集群间技术溢出效应的相关基础理论综述。

第二，产业集群间技术溢出的形式、产业集群间技术溢出效应的一般机制、溢出的实现途径、产业集群间技术溢出效应的影响因素分析，将从正、反两个方面分析产业集群的技术溢出对区域经济的效应，借鉴两部门技术溢出模型，利用生产函数，引入集聚因素建立产业集群的技术溢出效应的计量模型，对集群中不同产业间的技术溢出机制进行研究。

第三，以西安高新区高技术产业为例，在概括西安高新区发展状况的基础上，针对西安高新区分析其高技术产业的集聚性及对高技术产业进行分类，通过建立的计量模型分析产业间存在的产品内涵型及资本内涵型技术溢出，确定模型中的变量及其经济含义，通过回归分析考察产业集群内各相关产业之间的技术溢出效应关系是否显著及是否存在正效应，哪些产业间可能会有负效应等。

第四，最后得出本篇的研究结论，并针对结论为西安高新区的产业集群发展和技术溢出的利用提出政策建议。

14.2.3 整体框架及重点问题

本篇的整体框架如图 14-1 所示。

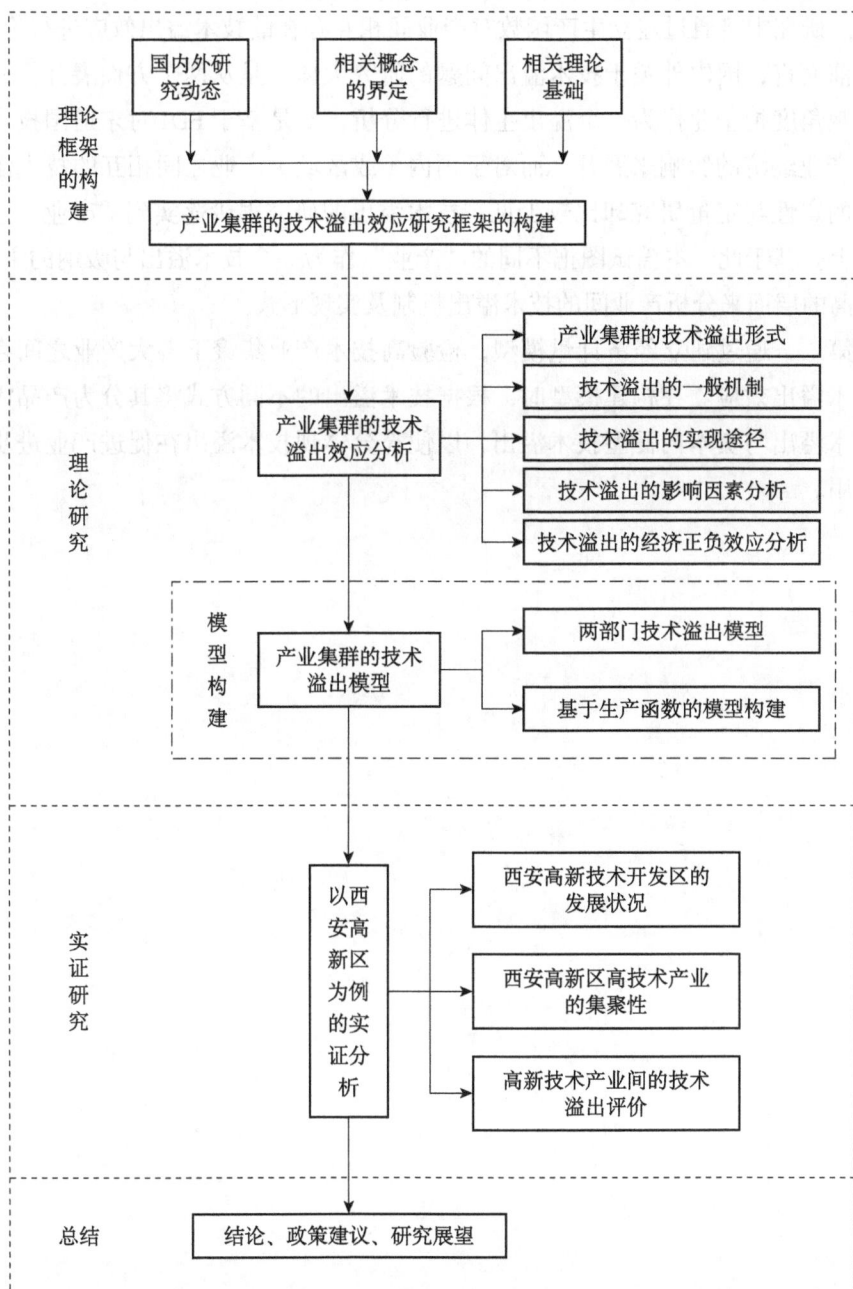

图14-1　本篇研究的整体框架

由上述的整体框架不难看出，本篇研究的重点是两个方面。

第一，本篇研究的核心内容体现在如何将"产业"作为技术溢出与吸纳的主体。研究中将通过建立生产函数对产业间相互存在的技术溢出效应进行论证。就目前而言，国内外关于技术溢出问题的研究大体上是从两个方面展开：一是从微观角度把企业作为一个溢出主体进行分析，二是基于 FDI 对东道国技术创新及产业经济的影响来展开，而对于国内（或区域）产业之间相互的技术溢出效应的定性与定量研究却比较少见，技术溢出的研究很少落实到"产业"这一层面上。基于此，本篇试图把不同的"产业"作为一个技术溢出与吸纳的主体，从更高的层面来分析产业间的技术溢出机制及实现形式。

第二，通过建立经济计量模型，检验高技术产业集聚下各大产业之间存在的技术溢出效应。在构建模型时，根据技术溢出的不同方式将其分为产品内涵型技术溢出与资本内涵型技术溢出，以便充分体现技术溢出在促进产业进步中的作用。

第15章 研究动态及相关理论

15.1 国内外研究动态

15.1.1 国外研究动态

对技术溢出的理论的探讨最早可以追溯到 20 世纪 60 年代初。

进入 20 世纪 90 年代以来，涉及技术溢出的最新理论和研究主要存在于以下几个方面：其一，以溢出为前提的厂商理论；其二，博弈论中的溢出分析；其三，策略联盟中的溢出分析；其四，溢出效应和"边干边学"理论；其五，组织技术的溢出分析；其六，以需求网络外部性为前提的理论分析。

在实证研究方面，1974 年 Caves 对澳大利亚制造业的研究，1979 年 Globerman 对加拿大制造业的研究，1983 年 Blomstrom 和 Persson、1986 年 Blomstrom 对墨西哥制造业的研究，以及 2000 年 Flores 对葡萄牙制造业的研究等，都充分证明了技术溢出效应是明显存在的。而 1991 年、1999 年 Aitken 和 Harrison 对委内瑞拉制造业的两次研究，1993 年 Haddad 和 Harrison 对摩洛哥的研究，1996 年 Kokko 对乌拉圭的研究，以及 2002 年 Haskel 对英国的研究却得出了相反的结论，即技术溢出效应是不明显的。

以上在本书第一篇中的 2.1.1 部分已有叙述，此处均从略。

值得一提的是，美国学者 Bernstein 与 Nadiri 曾对美国 1981 年五个高技术产业的创新进行研究，发现技术研发的社会边际收益率远远高于所研发产业自身的边际收益率，特别是科学仪器和化工行业的溢出效应最为明显，如表 15-1 所示。

表15-1　社会边际收益率与产业边际收益率对比（单位：%）

产业	社会边际收益率	产业边际收益率	资本利率
化学工业	29.1	13.3	13.5
非电器工业	45.0	24.0	13.6
电器工业	30.2	22.4	13.9
运输设备	16.3	11.9	11.7
科学仪器	128.9	16.1	11.8

资料来源：施培公.1999.后发优势.北京：清华大学出版社

由以上不难看出，关于产业集群间技术溢出效应的研究，在国外还少有涉足，这表明，在这方面的研究领域还非常的广阔。

15.1.2　国内研究动态

近年来，国内在技术溢出方面的研究，大多也是从外国直接投资（FDI）对东道国技术创新及产业经济的影响这一角度出发。高巍（1994）、孙家恒（1994）探讨了 FDI 对我国对外贸易的影响，肯定了 FDI 对于我国对外贸易发展的正面作用。华小红和杨荣珍（1994）则指出中国引进外资的行业结构欠合理，导致了资源的不合理配置。王允贵（1996）、林康（1997）、赵晓晨（1997）、童书兴（1997）、陈炳才（1998）分别从外资名牌对国产名牌的挤占效应、引资的行业结构效应、技术引进效应和成长压制效应几个不同的方面，指出了外资企业对中国经济的负面作用，认为应该重新认识和衡量 FDI 对中国经济的影响效果。

国内的研究大部分是在国外相关理论研究的基础上，采用新的理论对中国的高速发展的区域经济进行实证分析。相关的研究主要集中在以下几方面。

（1）外商投资对宏观经济增长的促进作用。研究结果表明，FDI 对促进中国经济增长有不可忽视的作用，外国资本的引入对于国家技术进步，提高产出效率和促进产业升级方面的作用尤为重要（沈坤荣和耿强，2000；杜江和高建文，2000；王震国和袁汝华，2003）。根据新古典增长模型，FDI 作为私人投资的一部分，会直接促进东道国的经济增长，但这只是短期的影响，FDI 影响区域经济长期增长的唯一途径就是通过永久性的技术变革（王志鹏和李子奈，2004）。魏后凯（2002）利用时间序列和横截面数据，对 FDI 对中国区域经济增长的影响进行了实证分析，得出我国东西部的差异 90% 是由于外商投资引起的结论。同时，外商投资也可以有效地促进发展中国家的产业结构升级。正是由于外商投资对我国经济的明显促进作用，才引起了大量经济学家的关注和研究，对 FDI 的研究逐渐细化、分解是一个趋势。

（2）使用面板数据分析外商投资的技术溢出效应。在研究 FDI 的过程中，技术溢出效应成为一个重点。刘金钵和朱晓明（2004）分析了外商直接投资产生技术溢出效应的机制，利用模型对我国工业领域内外商直接投资的技术溢出效应进行了测量，得出我国工业领域的跨国直接投资对技术进步起到了促进作用的结论。强永昌和王天滨（2005）研究了吸引外商投资对不同的地区间工业竞争力的推动作用，说明了不同的内资企业对外资溢出效应的吸收能力是不同的。对技术溢出效应的研究分为两派，一派支持技术溢出效应的显著存在，另一派却认为只在某些行业如高科技行业存在，在大部分行业却为负效应（严兵，2005），对我国具体数据的再研究，就是我们研究的切入点。

（3）技术溢出效应吸收能力的经济计量模型。最近几年来，技术溢出效应的测量成为技术溢出效应研究中的重点，越来越多的学者采用不同的方式和函数进行测定。喻世友等（2005）运用了随机前沿（stochastic frontier）生产函数分析了 37 个工业行业中的内资企业的总体技术效率，运用面板数据（Panel Data）回归的方法，衡量外商直接投资对国内企业的技术效率的溢出效应。包群（2006）利用我国 1996 ～ 2002 年 30 个省（自治区、直辖市）（不含港澳台及西藏）的面板数据进行实证分析，结果支持了技术吸收能力对技术外溢的决定作用。正是这种多样化的方式，给我们的研究提供了一个很好的平台，可以比较不同的出发点和结果，为选择变量和模型提供了借鉴。

（4）外商直接投资对产业集群作用的计量分析。外商直接投资在高科技行业的技术溢出效应是显著存在的，所以很多学者都对高科技园区的技术溢出效应进行了研究。蒋殿春和夏良科（2005）运用面板数据模型分析了外商直接投资对国内高技术行业企业技术创新能力的影响及其作用的途径，分析了国内高科技行业的现实，得出了一些很有意义的结论，如外部经济导致高新技术产业以集群方式发展，外商直接投资作为当前国际经济联系最重要的工具，对高技术产业集群有全面而深刻的影响等。

15.1.3　研究评述

在关于技术溢出的研究方面，国际上已经取得了一定的成果，但大多的研究还只是重理论轻实践。关于技术溢出的实证研究虽然不少，但其研究的内容还需要再不断地更新，应该逐渐从研究国际技术溢出情况发展到研究国内技术溢出及其实际应用情况；从国家间的技术溢出的研究发展到国内某些行业、企业、公司间技术溢出的研究，即应该不断趋向具体化、专门化。应该从一般的定性研究发展到具体的定量研究，从描述性研究发展到对统计数据的实证研究。

　　以上不管是国内还是国外，研究成果都具有一定程度的新意，为我国产业集群理论和外商投资理论的研究奠定了必要的基础。总结国内外的研究成果不难发现，国外的研究在理论上比较完善，在实证上也比较丰富，涉及很多国家和地区，使用的数量工具也比较丰富。国内的研究在理论上相对缺乏，只是把国外的理论引进来加以应用，实证研究比较丰富，应用了多种模型，也分析了很多典型地区，可是由于中国经济发展的数据问题和模型的选取的不同，往往会形成不同的结论。

　　通过对技术溢出研究轨迹的简要考察可以发现，就目前而言，国外关于技术溢出问题的研究基本上都是从微观角度把企业作为一个溢出主体进行分析，国内关于技术溢出的研究大多都基于 FDI 对东道国技术创新及产业经济的影响这一角度展开，而对于国内（或区域）产业之间相互的技术溢出效应的定性与定量研究却比较少见，技术溢出的研究很少落实到"产业"这一层面上。基于此，本篇试图把"产业"作为一个技术溢出的主体，分析产业集群内产业层面的技术溢出效应。由此可见，关于产业间的技术溢出效应的研究尚属一个较新的领域，因此，探讨产业间技术溢出对产业集群区的发展有着十分重要的理论与现实意义。

15.2　相关概念的界定

15.2.1　产业集群

　　集群是一个生态概念。生态学中的生物集群是指在一定的区域或环境里各种生物种群，相互有规律地结合在一起的一种结构单元。集群被经济学家引用到经济学中，形容企业的生态聚落，提出了产业集群的概念。

　　迈克尔·波特（2002）在《国家竞争优势》一书首先提出了产业集群（industrial cluster）的概念并对集群现象进行分析。区域的竞争力对企业的竞争力有很大的影响，波特通过对 10 个工业化国家的考察发现，产业集群是工业化过程中的普遍现象，在所有发达的经济体或国家中，都可以明显看到各种产业集群。

产业集群，一般是指在某一特定区域中，具有竞争与合作关系，且在地理上集中，有交互关联性的企业、专业化的供应商、服务供应商、金融机构、各种相关产业的厂商及其他相关机构等组成的群体，即形成上、中、下游结构完整（从原材料供应到销售渠道甚至最终用户）、外围支撑体系健全、具有灵活机动等特性的有机体系。

也就是说，集群包括一批对竞争起重要作用的、相互联系的产业和其他实体，群内企业之间通过专业化分工和协作建立起了既竞争又合作的密切关系；集群还包括提供各种服务的相应支撑机构，如地方政府、行业协会、金融服务部门与教育培训机构等。产业集群反映的不仅是相关产业中大量的企业在地理位置上的集中，而且也是其他组织（大学、科研机构和中介机构）在地理位置上的集中，其实质是知识网络、生产网络和社会网络的融合（赵子健，2005）。不同产业集群的纵深程度和复杂性相异，代表着介于市场和等级制之间的一种新的空间经济组织形式。

因此，产业集群超越了一般的产业范围，形成特定地理范围内多个产业相互融合、众多类型机构相互联结的共生体，构成这一区域特色的竞争优势。产业集群发展状况已经成为考察一个经济体，或其中某个区域和地区发展水平的重要指标。

从产业结构和产品结构的角度看，产业集群实际上是某种产品的加工深度和产业链的延伸，在一定意义讲，是产业结构的调整和优化升级。

从产业组织的角度看，产业集群实际上是在一定区域内某个企业或大公司、大企业集团的纵向一体化发展。

如果将产业结构和产业组织二者结合起来看，产业集群实际上具有产业成群、围成一圈集聚发展的意思。也就是说在一定的地区内或地区间形成的某种产业链或某些产业链。

产业集群的核心是在一定空间范围内产业的高集中度，这有利于降低企业的制度成本（包括生产成本、交换成本），提高规模经济效益和范围经济效益，提高产业和企业的市场竞争力。

从产业集群的微观层次分析，即从单个企业或产业组织的角度分析，企业通过纵向一体化，可以用费用较低的集群内交易替代费用较高的市场交易，达到降低交易成本的目的；通过纵向一体化，可以增强企业生产和销售的稳定性；通过纵向一体化行为，可以在生产成本、原材料供应、产品销售渠道和价格等方面形成一定的竞争优势，提高企业进入壁垒；通过纵向一体化，可以提高企业对市场信息的灵敏度；通过纵向一体化，可以使企业进入高新技术产业和高利润产业等。

与产业集聚的概念不同，产业集聚强调同一产业内各企业的集聚，产业集群的重点则在于不同产业的相互配合，分工协作。产业集聚的具体定义为，产业集聚是指同一产业在某个特定地理区域内高度集中，产业资本要素在空间范围内不断汇聚的一个过程。

也就是说，产业集聚是一个过程，而产业集群是产业集聚的一种现象，一个结果。

根据上述概念，近年来各地兴起的高新技术产业区，无疑也可以看做是产业集群的一种形式。正是基于这种认识，第18章将以西安高新技术产业区为例，在进行定性定量分析的基础上进行实证分析。

15.2.2 技术溢出

技术溢出（technology spillover），通常是指技术领先者对同行业企业及其他企业的技术进步产生的积极影响。与技术转让的不同之处在于，技术转让是一种商业行为，而技术溢出则是经济学意义上的外部效应，是技术领先者带来的，但却难以从中获得相应的回报，因而这种效应通常是非自愿或无意识状态下完成的。换句话说，这种利益对于经济活动本身是外在的，即对社会产生了外部经济。技术溢出一般不是故意引起的，而是长期没有预料到意识到或没有完全预料到意识到的。

孙洪涛（1998）认为，技术扩散的溢出效应可以分为两类。

（1）产业内溢出效应。这是指公司对同一行业内的竞争者所产生的影响，主要表现在两个方面。①市场竞争机制。公司利用直接投资进入市场，凭借其拥有的先进技术和管理经验等优势，参与并加剧市场竞争，打破原有的市场均衡，最终使得资源流向效率高的企业，得到优化配置，使整个行业竞争力得以提高。②示范效应。公司采用先进技术和工艺所生产的产品，由于满足了市场需要并且有较好的获利能力，也会刺激其他企业通过各种方法，从而间接获得该产品的生产技术和工艺。

（2）产业间溢出效应。这是指公司在进行业务活动时，对当地供应商、购货商会产生影响，主要表现在两个方面。①后向联系。公司向当地企业购买加工原材料或零部件。与此同时，往往也会为供应商提供诸如技术援助、咨询、人员培训等服务，以帮助供应商改善经营管理，提高产品质量。这种后向联系，可促进上游产业技术重组，改善企业技术水平。②前向联系。当地企业通过购买公司较先进的技术产品，从而提高自身产品的质量和生产效率。在出售技术产品的同时，公司产品的相关技术（维修和操作等技术）也会向其他企业转移，这种前向联系对下游产业技术水平也会产生一定影响。

本书第一篇中 §3.1.3 部分关于技术溢出概念的讨论无疑仍然是本项研究的重要指导思想。总而言之，技术溢出是一种过程，一种结果，一种影响，技术溢出效应不只表现为过程，更重要的是它显示出的影响、作用或结果（Simusic，1962）。溢出效应是指知识的接收者或需求者消化吸收所导致的技术创新，以及所带动的经济增长等其他影响。技术溢出过程具有锁链效应、模仿效应、交流效应、竞争效应、带动效应和激励效应（孙兆刚等，2005）。

15.3 相关理论基础

15.3.1 产业集群的相关理论

早在 19 世纪末，马歇尔就提出了产业集群理论，后来的经济学家又把这一理论推进了一步。产业集群理论的流派主要有三个：外部经济理论、集聚经济理论和新竞争优势理论，此外增长极理论和新地理学派的观点也具有一定的参考价值。

1. 外部经济理论

外部经济理论是马歇尔首先提出来的，他认为："我们以可把因任何一种货物的生产规模之扩大而发生的经济分为两类：第一类是有利于该产业的一般发达经济；第二类是有赖于从事该产业的个别企业的资源、组织和经营效率的经济。"他从外部经济的角度进行了探讨，认为产业集群有利于技能、信息、技术、技术诀窍和新思想在集群内企业之间的传播与应用。

马歇尔是最早对产业空间集聚现象进行研究的学者，他在其经典著作《经济学原理》中使用了"集聚"的概念来描述地域的相近性和企业、产业的集中。他指出集聚能产生正的外部效应，并且阐述了在存在外部经济与规模经济条件下产业集聚产生的经济动因，他被认为是第一个阐述产业集聚理论的经济学家。他把经济规模划分为两类：第一类是产业发展的规模，这和产业的地区性集中有很大关系；第二类则取决于从事工业的单个企业的资源、它们的组织及管理的效率。他把第一类的经济规模称为"外部规模经济",把第二类的经济规模称为"内部规模经济"。马歇尔发现外部规模经济与产业集聚之间的关系更为密切。他认为产业集聚是因为外部规模经济所导致的。但是马歇尔仍未摆脱新古典经济学,其分析局限在局部均衡的框架之内。

2. 集聚经济理论

集聚经济理论是由工业区位经济学家韦伯从微观企业的区位选择的角度首先提出的,他最早提出集聚经济的概念。在《工业区位论》一书中,韦伯认为工厂最佳位置由三个区位因子(location factor)共同决定,这三个因子分别是运输成本、劳动力成本和集聚经济,他把区位因素分为区域因素和集聚因素,从集聚因素造成的经济性"一般经济开支成本"降低角度来研究集群产生的动因,把地区集中的原因归结为共享辅助性服务和公共设施带来的成本节约。他认为,在高级聚集阶段,各个企业通过相互联系的组织而形成的地方工业化就是产业集群。

韦伯仅说明了企业空间选择和集聚的基本动因,其缺陷是在一系列假设条件下仅从局部的静态角度分析单个企业的区位决定问题,社会因素和需求因素被略去了。

1948年胡佛(Hoover)修改了韦伯的体系,他考察了更为复杂的费用结构、生产投入的替代物和规模经济,引入了区位化经济与城市化经济的概念,他认为与群体规模有关的外部性经济不仅与购买方即需求方的因素有关,而且包括成本和供应问题,这涉及群体经济内专业化经济的外部性及群体内每一产出率总平均成本的下降。

3. 新竞争优势理论

20世纪90年代,迈克尔·波特从企业竞争优势角度提出了产业群(industrial clusters)的概念和著名的"钻石"(diamond)模型(Porter, 1996),他认为,产业集聚体(他用"簇群"这个概念)主要是通过三种方式影响区域产业竞争优势:①通过提高立足该领域的公司的生产效率来施加影响;②通过加快创新的步伐,为未来的生产力的增长奠定坚实的基础;③通过鼓励新企业的形成,扩大并增强产业群本身来影响竞争。

波特1998年在《哈佛商业评论》上发表了"企业群落和新竞争经济学"一文,把产业集群理论推向了新的高峰。他从组织变革、价值链、经济效率和柔性方面所创造的竞争优势角度重新审视产业集群的形成机制和价值。他认为企业从集群中获得供应商、专业化信息、公共服务及获得有专业化技能和工作经验的雇员，从而获取竞争优势。

由此可见，迈克尔·波特是从企业创新能力的角度来分析产业集聚如何促进微观企业竞争力，从而提高区域产业竞争优势的，其理论分析框架包括四个方面：需求状况、要素条件、竞争战略、产业群（或者说相关与支持性的产业），如图15-1所示。他的贡献在于对产业集聚影响企业竞争力的机制研究，并且回答了诸如发达国家中为何一些区域能成为产业的孵化基地，以及一些产业为何会集中在某些国家等问题。但他没有进一步解释产业集聚是如何形成的，因此，波特的竞争优势理论只是对产业集聚研究进行了一定程度的拓展。

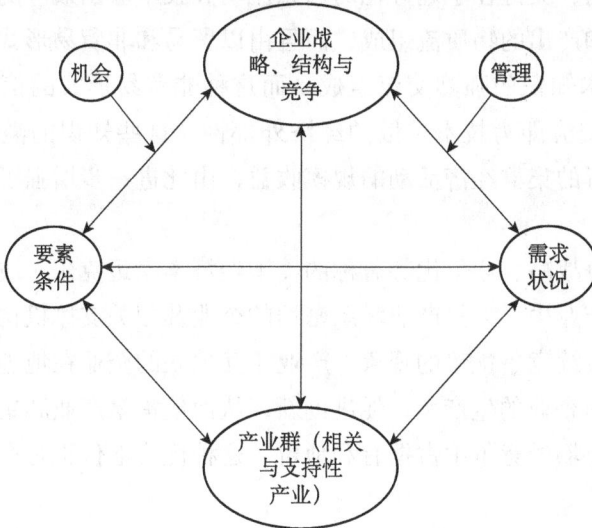

图15-1 波特的钻石模型

新竞争优势理论认为，为了获取竞争优势，产业的定位决策不是基于成本考虑，而是基于"区域技术基础设施"状况。因此，集群的利益具有社会文化和制度特征，而不只具有经济性质。持续的产业集聚优势在于其优越的增强学习的能力和创新性。因为创新不是单一公司的产物，而是集群的资源、知识及能力的产物。这些投入的要素在集群中产生规模经济，提高了面对面的相互作用，促进了知识的共享、思想的交流和有效的技术转移。创新总是在拥有良好技术基础设施的地区集中发生，因为创新公司和机构能够充分利用区域技术基础设施。

集聚的优势主要表现为区域静态效率的实现和动态进步能力的提高，这种优势是在产业的空间集聚过程中逐步形成和实现的，可以从产业集聚过程中货物或服务交易效率的静态增加及信息流动和技术溢出效应的动态进步能力提高两个方面体现出来。随着市场的全球化导致的竞争压力的进一步增加，区域竞争优势在基于相对成本优势的传统框架内便难以实现。在全球化条件下，一个区域持续的竞争力与导致动态进步的能力有关，而与静态效率的实现无关。完整的产业体系不仅具有货物和服务的流动特性，而且是基于知识产生的动态安排。

利用这种新竞争力的观点，可以从动态的观点解释地方产业集群的出现及集聚优势的保持。没有任何重要的地方投入—产出关系，地方产业集群可能仍然起重要的作用，关键在于地方化的信息流动和技术溢出效应的存在。产业体系不仅由投入和产出的物质流组成，而且由以贸易和非贸易形式出现的商业信息、技能和技术知识的强烈交流组成，而这种非贸易形式的信息、技能和技术知识的强烈交流即为技术扩散的经济外部性。这些知识的溢出效应提高了地方生产者进行的集群经济活动的规模收益，由此进一步增强了该地方的集聚优势。

以研究竞争战略、竞争优势著称的美国经济学家迈克尔·波特认为，集聚是指某一特定产业中，大量产业联系密切的企业及相关支撑机构在空间上集聚并形成强劲、持续竞争优势的现象。产业相互关联的企业在地理位置上的集聚能提高集聚区内企业的生产率，促进创新，从而使集聚产业和集聚区内的企业在国内、国际市场的竞争中占据有利地位，这种优势地位正是产业集聚发展所带来的。

4. 增长极理论的观点

"增长极"是在 20 世纪 50 年代中期作为抽象的经济概念而问世的，1960年被引入区域研究领域。最早提出增长极概念的是法国经济学家佩鲁（Francois Perroux）。佩鲁主要从产业关联、外部性及最终引起的产业集聚影响到经济增长的角度探讨了非均衡增长战略。增长极理论认为：在地理空间上，增长的发生是不均衡的，它以不同强度呈点状分布（即出现一些"增长点"或"增长极"），即经济的增长率先发生在"增长极"上，然后通过各种方式向外扩散，从而对整个区域经济产生不同的影响。它主要强调推动型产业的发展对产业集群的重要作用。这些推动型产业有两个明显特征：一为寡头垄断；二为空间集聚。通过把推动型工业嵌入某地区后，将形成集聚经济，产生增长中心，"增长极"则通过支配效应、乘数效应和极化、扩散效应，使得整个区域的产业结构和空间结构更加强化，形成更为复杂的产业集群。

5. 新经济地理学的观点

保罗·克鲁格曼是新经济地理学的创立者之一。他从经济地理角度探讨了产业集群的动因。他以规模报酬递增、不完全竞争的市场结构为假设前提，在垄断竞争模型的基础上，加入空间因素，建立了描述产业集群的"中心 - 外围"模型（克鲁格曼，2000）。其核心思想是即使两个地区在自然条件方面非常接近，也有可能由于"微小的偶然事件——开始一个积累的过程"，导致产业开始在其中一个地方集聚，规模报酬递增和正反馈效应导致了集聚的自我增强，形成领先区域如图 15-2 所示。克鲁格曼强调公司内部增长和组织间能够量化的市场联系，发展了基于关联要素的空间经济模型，他对产业集群与区域经济增长关系及其内在机制的研究弥补了马歇尔和韦伯的不足，但是忽视了难以量化的非物质联系（如知识技术溢出）和其他外部经济（如基于信任的人际关系、社会资本）对集群的作用。

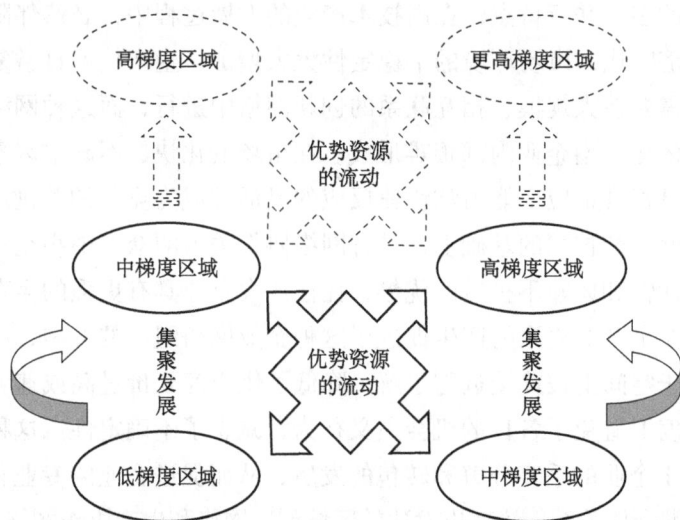

图15-2　集聚的"共赢"效果

可以看出，产业集群的动力主要来源于三个方面：第一，从经济学角度看，地理集聚缩小了企业间距离，从而帮助企业降低包括交易费用和运输成本在内的各种成本，同时通过生产的规模效应和外部效应还可以提高企业的生产效率。

第二，从管理学角度看，产业集群引发了区域的知识、技术溢出，从而有助于产业集群及其企业创新成长能力的形成和提升。第三，从社会学角度看，产业集群可以增加企业间的联系，有助于建立和增强企业之间的联系，形成相互间信息、技术等资源的共享，积累了企业的社会资本，进而增强企业获得各种成长资源的机会和能力。

15.3.2 关于高技术产业集聚性的理论

纵观世界高技术产业，可以发现主要集中在少数几个有限的空间，如美国的硅谷、日本的筑波、中国台湾的新竹、中国大陆的中关村等科技园区。这些地区不断发生新的高科技产业，并不断向外部扩散，成为世界新型产业的培育基地，究其原因是集聚效应在发挥重要作用。一方面，集聚充分利用了各种生产要素，使生产成本大大降低；另一方面，集聚不仅可以使企业达到规模效应，更为重要的是集聚使人才要素可以自由选择企业，使依赖人才的高技术企业有丰富的人才供应来源。这些都为高技术产业向一个地区集聚提供了必要的利益驱动，因此高技术产业的集聚具有其客观必然性。

第一，高技术产业的范围经济决定了产业集聚的必然性。由于高新技术自身系统构成的多元并行特点，在高技术产业的发展过程中，必然伴随着范围经济性。新经济时代，市场环境的不稳定性大大增加，生产技术日益复杂，绝大多数的创新需要在大规模、相互联系的创新网络中进行，而这种网络关系在传统的垂直一体化巨型企业内部很难形成。在市场变化快、不确定因素增多的情况下，企业是否具备应变能力和快速反应的灵活性成为竞争的关键。在不确定的环境和柔性生产技术的基础上，具有网络协作关系的众多中小企业具有对市场反应的灵活性和风险不扩散的优势，往往比大企业具有更强的生存能力和创新能力。高技术产业集聚的产生促进了这种企业网络组织的发展，在集聚区内部，企业由于空间上彼此接近与了解，降低了供应商要价过高或违背承诺的风险，一定程度上避免了各自的机会主义行为，减少了不确定性。这种产业组织模式也有利于企业的垂直分解和转包的发展，从而促进企业的专业化，使企业之间建立长期合作关系，培育出发达的区域创新网络和生产协作网络。

第二，高技术产业对劳动者的要求决定了高技术产业的集聚模式。企业通过产业集聚可以获得最大利润，但利润的最大并不一定来自成本最低。当一个地区的成本优势不复存在时，集聚在该地区的企业仍然能够通过其他途径来获取最大利润，这就是劳动的特征。拥有丰富的知识和高度专业化技术的高层次人才，对高技术企业而言至关重要。但这类人才通常为稀缺资源，企业在不同的发展阶段会有不同的人才需求，企业集聚能够创造出一个便利的人才市场，便于使高技术人员分流。对企业来说，集聚使得企业可以合理利用稀缺的人力资源；对于职员来说，集聚使得员工减少了失业的风险。因此那些拥有大量高质量与有效性劳动的地区，就成为高技术产业的集聚区。

第三，高技术产业集聚可以形成外部规模经济效应与规模优势。所谓外部规模经济指企业的经济效益会随整个产业规模的扩大而提高。产业集聚的出现使其具备自我增强的机制，即集聚的规模越大，集聚化的优势越强，且能够吸引更多的优势企业加入，从而导致规模进一步扩大。而高技术产业的规模经济优势则体现为其具备的较直观的竞争优势，其形成体现为：集聚区内企业可共享公共基础和服务机构，吸引大量生产要素供给和广阔的销售渠道，大大降低了单兵作战情况下企业所承担的支出，降低了生产成本。集聚区内存在的"技术溢出"效应可明显提高企业生产效率，从而在不改变企业经营规模的情况下提高产出，增加获利能力，相对降低生产成本。同时集聚区内存在的大量外包和垂直一体化的专业化资产投入，使得企业在进行"外购还是生产"决策时具有更多的机动性。

第四，高技术产业集聚有利于技术溢出。对于以知识、技术创新为基础的高技术企业来说，技术外溢效应起到决定性作用。产业集聚不仅对内部企业间的正式信息、技术交流有促进作用，对非正式的信息交流也有极大促进作用。技术外溢效应主要源于非正式的信息交流，产业集聚使员工得到集中，便于技术知识以非正式的形式迅速扩散。

15.3.3　技术扩散溢出效应的相关理论

这方面的理论主要是三个方面，包括：①关于 FDI 内生经济增长理论；②知识溢出理论；③区位优势理论。这些理论是研究技术扩散溢出效应的理论基础，同样也是研究产业集群间技术溢出效应的理论基础。这些理论在本书 2.3 节已经述及，故此处从略。

第16章　产业集群的技术溢出效应分析

16.1　产业集群间技术溢出的两种形式

16.1.1　产品内涵型技术溢出

产业集群技术溢出效应的重要形式之一是产品内涵型技术溢出。所谓产品内涵型技术溢出，是指技术的"外部经济"通过主体产业产品的生产创新活动，通过上下游企业的链接效应导致产品所蕴含的技术信息为其他产业部门所吸纳和掌握，进而带动其他产业技术进步的现象。

产品作为产业之间相互联系的载体，其蕴含的技术信息往往可以被产品使用者所吸纳，形成"免费搭车"，于是便发生技术溢出效应。某一产业部门向下游产业部门提供产品，下游产业部门通过"学习效应"，不断积累经验，消化吸收新产品所蕴含的技术知识和信息，逐步掌握该产品的生产技术，从而实现了技术从上游产业到下游产业的溢出。

由于各种产业的特点不同，其关联作用大小及强弱也不同。如果某个产业与其他产业的关联程度大，那么该产业就会成为龙头产业，通过产品这一产业间的联系纽带，对其他产业起着极强的前后波及作用。以中国汽车产业为例，随着轿车国产化率的提高，其产业关联效应也越来越大。例如，北京吉普有150多个工厂直接为其配套，上海大众有170多个协作厂。再如中国的电子工业，通过内引外联，彩电及其关键部件彩色显像管的生产已基本满足了市场需要，同时大大促进了相关产业的发展。这些相互关联的产业之间，通过产品作为联系纽带，从而实现了技术在产业之间的溢出效应。

16.1.2 资本内涵型技术溢出

产业集群技术溢出效应的另一种重要形式是资本内涵型技术溢出。所谓资本内涵型技术溢出效应，是指由于产业之间的技术关联及知识型人力资本在产业之间的流动，产生了技术的"外部经济"，从而带动了其他产业技术进步的过程。

产业之间技术联系的多少取决于供应商的规模及其与该公司技术的相似性。一般来讲，这种技术联系可以分成三种：其一，低级技术联系。在各类供应商那里都广泛存在着有关质量控制、投入说明等的信息交流活动，特别是针对较小的、次一级的合作厂家，质量控制的意义就更为突出。由于这种联系比较松散，因而对技术的溢出影响不大。其二，中级技术联系。包括部件设计的联合开发和技术协助。在多数情况下，不同产业的技术部门间存在着直接的技术合作，既存在着该公司向小供应商输出技术诀窍的现象，也存在着个别大供应商向该公司输出技术诀窍的现象。这种联系对那些拥有类似生产技术、制造复合产品的大供应商来说意义比较重大。其三，高级技术联系。一般发生在根据供应商能力进行全新设计的研究、开发过程中。

此外，知识型人力资本的流动也是产业间资本内涵型技术溢出的重要途径。这里的"流动"富有多层含义，既包括人力资本的"有形"转移（即所谓的跳槽现象），也包括人力资本的"无形"转移（不同产业间的交流活动）。产业部门的有关"产品"技术，主要内涵于专业化的人力资本之中，从简单的生产性操作人员到监管人员，从高级技术人员到上层管理人员。作为技术知识的现实载体，当人力资本在产业间进行流动时，就会加速技术在产业间的传播，从而促进技术溢出效应的发生。在电脑和软件行业，一旦发生技术人员"流动"，就会产生很大程度的技术溢出效应。

由以上不难看出，产品内涵型技术溢出其实也就是一个产业向下游企业的技术溢出，而资本内涵型技术溢出实际上也就是一个产业接受来自上游企业的技术溢出。

16.2　产业集群间技术溢出效应的一般机制和实现途径

要对产业集群间的技术溢出效应进行深入细致的研究，就必须对技术溢出的产生机制有一个全面深刻的认识。技术溢出机制说的是，技术是通过何种渠道及如何从技术溢出方溢出到技术接收方的。因此，技术溢出机制的研究就必须从三个方面来展开：第一，是要素分析，即技术溢出的"三要素"：技术溢出方、接收方和溢出渠道；第二，是过程分析，即技术需要通过一定的渠道从技术溢出方到技术接收方的过程；第三，是能量分析，即技术溢出系统运动的动力分析。

16.2.1 要素分析

技术溢出方是技术溢出过程中提供技术来源的一方，是技术的拥有者、控制者，它凭借对技术的垄断地位和法律保护地位，行使对技术的控制权。显而易见，在技术溢出的过程中，技术溢出方起到十分关键的作用。从技术供给与需求的关系来看，技术需求一般处于无限需求的状态，因此，技术溢出方的行为比吸收方的行为更为重要。由于技术是一种公共品，具有公共性质，这就决定了技术在产业间溢出的必然性。

技术吸收方是技术溢出过程的另一个要素主体，是技术的吸收者、接收者。技术吸收方也有两个因素对技术溢出的转移过程起决定作用，一是它获取内部化技术的意愿，一般来讲，技术吸收方有意愿吸收技术输出方溢出的技术，这一点毋庸置疑；二是技术吸收方吸收相关技术的能力，作为技术溢出效应的潜在接收者，处于技术弱势的企业当然是希望这种溢出效应越强越好，但是对溢出效果起决定作用的却是这些企业自身的吸收能力。先进企业产生的技术溢出并不会自动提高落后企业的技术水平，落后企业必须具备必要的技术学习吸收能力，溢出效应才会真正发生。产业接收技术溢出的直接能力，主要包括技术的获得、存储、学习和转化能力。

在现代经济社会中，国家和企业为增强产业部门的竞争力，都会进行一定的研究开发投入，以提升产业技术水平，促进产业技术进步。但是巨大的投入所产生的新的知识本身都具有易传播的性质，容易通过各种渠道（如示范和模仿、产业间人力资本的流动、有形产品所透露的信息等）渗透到其他相关行业中去。尽管这可以促进新知识在行业之间的传播，有利于技术发展，但却会造成产业部门本身研究开发动力不足，因为产业的新知识促进了本部门的成本降低，自己却不能由此得到全部的好处。专利制度就是通过界定产业部门对所创造的新知识的知识产权，来保障这部分激励，但是由于知识本身容易传播的特点，没有任何制度能完全防止这种知识的外溢。

对于技术溢出的分析，首先要找出技术溢出的过程要素。1985 年，Smali 曾经提出一个基本的技术转移模型，后来，其他学者进一步发展了这一模型。除了原有模型中技术提供者、接收者、技术是主要的组成部分之外，后来的模型强调了技术溢出过程中政府的作用，因为政府是影响技术溢出效果的重要因素之一。拓展后的技术溢出模型可以用图 16-1 加以描述。

图16-1　技术溢出基本模型

技术溢出的外部性使得技术优势企业无法获得技术转移所带来的全部收益，这对他们来说，无疑是一种成本。为了保持自己的竞争优势，降低技术转移的成本，优势企业当然不愿意看到技术溢出的存在，也会尽力控制这种技术溢出。那么，它就会选择使用不太先进的技术，或者督促政府完善知识产权保护制度，并且加强对自身技术的保护。因此，政府也是技术溢出过程中的一个重要参与者。政府在技术溢出过程中的作用体现在宏观和微观两个层面：在宏观层面，政府应提供政策和资金扶持；设立相应的管理机构；建立自上而下的运行机制；完善相应的法律法规，打破区域壁垒；加强技术知识产权方面的保护；营造良好的产业运行环境等。在微观层面，政府的干预可采取税收、津贴、奖励等转移支付方式、限定性行政措施和法律将产业间技术溢出效应内在化。政府的作用是双重的：一方面，政府要做好技术产权的保护工作，切实维护技术拥有者的合法权益，营造公平合法的产业环境；另一方面，政府要构建产业间技术转移的支撑平台，鼓励产业部门吸收学习先进技术，充分利用技术外溢的有益成果。

16.2.2 过程分析

由于存在着技术势差，具有技术优势的企业，在与其他企业发生技术和管理信息的交流时，其先进的技术会通过一定的溢出渠道，不可避免地渗透到这些企业中。而在整个溢出过程中，技术溢出方和溢出接收方各自的意愿和能力及政府的政策取向都会对技术溢出的实际效果产生影响。

技术本身作为人类改造世界过程中获取的知识，具有其自身的发展特点。

在克鲁格曼、霍普曼和罗默等人关于新贸易和新增长理论的著作中，研究揭示了技术产业部门的专有特性，包括技术发展的路径依赖性（即产业部门的技术学习能力是产业部门在长期的生产技术实践中以特定的方式，沿着特定的技术轨道逐步积累起来的，这样能否按照技术发展的特定轨迹和范式进行技术的输出和技术的吸收也决定了技术溢出程度的大小），技术的累积性、黏滞性（产业部门的技术能力是在长时间的生产过程中逐步培养起来的，一旦拥有，则具有较强的稳定性，在转移和扩散过程中要耗费一定的成本和时间，这样技术本身的黏滞性越强，则技术越难以扩散、吸收）和技术的缄默性（即其内容大部分难以用语言、文字、符号表征，难以学习复制，且技术的缄默性越强，扩散、吸收的难度就越大）等特点。

技术进步在产业间的传播过程，其具体的实现形式就是技术的扩散和溢出。技术溢出的过程可用如图 16-2 所示的技术溢出逻辑时间图形象地加以描述。技术溢出逻辑时间曲线揭示了一种技术的吸收者累积数在时间 t 坐标上呈稍微拉直了的 S 形曲线分布。在 S 形曲线上存在着 A、B 两个拐点，在时间 OT_A 段，某项技术刚刚溢出不久，由于技术和市场信息不足，单项技术引进成本和技术应用风险较高，因而技术吸收者相对较少，即富于探险、求索、敢于抢占市场"制高点"的少数产业部门首先涉足该项技术的吸收。在销售市场上，利用该项技术生产的产品处于供不应求的阶段，利润率较高，吸收着累积数上升较快。在逻辑扩散曲线的两拐点之间的 $T_A T_B$ 时间段，该项技术溢出程度逐渐扩大，开始进入成熟期。与上一时间段比较，技术和市场信息状况大为改观，技术引进成本和组织生产的风险大为降低，利润率仍然维持在较高水平，接受该项技术的产业部门大幅增加，技术溢出进入高峰阶段，采用该项技

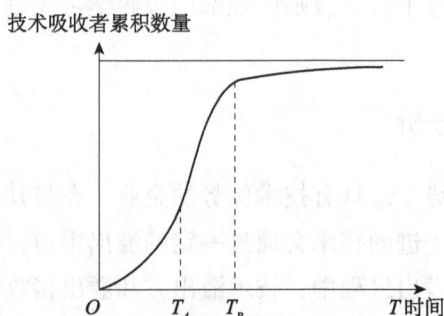

图16-2　技术溢出逻辑时间曲线
资料来源：根据库姆斯等所著的《经济学与技术进步》第 109 页修改

术生产的产品市场竞争愈演愈烈，因此吸收着累积数上升相对趋缓。进入 T_B 时间段以后，技术引进成本及风险进一步降低，随着技术吸收者的数量逐渐增加，拥有该项技术知识的产业部门越来越多，产品市场上的竞争也就越来越激烈，市场供过于求矛盾突出，效益大幅度下降。自此以后，该项技术溢出效应逐渐趋于消亡。

16.2.3　能量分析与实现途径

在技术溢出的过程中，技术是通过溢出渠道溢出到技术接收方的。技术的溢出需要有能量的支持，这在如图 16-1 所示的模型中即表现为溢出方能力，具体又可分为两种：一是处于技术领先地位的企业与其他企业之间存在的技术差距，借用物理学的概念，这种差距可以形象地理解为溢出的"势能"；二是日益激烈的市场竞争环境，这种环境迫使技术领先企业为了保持自己的竞争优势，不得不持续引进较为先进的技术，从而确保技术势差的存在，我们称之为溢出的"外部动能"。其中，技术势差是产生技术溢出的必要条件。

产业集群的技术溢出通常都具有单向性和时间滞后性特征。技术溢出的单向性是指技术从高位势企业向低位势企业溢出的一维过程。根据技术溢出的特点，可将集聚状态下的技术溢出划分为三种形式：一是集群内企业间的溢出；二是集群内大学及研究机构（还包括技术服务中心、政府研究部门、中介服务机构等）向群内企业的溢出；三是集群外部企业或研究机构向群内企业的溢出。这三种形式的技术溢出主要通过人员流动、企业衍生和非正式交流的途径来实现。关于产业集群技术溢出中这三种途径的具体分析，可参见本书 4.3.2 部分，此处不再赘述。

16.3　产业集群技术溢出效应的影响因素分析

影响产业集群间技术溢出效应的因素很多。杨武在《技术创新产权》一书中将影响技术溢出的因素归纳为：技术知识产权保护、创新技术的复杂性（模仿一项创新技术的难易程度）、溢出吸收方的技术吸收能力、技术市场的需求状况、技术创新的平均收益率，以及技术信息的扩散速度。本篇认为，产业集群技术溢出的影响因素从"产业"这一层面来讲，其中最为重要的是四个方面：产业技术水平、产业关联度、产业集群特征及技术知识产权保护程度。

16.3.1 产业技术水平

产业技术水平状况为产业集群的技术溢出提供了一个微观基础，一方面从技术吸收方的角度看，这个基础越好，溢出的技术水平就越高，实现的效果就越好。在通常情况下，吸收方只是吸收适用性技术和知识。双方技术水平的差距决定了能否发生技术溢出，一般来说，在技术水平差距较大的产业之间，会产生技术溢出的势能，增大技术溢出的可能性，但是，当双方技术差距过大，便会增加吸收方吸收技术的难度，增大溢出成本，使得溢出效应受到影响。因此这两者间的关系实际上形成一条倒 U 形曲线，如图 16-3 所示。

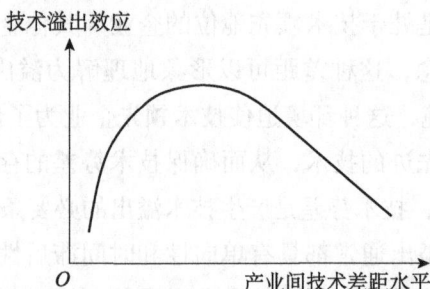

图16-3 产业技术水平差距与技术溢出效应的相互关系

国内学者王玉灵曾构建了一个知识溢出模型，来衡量不同技术差距下的技术溢出效应。他证明，技术势差越大，产品之间的可替代性就越小，该产品在市场上就更具有竞争优势。技术势差越大，企业之间可以学习的潜力和赶超余地越大，但并不意味着技术溢出效应越大。因为技术的高效转移依赖于双方是否有适度的缺口，缺口过小难以有合适的可转移技术；缺口过大，若无高效的学习能力支撑，溢出技术在企业间难以有效吸收。因此，技术势差对技术溢出效应的影响是非单调的，其效果的发挥受到企业学习能力或整个产业学习能力的影响和制约。技术势差过大会阻碍企业间信息理解、技术交流和技术创新进程；如果把技术创新看做是企业技术存量达到一定阈值的体现，那么低技术企业接受高技术企业的技术溢出就可以有效地提高其自身技术存量，降低技术创新成本。他认为增加技术创新投入、提高企业职工素质、实施有效的激励措施、营造良好的企业创新氛围是企业提升市场竞争力的关键。

产业部门技术水平由多种因素共同决定，这里主要讨论两个方面，即产业部门的研发投入和人力资本存量。

1. 研发投入

研发包括基础研究、应用研究和试验生产。它对于一个产业的技术进步起着非常关键的作用。利用外来技术的能力是产业自身相关性技术知识水平的函数,基础技术知识水平是产业整体技术吸收能力的重要标志。从目前技术发展的总体趋势来看,基础科学知识水平已经成为技术是否领先的关键因素,换句话说,产业部门的发展越来越依赖基础科学;科学知识基础对于重大创新起着越来越大的奠基作用。目前,许多科技突破都源于科学理论的交叉贯通,各科学理论之间,理论科学和各种先进技术之间的协调配合变得越来越重要。比如,在计算机领域,就需要工程与电子等学科的配合,技术的这种系统性特征正在不断向许多领域延伸。

目前,研发经费的不足已经成为我国各产业部门技术消化吸收和推陈出新的首要障碍,无论是国家、产业还是企业,在研发经费的投入上中国都处于世界落后水平,与发达国家相距甚远。根据 1998 年《中国科技统计年鉴》的有关数据,在国家层面上,发达国家研发经费占 GDP 的比重在 2% ~ 3%,发展中国家在 1% ~ 1.5%,而中国研发经费投入则徘徊在 0.6% 左右,是世界最低的国家之一;在产业层面上,中国产业研发经费投入占其销售额的比重平均为 0.29%,其中机械制造业为 0.53%,电子及通信设备制造业为 0.35%,纺织制造业为 0.12%。而美国在 1992 年产业研发投入平均为 3.7%,其中最高的是医药与生物技术,达 11.5%,最低的是食品业和服务业,为 0.7%;在企业层面,中国企业研发经费占销售收入的比重平均为 0.5% 左右,有研发经费投入的企业只占企业总数的 45.6%。因此,提高产业研发投入是促进产业间技术溢出、提高产业技术水平的必要条件。

2. 人力资本存量

目前人类已经进入知识经济时代,知识经济将取代传统的工业经济成为主要的经济形式。知识经济时代是以智力资源为依托,而人力资本是智力资源的最重要组成部分。技术本身作为一种知识,只有通过人们对它的应用才能体现出其价值。作为知识载体的高素质、高智力的技术人才无疑对相应产业的技术创新、技术进步起着决定性的作用。因此,人力资本的丰裕度无论是对技术吸收方获得技术溢出效应,还是对技术输出方产生溢出效应都起着至关重要的作用。

从技术吸收方来讲，技术吸收方获得技术溢出效应的必要条件之一是吸收方拥有充足的人力资本，人力资本是技术吸收能力的核心因素。人力资本是一种具有特殊创造性的资源，所有消化、吸收、促进产业技术进步的工作，都需要人力资本来进行。从吸收能力的作用过程来看，从最初对知识的寻求和获得到最后对知识的吸收和掌握都离不开人的参与。因此说，如果技术吸收方的人力资本水平比较高，也就意味着学习能力比较强，吸收技术输出方的技术溢出自然更容易。

产业集群内部或之间的劳动力流动作为一种技术溢出渠道，当发生高素质劳动力（如技术人员）流动时，在产业部门积累的各种技能会随着人员的"跳槽"或流动而形成技术溢出。一般来讲，高素质劳动力流动越频繁，发生技术溢出的效应就越大。

16.3.2 产业关联度

在经济活动的过程中，国民经济各个产业部门之间存在着复杂而广泛的技术经济联系，这些联系以各种投入品和产出品为连接纽带而形成，这在产业经济学中被称为产业关联。各种投入品和产出品可以是各种有形产品和无形产品，也可以是实物形态或价值形态的投入品或产出品。技术经济联系的方式可以是实物形态的联系，也可以是价值形态的联系。产业关联中最基本的纽带是产业之间的相互供给和需求，即每一个产业既需要其他产业的产品作为要素供给，又把自己的产品用来满足其他产业的需求。由于国民经济各部门之间存在着错综复杂的联系，因而某一个产业在生产过程中的任一变化，都将通过产业关联关系对其他产业产生波及作用。

产业关联方式对技术溢出也存在显著影响，一般说来，产业关联方式大体有以下五种形式。

1. 产品、劳务联系

即在社会再生产过程中，一些产业部门为另一些产业部门提供产品或劳务；或者产业部门间相互提供产品或劳务。产品、劳务联系是产业间最基本和最普遍的联系。

2. 生产技术联系

不同产业部门的生产技术有不同的要求，其产品结构的性能也不同。因此，在生产过程中，一个产业部门通常并不是被动地接受其他相关产业部门的产品或劳务，而是根据本产业部门的生产技术特点、产品结构特性，以保证本产业部门的产品质量和技术性能。而这一要求就使得产业之间在生产工艺、操作技术等方面形成了一种必然的联系。

3. 价格联系

事实上，价格联系是产业间产品和劳务联系通过价值形式的表现，即不同产业产品和劳务的比价关系。产业之间产品与劳务的"投入"与"产出"联系，必然表现为以货币为媒介的等价交换关系，即产业间的价格联系或比价关系。

4. 劳动就业联系

社会化大生产使得产业间的发展相互制约、相互促进。虽然不同性质的产业，其发展受其他产业发展的影响及制约程度不同，但是某一些产业的发展依赖于另一些产业的发展，或某一产业的发展可能导致另一些产业的发展，这种各产业发展的"关联效应"是客观存在的。这样，产业间的劳动就业机会也就有了必然联系。某一产业的发展会相应地增加一定的劳动就业机会，而该产业的发展会带动相关产业的发展，也就必然使这些相关产业劳动就业机会增加。

5. 投资联系

社会再生产是在各产业产品或劳务按一定比例的供需关系为联系的基础上进行的。加快国民经济的发展，不可能仅仅通过加快某产业部门的发展来实现，而是通过相关产业部门的协调发展来实现的。这种产业部门间的协调发展性，使得产业间必然存在着投资联系。例如，为促进某一产业发展，必须有一定量的投资，但由于该产业发展会受到相关产业的制约，因而必然要增加投资以保证相关产业的发展。这种某一产业的直接投资必然导致大量的相关产业的投资，即产业间投资联系的表现。

由于产业间存在着上述联系，因而某一产业的发展变化，尤其是技术水平发生变化，必然会影响并波及与其相关的其他产业。一般来说，产业关联度越高，产业集群间技术溢出效应越明显，两者呈正相关性，如图 16-4 所示。

技术溢出效应

O ————————————————— 产业关联度

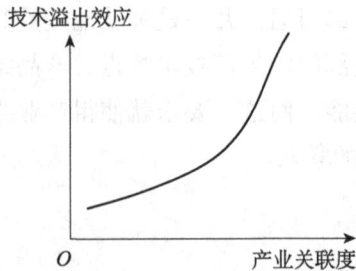

图16-4　产业关联度与技术溢出效应的正相关关系

此外，产业对科技发展的依赖程度不同，发生技术溢出的情况也会不同。一般说来，劳动密集型产业、资本密集型产业和技术密集型产业对科技发展的依赖程度是不同的。劳动密集型产业更多的是以传统技术为基础，而资本和技术密集型产业则更多地依赖于现代科技的发展，技术创新的阶段性和突破性比较明显，技术溢出情况的发生也比较常见。例如，电子工业的发展主要地依赖于科技的突破，技术复杂程度和关联度较小，一旦电子科技取得进展，电子工业的技术水平就可以大大提高。而纺织工业技术则与化学、机械和农业的关联度较大，纺织技术涉及的因素显然较为复杂。

16.3.3 产业集群特征

产业集群的地理接近有利于技术知识的生产、获取和利用。韦伯早在1929年就提出过地方化区域内的知识、信息的流动比远距离的流动要容易得多。马歇尔、伊瓦逊、波特等学者也提出了类似的观点。1920年，马歇尔的产业区外部经济论就分析了劳动力要素、物质要素和技术要素的外溢所导致的区域低成本优势。后来以伊瓦逊为代表的区域经济学者在解释相关企业地理集群形成的外部性时，也认为资源集聚产生的溢出效应降低了互补性活动的成本。波特认为，相关企业与支撑性机构的地理集聚可使集群内单个企业及整个集群区在与其他地区企业竞争时产生竞争优势，因为地理集聚使群内企业容易获取专用性投入、技术劳动力、信息、制度及公共产品，并从互补性活动中获得好处，从而可以提高企业及集聚区生产效率，促进创新。

一个产业集群技术知识的重要来源是集群内部互补的知识整合，而外部的技术知识也是不可或缺的。基于社会资本的社会网络和产业集群固有的地方生产网络是集群内部技术知识整合的重要途径，以信息技术为主导的高技术生产网络则是产业集群获取外部技术知识的首要途径。这种基于内部和外部网络的产业集群可形成超越地理限制的空间创新系统，而正是这种基于空间创新系统的产业集群提高了技术知识的生产、获取和利用效率，从而促进了技术知识在产业集群中的流动和转移。隐性技术知识和显性技术知识的互动是产业集群中技术知识的积累过程，技术知识的积累提高了产业集群的技术知识存量，而产业集群的创新能力与产业集群的技术知识存量是成正比的。产业集群中的技术溢出过程可用图 16-5 形象地加以表述。

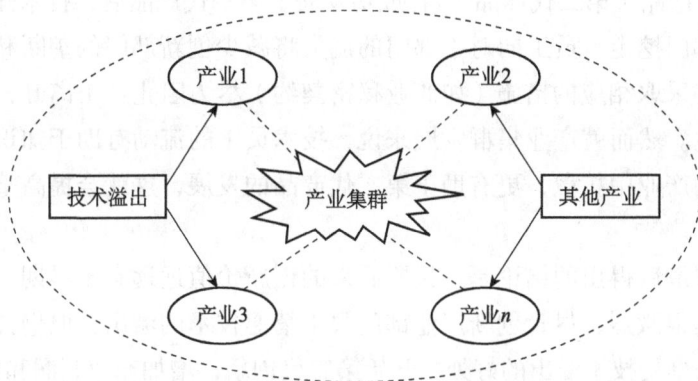

图16-5　产业集群的技术溢出的形象化模型

Weber（1929）认为，产业在某一有限区域内聚集会产生几个重要影响：首先是对产业部门和员工都有利的技术知识共享。在这个市场里，雇主可以更容易地找到所需要的具有特殊技能的员工，而员工很自然地能更方便地找到需要他们技术的雇主。其次，产业聚集使得企业可以更方便地得到专业化的投入品和服务。最后是技术溢出，即地方化区域内的知识、信息的流动比远距离的流动要容易得多。1996 年 Audretsch 和 Feldman 认为，产业部门可以通过聚集来享受彼此的技术溢出的好处，而且高新技术产业倾向于比其他产业聚集得更多（如硅谷）。技术溢出确实有利于产业部门生产力的增加，但是技术溢出的有益效应会随着地理距离加大而逐渐衰退。一些学者认为技术溢出的一个重要来源是知识员工的流动。2001 年 Fosfuri 等认为技术溢出主要归功于员工（尤其是技术人员）从某一产业部门到另一产业部门之间的流动。1999 年 Almeida 和 Kougut 通过深入调查硅谷后认为，硅谷的工程师和技术员工的频繁变换工作有助于技术溢出。

中国学者彭中文曾构建了一个两阶段模型，将技术知识员工流动作为影响技术溢出的一个因素纳入模型，并引入了创新的概率和价值、获得技术知识员工和信息的成本、产品市场的竞争及商业秘密保护等因素（彭中文，2005），模型假设技术知识都是累积的，说明了技术溢出只能通过技术知识员工的流动而发生。产业聚集的唯一原因是从相互的技术溢出中获益，因为识别合适的技术知识员工如果要跨区域雇用的成本或信息成本是很大的，因此只有两个产业位于相同区域，技术知识员工流动才是唯一可行的。模型的重要影响因素是技术创新活动能否上升为技术知识，包括形成直接商品化产品（第一代产品）和新的、更好的产品（第二代产品）。在成功发展了第一代产品后，技术知识员工可能被对手部门挖走。员工向对手部门的流失将减少创新部门的垄断利润，因此产业部门将采取相应的措施（如商业秘密契约）尽力阻止员工离开，避免技术溢出的发生。然而就产业集群发展来说，技术员工的流动有助于知识在同一部门和水平的产业中扩散，更有助于第二代产品的发展，这就会提高整个社会的福利水平。

该模型最后得出的结论是：只要后来的创新价值远远高于早期，产品市场的竞争不是很激烈，尽管创新产业部门很不情愿技术的溢出，但仍会刺激产业部门聚集来享受技术溢出的好处，开始第二代创新，增加产业利润和社会福利；同时高技术产业部门为了避免员工流失到竞争对手那里，会采取一些商业秘密保护措施（如赔偿金），但基于惩罚性赔偿金的商业秘密保护制度不是一个员工流动的绝对障碍，技术溢出依然会发生。因为高技术产业比传统产业具有更高的增长潜力，研发活动几乎构成了高技术产业部门的一切，在聚集区内知识员工更易流动，创新成功概率会更高，如电信、半导体、软件和生物技术等产业部门就是如此。

16.3.4 技术知识产权保护程度

技术知识产权包括产业部门因率先创新、模仿创新、合法模仿而产生的权利，与这些合法产权相对立的是非法模仿行为。新制度经济学的研究假定市场主体在信息不对称的情况下，往往会怀有投机取巧的心理，利用他人的理性限制，尽一切可能地损害他人，以得到自身效用的最大化，这被称为经济人的机会主义倾向。在各种约束机制（如法律等）不健全条件下的机会主义行为，恰恰是知识产权容易被严重侵犯的必要条件。国内虽然有较为健全的法律保护体系，但由于缺乏权威的执行机制，知识产权被侵犯的现象比较普遍。

因此，知识产权并不能为率先创新的技术提供完全充分的利益保护，首先要受到模仿创新、合法模仿而产生的合法产权的侵蚀，其次是非法模仿行为。另外，模仿创新也要受到合法模仿和非法模仿的侵蚀，合法模仿要受到非法模仿的侵蚀，因此合法的技术产权必然会受到多方面的侵蚀，从而导致一定程度的技术溢出。其中率先创新的利益会大量溢出，其次是模仿创新、合法模仿也会有不同程度的技术溢出，溢出部分都会为社会无偿占有。单纯从技术的输出方和吸收方而言，输出方技术产权保护力度与吸收方从技术溢出效应中获得的利益呈负相关关系，即产权保护力度越大，溢出效应就越不明显。

从全社会角度而言，产权制度的安排是对技术溢出效应实施的一种交易规范化，是实现内在化的关键。在理论上，通过市场交易可以达到资源的合理配置，实现帕累托最优。科斯在其著名论文《社会成本问题》中说明了这一点，他指出只要产权明确，且交易成本为零，那么在产权制度上，通过自由贸易，可以实现资源有效配置，达到帕累托最优，克服外在性。因为有了明确的产权主体，就可以将各主体对他人的影响纳入各自的生产函数，通过交易来实现边际收益等于边际成本的利润最大化原则。技术创新的溢出效应被纳入产业部门的生产函数，便对产业部门溢出或受益前的生产函数进行了矫正，这一过程在增加了创新部门收益的同时，也增加了受益部门的成本，最终形成双方或多方均接受的均衡的成本和收益。例如，《专利法》通过明确专利权人的权能，规范专利许可与转让，即可实现内在化。

在技术知识产权的保护之下，技术的"公共物品"特征并未消失，而是具有新的表现形式。在产业关联程度较高的产业之间，技术的溢出效应明显地表现在上游产业产品创新对下游产业产品的影响。上游产业产品的创新往往促使下游产业产品生产过程发生改进，反过来上游产业产品的创新有时候也以下游产业产品生产过程的创新为前提。因此可以说，上游产业产品的创新会溢出到下游产业的产品，而下游产业的产品创新往往有赖于上游产业产品的创新。例如，种子、栽培技术等方面的发明与创新表现为农业内部的技术进步，但农业生产成本的降低，在很大程度上依赖于农业投入中的发明与创新，如新的农药、农具、化肥等。这就是说，农业的技术进步在很大程度上依赖于外部产业的创新成果。

16.4 产业集群技术溢出的正负效应

研究普遍认为，技术溢出可以增强产业和企业的竞争力、提高绩效，同时认为产业集聚这种组织模式对促进技术扩散及溢出的产生发挥着积极作用。事实上，技术扩散是一把"双刃剑"，它既会产生良性效应，也会产生不良效应。产业集群既可能成为技术扩散的激励和载体，也会成为技术扩散和溢出的滞后因素。因此综合考虑产业集群与技术扩散之间外部效应的辩证关系具有重要意义，有助于切实有效地制定出提高产业竞争力、促进区域经济快速发展的政策。

16.4.1 对区域经济的正效应

1. 产业集群可促进技术扩散，降低企业生产成本，提高产出量

厂商长期对全部要素投入量的调整意味着对企业生产规模的调整，即从长期看，厂商总是可以在某一个产量水平上选择最优的生产规模进行生产。若不存在集聚因素影响，企业在长期生产中总是可以在某一产量水平上找到相应的最优生产规模，即长期内生产某一产量的最低平均成本，且长期平均成本曲线表现为无数条短期平均成本曲线的包络线。在企业生产扩张的开始阶段，厂商由于扩大生产规模而使经济效益得到提高，形成规模经济；当生产扩张到一定规模后，厂商继续扩大生产规模就会使经济效益下降，出现规模不经济。一般来说，正是由于规模经济和规模不经济的作用，决定了长期平均成本曲线（long-run average cost curve）表现为先下降后上升的 U 形特征。

在市场竞争中，部分企业（尤其中小企业）由于企业规模限制、自身技术创新与研发比较困难，无法在内部实现规模经济与范围经济，因而产业集群这种新型产业组织形式的出现就使得技术的发生与传播更为有效。技术上的分工协作与知识的交流可以使集群内部企业实现外部规模经济与范围经济，最终表现为企业生产成本的下降与产出效率的提高。

2. 产业集群有利于提高企业生产效率，促进二次技术创新

技术扩散使得集群内部企业之间的关系发生了改变，彼此之间因为长期的正式合作与非正式交流形成了互信，一定程度上抵消了市场竞争中的机会主义与未来不确定性，减少了风险。通过集群的技术扩散机制，企业内部形成了等级或垂直一体化的生产链，这种新型组织形式正代替传统封闭型的纵向一体化，

为内部企业带来许多方便与快捷，分工和专业化使得技术不断得到更好的完善。分工、协作所提供的网络化服务同时实现了技术创新，使新产品的商业化周期缩短；同一企业地理上的集中也促进了产业区域内的分工，使得厂商能够招聘到具有专业技能的雇员，更稳定有效地得到供应商的服务，所以集聚行为会使得内部企业的生产效率大幅提高。在采用新技术过程中，技术的接受者同时会根据自身条件和市场需求对技术进行改进，这种技术改良同时对技术扩散又具有重要促进作用。技术的二次创新强化了新技术应用的适应性和相容性，对新技术的领导者及追随者产生了积极影响，加快了新技术在集群内部企业的应用和扩散。

3. "技术溢出"使交易成本"内化"，反过来进一步促进集聚效应

经济学研究表明，溢出效应是因为某个产品的生产或消费的私人边际效益或成本与社会边际效益或成本不一致而产生的，当私人的边际收益小于社会的边际收益时，会产生正溢出效应。

首先，"个体"知识溢出会产生交流效应。产业集群中人员流动发生在集群内部的不同企业之间，技术能力强的高位势企业技术人员会受到集群内部其他企业的青睐，人员的流动现象由此产生。流动人员所带来的技术转移使得部分低位势企业技术水平得到提高，因此形成了不同企业间的技术交流效应，导致整个产业集群企业的技术能力得到提升。

其次，"设备"知识溢出产生带动效应。集群内部少数企业设备的更新与改进会带来两方面的带动效应。其一，设备的改进与提升带来相应产品性能的改进，与此所对应的上游企业原材料或半成品的质量和结构及下游企业的生产加工水平都会产生相应变动，因此设备知识溢出的带动效应是沿着价值链传递的促动效应。其二，相关企业的技术改进势必会提升产品性能或降低单位成本，会对内部其他企业带来竞争，从而造成个体间的博弈，最终导致整个产业集群技术能力的提升。

最后，"信息"知识溢出带来的模仿效应。信息知识溢出的模仿效应是指产业集群内部一些企业通过对信息平台的改进、外部信息的监控、内部知识的管理不断创新，提高自身生产效率，由此会导致集群内部其他企业的模仿行为。对于知识管理优秀和卓越的企业，不仅其知识管理平台会受到模仿，企业内部的相关管理制度、运作流程等也会受到模仿。这种基于"信息"的知识溢出所导致的模仿效应最终会提升企业管理的能力，从而提升整个产业集群的技术能

力水平。

由此可见，产业集群促进了内部企业的技术扩散及生产效率的提高，这不仅为新一轮的技术创新准备了条件，同时也激励了企业间的竞争与合作，加快了人员、信息的迅速流动。此外技术扩散也为集群内部企业的创新活动提供了内在动力及发展的契机，加速了整个集群产业的技术进步。

16.4.2 对区域经济的负效应

技术扩散是一把双刃剑，它在对技术的创新及集群内部经济发展存在诸多促进作用的同时还具有阻滞效应，这主要表现在以下几个方面。

1. 拥挤效应和外部不经济

根据 1965 年 Buchanan 的俱乐部理论，俱乐部物品的一个特性是内部成员增加到一定程度上会产生拥挤效应。随着新成员的加入，公共物品的边际收益会呈现递减，此时会产生俱乐部的最佳规模确定问题。产业集群这一产业组织形式相当于一个自愿聚集的组织体或俱乐部，技术扩散会促使更多新企业诞生并加入扩散机制中，但是如果超过了最佳规模，会加剧产业集聚的恶性膨胀。Buchanan 认为，一个俱乐部的最佳规模为外部不经济所产生的边际成本等于新成员分担运转成本所带来的边际节约。超过该规模，企业集聚会引起生产要素价格的上涨，从而会加大企业创新活动的成本。同时，随着更多新企业的诞生，集群区域内部市场竞争会日益激烈化，从而导致较低的边际利润，减少了企业研发投入的资金来源。

拥挤效应将导致企业间竞争的加剧，提高经营成本。这种成本的提高主要来自两方面：一是高技术人才引进成本的上升。在产业集群区内，高技术人才的流动具有普遍性，企业为了招聘并留住高级技术人才，必须凭借相关外界条件作为附加，从而就提高了企业的经营成本。另一方面，土地、交通等作为影响经营成本的因素由于需求的刺激会导致价格不断上升，当特定企业或产业扩散至某一特定地理区域时，必然会引起该地区工业和生活用地及交通道路的改变，从而构成企业经营成本的上升。

2. "技术溢出"的负面影响导致经济负效应

"技术溢出"同时也会对经济产生负面影响，其负效应主要体现在成员个体层面上。对溢出企业来说，技术外溢降低了溢出企业技术的独占性优势，从而使其丧失异质性资源优势，造成竞争能力削弱（魏江，2003）。技术创新体系失衡会形成"木桶效应"，使得集群内部的中小企业缺乏品牌意识，容易对强势的创新企业产生技术上的依赖，从而失去创新动力，导致"搭便车"和机会主义行为产生，甚至导致集群内部产品的雷同及恶性竞争（叶建亮，2001）。这样长久以来，弱势企业的生产能力会日益萎缩，学习吸收能力也逐渐降低，从而限制了集群区整体经济水平的提高。此外，产业集群内部"自产自销"的学习模式也削弱了集群发展的动力。由于集群企业过分依赖内部的技术扩散和溢出，从而减少了与外界的联系，长时间接触相同技术来源，导致学习的途径依赖效应出现重复，边际效应递减。一旦集群内所有企业都陷入这种境况，整个产业集群就会成为一个"技术孤岛"，在产业技术发展不连续的情况下，极有可能被外界抛弃（李琳和郑利，2006）。

3. 技术扩散速度的加快增大了企业经营风险，导致经济负效应

技术创新扩散的时效性、外溢性决定了企业必须持续快速进行创新活动，否则难以在市场上获得竞争优势，而且这种创新往往改写了传统的企业生命周期理论。传统的企业生命周期理论认为：一旦企业开发了一种适应市场需求的新产品，其生命轨迹一般会经历"生成→发展→成熟→衰退→再创新"的过程，且企业在竞争过程中会尽可能延长其成熟期，推迟衰退期，以最大限度获得经济效益。但是技术扩散引起的"挤压效应"导致扩散的周期缩短，企业面临激烈的市场竞争环境，其所开发的新产品生命轨迹会改变为"生成→发展→成熟→再创新"的过程。在这一过程中表现为成熟期较短，发展期较迅速，因而集群区内企业从新产品中所获得的创新性收益一般为一种高附加值。同时企业会在利润率很高时就进行新一轮的创新或技术更新升级，这种新产品的研制和开发往往伴随着高投入成本，这种高投入与高收益的快速扩散模式必然会增大企业的投资风险，导致经济负效应。

4. 路径依赖与技术锁定

美国著名经济学家诺斯把前人关于技术演变过程中的自我强化现象论证推广到制度变迁方面，并在其《制度、制度变迁与经济绩效》一书中指出，经济发展过程中是存在路径依赖的。路径依赖是对长期经济变化进行分析的关键，它是指在经济运行过程中，一种模式、制度或者运行机制一旦走上某条路径，其既定方向会在以后的发展中得到自我强化。产业集群这种产业组织形式是具

有较强的路径依赖的，这种路径依赖特征一方面会促使产业集群的技术发展轨迹得到正向强化，另一方面也会产生负向强化作用，由于集群内部企业与外部相关企业联系较少，这在一定条件下会降低内部企业自身技术进步和组织变化的积极性，导致集群内企业实现技术封锁，从而使技术发展陷入锁定（lock-in）状态，一般传统产业集群更容易产生这种现象。

第17章 产业集群技术溢出效应的度量及模型

17.1 两部门技术溢出模型

研究两部门经济中一个部门对另一个部门的技术溢出效应，最常见的便是
Feder（1983）所发展的两部门模型。他把整个经济分为两个部门，其中一个
是出口部门，一个是非出口部门。对每一个部门建立一个生产函数，在非出口
部门的生产函数中包含出口部门的产出，以此来表示出口部门对非出口部门的
作用。

此后，很多学者利用这种方法来分析两部门经济中一个部门对另一个部门
的作用。比如说，1986 年 Ram 把经济分为政府部门和非政府部门，研究了政府
部门经济对非政府部门经济的作用。1986 年 Biswas 和 Ram 把经济分为军事部
门和非军事部门，研究了军事支出对经济增长的影响。1996 年 Odedokun 把经
济分为金融部门和非金融部门，研究了金融部门对经济增长的影响。

中国学者何洁和许罗丹（1999）引入 Feder 模型分析了中国工业部门引进
FDI 的技术溢出效应。他们把整个工业经济分为外资部门（F）和内资部门（H）
两部分，每个部门的生产过程用一个生产函数表示，其中，外资部门对内资部
门有技术溢出作用。用公式表示如下：

$$F = f\left(L_F, K_F\right) \tag{17-1}$$

$$H = h\left(L_H, K_H, K_F\right) \tag{17-2}$$

$$Y = F + H \tag{17-3}$$

其中，Y 表示工业总产值，F 表示外资工业部门产值，H 表示内资工业部门

产值，L_F 和 L_H 分别表示外资部门和内资部门所使用的劳动量，K_F 和 K_H 分别表示外资部门和内资部门使用的资本数量。其中，式（17-2）中的 K_F 用于反映外资部门对内资部门的技术溢出作用。

进一步假设 F_L 和 F_K 分别为外资部门的劳动力和资本的边际生产率，H_L 和 H_K 分别表示内资部门的劳动力和资本的边际生产率，且有

$$\frac{F_L}{H_L} = \frac{F_K}{H_K} = 1+\delta \qquad (17\text{-}4)$$

就是说，外资部门要素的边际生产率是内资部门的 $(1+\delta)$ 倍。
对式（17-1）、式（17-2）进行微分得

$$\Delta F = F_L \cdot \Delta L_F + F_K \cdot \Delta K_F \qquad (17\text{-}5)$$

$$\Delta H = H_L \cdot \Delta L_H + H_K \cdot \Delta K_H + H_F \cdot \Delta K_F \qquad (17\text{-}6)$$

利用式（17-5）、（17-6）和（17-4），依（17-3）可以得到

$$
\begin{aligned}
\Delta Y &= F_L \cdot \Delta L_F + F_K \cdot \Delta K_F + H_L \cdot \Delta L_H + H_K \cdot \Delta K_H + H_F \cdot \Delta K_F \\
&= (1+\delta)H_L \cdot \Delta L_F + (1+\delta)H_K \cdot \Delta K_F + H_L \cdot \Delta L_H + H_K \cdot \Delta K_H + H_F \cdot \Delta K_F \\
&= H_L(\Delta L_F + \Delta L_H) + H_K(\Delta K_F + \Delta K_H) + H_F \cdot \Delta K_F + \delta H_L \cdot \Delta L_F + \delta H_K \cdot \Delta K_F \\
&= H_L \cdot \Delta L + H_K \cdot \Delta K + H_F \cdot \Delta K_F + \frac{\delta}{1+\delta}(F_L \cdot \Delta L_F + F_K \cdot \Delta K_F) \\
&= H_L \cdot \Delta L + H_K \cdot \Delta K + H_F \cdot \Delta K_F + \frac{\delta}{1+\delta}\Delta F
\end{aligned}
$$

因此有

$$\frac{\Delta Y}{Y} = H_L \frac{\Delta L}{Y} + H_K \frac{\Delta K}{Y} + H_F \frac{\Delta K_F}{Y} + \frac{\delta}{1+\delta}\frac{\Delta F}{Y} \qquad (17\text{-}7)$$

可以看到外资部门对内资部门的外溢效应体现在 $H_F \dfrac{\Delta K_F}{Y}$ 这一项上，如果这一项为正，那么外资的外溢效应就为正，如果这一项为负，外溢效应就为负。

这样，分解外资的外溢效应的回归方程可以写为

$$\frac{\Delta Y}{Y} = \alpha_1 \frac{\Delta L}{Y} + \alpha_2 \frac{\Delta K}{Y} + \alpha_3 \frac{\Delta K_F}{Y} + \alpha_4 \frac{\Delta F}{Y} \qquad (17\text{-}8)$$

利用中国工业部门 1985 ~ 1996 年的总量数据，他们对式（17-8）通过回归分析，分析了中国工业部门引进外资的技术溢出效应。分析表明，我国工业部门引进的外国直接投资的总体质量没有得到实质性的提高，与我国内资工业部

门相比，工业部门的外资企业总体的要素边际生产率并不存在明显的优势。但外资企业对内资工业部门的总体的正向的外溢效应是客观存在的，而且这个正的效应还随着我国对外开放步伐的加快，引进外国直接投资规模的扩张有不断加强的趋势。

两部门技术溢出模型给我们的有益启示是，产业之间确确实实存在着一种相互影响，高技术产业对于低技术产业的的确确存在着一种技术溢出效应。

17.2 基于生产函数的模型

17.2.1 模型构建原则

1. 科学性原则

模型构建应当是建立在科学的理论基础之上的，必须符合相关领域的科学原理，变量的选取应采用科学的概念，内涵和外延必须明确，同时模型还应能够反映变量之间的结构关系。

2. 可操作原则

模型的设计尽量具备可操作性，即模型中变量数据可以直接获取或者可以通过间接的转换获得，避免出现数据无法收集的变量。与变量相关的信息应具有可采集性，并且可以通过各种方法进行结构化。

3. 完备性原则

完备性原则有两层含义：一是模型中所包含的变量应尽量全面，能覆盖涉及的所有重要方面；二是模型体系结构要符合客观要求，没有缺陷。当然，完备性是相对的，必须与可行性统一考虑。否则，如果变量设计过多，将会给模型的建立和应用造成困难。

4. 独立性原则

为了使模型便于应用，必须尽量减少模型中变量的重复设置，同一层次的变量应保持相对的独立性。同时，要使模型的结构尽量简化，以减少无关信息。独立性应与完备性同时考虑，理想的状态是模型中所设置的变量既不欠缺又不冗余。

17.2.2 模型构建方法——生产函数估计

1928 年芝加哥大学经济学家道格拉斯与数学家柯布提出了著名的 C-D 生产函数。它是应用最广泛的一种生产函数，其数学模型为

$$Y = AK^{\alpha}L^{\beta}$$

其中，Y 表示产出量；K 表示资本投入量；L 表示劳动投入量；A 表示效率系数；α 表示资本的产出弹性（$0 < \alpha < 1$）；β 表示劳动的产出系数（$0 < \beta < 1$）。

由该模型可以推导出 C-D 生产函数具有以下特性。

（1）资本和劳动都是生产中不可缺少的要素，如果其中一个为零，则产出为零。

（2）边际产量为正值。资本的边际产量：$\dfrac{\partial Y}{\partial K} = \alpha AK^{\alpha-1}L^{\beta} = \dfrac{\alpha Y}{K} > 0$；劳动的边际产量：$\dfrac{\partial Y}{\partial L} = \beta AK^{\alpha}L^{\beta-1} = \dfrac{\beta Y}{L} > 0$。

（3）边际产量递减（二阶微分小于 0）：$\dfrac{\partial^2 Y}{\partial K^2} = \alpha(\alpha-1)AK^{\alpha-2}L^{\beta} = \alpha(\alpha-1)\dfrac{Y}{K^2} < 0$；$\dfrac{\partial^2 Y}{\partial L^2} = \beta(\beta-1)AK^{\alpha}L^{\beta-2} = \beta(\beta-1)\dfrac{Y}{L^2} < 0$。

（4）规模报酬由 $\alpha + \beta$ 的值决定：当 $\alpha + \beta < 1$ 时，规模报酬递减；当 $\alpha + \beta = 1$ 时，规模报酬不变；当 $\alpha + \beta > 1$ 时，规模报酬递增。

本篇在构建产业集群的技术溢出模型时，借鉴了前人的研究成果，所应用的最基本的原理就是 C-D 生产函数的思想，同时根据何洁和许罗丹（1999）所构建的模型，在其修正后的 Feder 模型的基础上，结合产业集群的技术溢出形式，构建了产业集群的技术溢出效应模型。

设 $Y_i = Y(L_i, K_i, Z_j)$，$i \neq j$。其中，Z 表示生产中来自其他产业的技术要素。对上式进行微分，根据全微分公式可得到

$$dY_i = \lambda_L \cdot dL_i + \lambda_K \cdot dK_i + \lambda_z \cdot dZ_j$$

其中，λ_L、λ_K、λ_Z 分别表示产业 i 中国 L_i、K_i、Z_j 的边际生产率。
对上式变形，得到

$$\frac{dY_i}{Y_i} = \frac{\lambda_L L_i}{Y_i} \cdot \frac{dL_i}{L_i} + \frac{\lambda_K K_i}{Y_i} \cdot \frac{dK_i}{K_i} + \frac{\lambda_z Z_j}{Y_i} \cdot \frac{dZ_j}{Z_j}$$

假设 L_i、K_i、Z_j 满足不变产出弹性，于是根据 C-D 函数的第二个特性，则

上式可写为

$$\frac{dY_i}{Y_i} = \alpha_1 \cdot \frac{dL_i}{L_i} + \alpha_2 \cdot \frac{dK_i}{K_i} + \alpha_3 \cdot \frac{dZ_j}{Z_j}$$

考虑到数据的可获得性和计算的方便性，在进行回归分析时，这里选用上式对数处理后的方程形式，即

$$\ln Y_i = \alpha_1 \cdot \ln L_i + \alpha_2 \cdot \ln K_i + \alpha_3 \cdot \ln Z_j + u$$
$$i \neq j \tag{17-9}$$

为了使模型更具有实用价值，在此，按照上述所阐述的产业集群的技术溢出的两种形式，此模型中变量 Z_j 的确定也相应地有两种方式：其一在衡量产业间产品内涵型技术溢出效应时，变量 Z_j 可用产业 j 的新产品产值 P_j 来代表；其二，在衡量产业间资本内涵型技术溢出效应时，变量 Z_j 可用在产业 j 中上年的资本总额 $K_{j, t-1}$ 来代表。同时，考虑到不同产业之间相互影响所不可避免的滞后效应，P_j 也将分当期变量和滞后变量两种情况分别考察。

基于上述考虑，下面来构建产业集群间技术溢出的两个基本量化模型。

（1）产品内涵型技术溢出模型。

$$\ln Y_i = A_i + \alpha_1 \cdot \ln K_i + \alpha_2 \cdot \ln L_i + \beta \ln P_j + u_i$$
$$i \neq j \tag{17-10}$$

其中，i、j 为产业代号，Y_i、L_i、K_i 分别表示产业 i 的产出、劳动力投入和资本投入，P_j 为产业 j 的新产品产值，当存在滞后效应时为 $P_{j, t-1}$；α_1、α_2 分别表示 K_i、L_i 的产出弹性，β 表示产业 j 以产品内涵形式对产业 i 带来技术溢出效应的大小，u_i 表示回归方程随机误差项。

式（17-10）就是这里要建立的产业集群的产品内涵型技术溢出模型方程，将被用于下一章的实证分析。

（2）资本内涵型技术溢出模型。

$$\ln Y_i = A_i + \alpha_1 \cdot \ln K_i + \alpha_2 \cdot \ln L_i + \beta \cdot \ln K_{j, t-1} + u_i$$
$$i \neq j \tag{17-11}$$

在这里，我们必须清楚，K_j 作为 j 产业的资本投入，作为一项生产投入当然首先是在本产业中发挥作用，使本产业的产出不断增加，其次才通过产业关联和投入产出作用与其他产业发生联系。用经济计量学的术语来说，这是一种需要用复杂的联立方程模型来描述的作用。然而，如果使用联立方程模型将使问

题极大地复杂化，使得我们很难看透产业之间的相互作用。因此，我们完全可以通过上述的单一方程模型来反映这种情况，只是在对模型解释时，需要把上述的系数 β 看做是产业 j 中的资本投入 K_j 通过其产出 Y_j 作用于产业 i 的系数就可以了。与 P_j 变量不同的是，K_j 变量需要先在本产业中发挥作用，然后才通过产品之间的相互关联作用于其他产业，所以完全无需考虑当期变量的作用，只需考察滞后变量的作用即可。

17.2.3 模型中变量的选择

按照上述建模的思想，根据我们对西安市高新区 2010 年以来不同产业发展的调查，实证研究中待考察的产业将主要集中于五个不同的产业上，其中包括：医药制造业 X_1、航空航天器制造业 X_2、电子及通信设备制造业 X_3、电子计算机及办公设备制造业 X_4、医疗设备及仪器仪表制造业 X_5。

假设模型满足经济计量模型的各个基本假设，模型中的变量界定如下所示。

（1）Y_i：产业 i 的总产出，可用各产业的当年价总产值来代表。

（2）K_i：产业 i 的资本投入。在这一变量的选取上，以往实证分析往往采用固定资产净值年平均余额加上流动资产年平均余额来代表资本存量，然而这一指标的选择包括了较多流量的概念，作为生产函数的一个变量不能准确解释其对产出的影响关系。因此这里对资本存量的估计采用戈登·史密斯（Gold Smith）在 1951 年开创的永续盘存法。在已知基本建设新增固定资产投资（ΔI_{it}）这一指标下，通过对永续盘存法模型的变换计算当年行业 i 资本存量值的公式进行转化：$K_{it} = K_{it-1}(1 - \delta_{it}) + \Delta I_{it}$。

上式中，K_{it} 是第 i 行业在 t 年的资本存量，ΔI_{it} 是第 i 行业在 t 年的新增固定资产投资，δ_{it} 是第 i 行业在 t 年的折旧率。

资本的处理采取永续盘存法的关键有二：一是基年资本存量的确定；二是折旧率的确定。

基年初始资本存量 K 的确定。许多国际研究中估计初始资本存量时采用一种通用方法，如 1999 年霍尔（Hall）和琼斯（Jones）在估计各国 1960 年资本存量时采用 1960 年的投资比上 1960 年至 1970 年各国投资增长的几何平均数加上折旧率，2000 年杨（Young）应用类似方法估计 1952 年中国固定资本存量为 815 亿元。由于中国 1952 年的固定资本形成总额为 80.7 亿元，可以推测杨格采用了 10% 作为分母，去除初始年份的投资数据。

考虑到研究高新技术产业内各产业部门的初始资本存量,而研究又缺乏一个相对统一的估计值,因此在本篇中采用杨格的分析方法,即用高技术产业集聚下各产业部门 1996 年的新增固定资产投资除以 10% 作为初始资本存量作为基年的资本存量。

资产折旧率 δ 的确定。官方《中国统计年鉴 2002》对固定资产折旧(depreciation)的定义为:"一定时期内为弥补固定资产损耗,按照核定的固定资产折旧率提取的固定资产折旧,或按国民经济核算统一规定的折旧率虚拟计算的固定资产折旧,它反映了固定资产在当期生产中转移的价值。"鉴于高技术产业的特点,我们依据 2005 年李明智和王娅莉的研究,设定为 10%。

(3) L_i:产业 i 的劳动力投入,可采用各产业从业人员年平均人数来代表。

(4) P_j:产业 j 的新产品产出,可采用各产业的新产品产值来代表。

(5) $K_{j,t-1}$:产业 j 上年的资本投入,用以反映资本内涵型的技术溢出。

(6) A_i:经济计量模型的常数项;u_i:经济计量模型的随机误差项。

17.3　数据的采集和整理

由于年鉴中部分数据不完整,根据数据的可靠性和可获得性,这里将选取 1996 ~ 2008 年西安市高新区高技术五大产业部门统计数据,共 65 组。西安高新区作为陕西高技术产业发展的重要地区,高技术产业具备产业集群特征,已成为陕西高技术产业的密集带,为陕西省高技术产业发展做出了巨大贡献。因此选取它研究分析高技术产业的技术溢出具有较强针对性,这里分析中的所有数据均由《中国高技术产业统计年鉴》《陕西统计年鉴》《西安统计年鉴》及《中国科技统计年鉴》整理而来,数据集按面板数据(panel data)的数据结构建立。

在表 17-1 所示的面板数据集中,每个产业部门都有 1996 ~ 2008 年共 13 行数据,因此在使用 Eviews 统计软件包进行回归分析时,软件包会把这个数据集看做是 65 组横截面数据(在表 17-1 中,是每个指标有 65 个数据)。笔者认为,西安高新区高技术五大产业部门连续 13 年的相关数据是同质的,所以这里不考虑各个变量之间的相关关系随时间的变化。数据表中各个记录的排列顺序不会影响软件包的输出结果。

表17-1　1996～2008年西安市高新区主要产业部门指标统计数据

产业部门	年度	当年价总产值Y/亿元	资本投入K/亿元	从业人员年平均人数 L/人	新产品产值 P/万元
医药制造业X_1	1996	34.36	1.20	37 603	25 693
	1997	44.30	1.11	35 460	50 718
	1998	48.26	1.78	30 238	1 789
	1999	57.77	2.65	31 595	7 558
	2000	61.52	5.11	31 597	7 007
	2001	81.47	6.97	34 842	8 394
	2002	83.19	15.51	33 136	100 833
	2003	98.34	25.34	36 273	233 013
	2004	109.20	38.50	34 469	144 317
	2005	124.60	49.53	34 681	56 533
	2006	133.80	55.46	33 618	66 186
	2007	153.20	62.56	32 743	125 262
	2008	177.91	72.17	36 070	95 351
航空航天器制造业X_2	1996	48.97	43.2	128 486	149 700
	1997	53.32	42.88	126 231	184 633
	1998	53.96	42.04	120 096	109 989
	1999	54.43	42.43	115 407	119 162
	2000	66.64	43.44	105 459	157 511
	2001	88.60	42.07	98 396	259 925
	2002	100.74	40.83	99 501	244 310
	2003	103.99	43.72	90 780	382 154
	2004	124.10	49.05	78 497	663 583
	2005	161.66	55.67	83 713	894 463
	2006	179.31	60.91	84 258	946 498
	2007	217.10	68.99	81 824	1 039 800
	2008	245.23	70.09	83 838	972 868
电子及通信设备制造业X_3	1996	98.98	50.50	74 807	262 471
	1997	109.44	47.37	76 172	95 213
	1998	130.89	48.08	71 017	130 068
	1999	128.07	45.36	64 210	180 351
	2000	117.18	46.30	60 487	279 082
	2001	112.62	58.12	56 632	162 432
	2002	125.17	57.45	53 509	92 473
	2003	130.99	55.33	50 301	88 532
	2004	133.90	56.76	57 429	105 611
	2005	125.43	54.40	58 362	175 350
	2006	142.74	61.12	55 486	220 966
	2007	166.58	59.38	58 216	292 804
	2008	192.01	76.93	52 448	288 793

续表

产业部门	年度	当年价总产值Y/亿元	资本投入K/亿元	从业人员年平均人数L/人	新产品产值P/万元
电子计算机及办公设备制造业X_4	1996	2.41	0.90	913	32
	1997	3.81	0.97	2 198	32
	1998	4.00	0.97	1 587	109
	1999	3.89	1.04	502	32
	2000	3.63	1.02	423	4 000
	2001	4.00	1.08	883	7 596
	2002	5.24	1.07	971	9 627
	2003	1.01	1.34	151	9 890
	2004	5.00	1.62	928	11 598
	2005	1.16	1.91	259	13 305
	2006	0.10	2.58	83	15 012
	2007	0.08	2.82	29	16 719
	2008	1.34	2.58	160	18 427
医疗设备及仪器仪表制造业X_5	1996	11.09	11.00	39 976	18 751
	1997	12.42	10.39	39 005	13 914
	1998	14.18	9.76	28 918	40 038
	1999	14.21	9.00	28 069	39 898
	2000	13.26	8.25	24 430	24 119
	2001	15.50	8.22	21 130	24 352
	2002	18.35	9.71	18 252	23 711
	2003	18.87	10.39	17 077	46 502
	2004	33.70	11.17	24 636	32 984
	2005	31.14	13.10	19 315	46 114
	2006	49.50	15.79	20 870	58 401
	2007	53.90	21.41	20 994	99 007
	2008	33.50	22.48	12 799	92 959

资料来源：《中国高技术产业统计年鉴》《陕西统计年鉴》《西安统计年鉴》历年数据整理

第18章 以西安高新区为例的实证分析

18.1 西安高新区的发展状况

18.1.1 经济及总体发展

西安高新技术产业开发区（以下简称"西安高新区"）创建于 1988 年 5 月，1991 年 3 月被国务院批准成为国务院首批批准的国家级高新区。由此，西安高新区作为一个代表西安与西部高新科技产业前沿的领地，以其众多的"第一"成为陕西和西安最强劲的经济增长极和对外开放的窗口。

20 多年来，西安高新区主要经济指标增长迅猛，综合指标位于全国 54 个国家级高新区前列。西安高新区在推动技术创新、发展拥有民族自主知识产权的高新技术产业方面形成了自己的优势和特色。全区累计转化科技成果近 8000 项，其中 90% 以上拥有自主知识产权。列入国家各类产业计划项目居全国高新区前茅。经过多年的建设与发展，西安高新区在产业实力、经济规模、体制创新、成果转化和对外形象等方面已经走在了全国高新技术产业开发区的前列，多次被评为"国家先进高新技术产业开发区"。

如今，西安高新区已成为中国中西部地区投资环境好、市场化程度高、经济发展最为活跃的区域之一，成为西安新的、最强劲的经济增长点和对外开放的重要窗口，成为我国发展高新技术产业的重要基地。

2010 年前三季度，高新区实现在册统计营业总收入 2620 亿元，同比增长 30.11%，完成全年任务 65.5%；工业总产值 1660 亿元，同比增长 30.18%；工业增加值 513 亿元，同比增长 30.34%，完成全年任务 61.58%；完成固定资产

投资 272.64 亿元，同比增长 28.89%，完成全年任务的 79.37%；实现财政一般
预算收入 24.55 亿元，同比增长 30.1%，完成全年任务的 87.44%；收入总量在
全市各区县和开发区中居第一位，占全市的 13.91%；实际利用外资 3.86 亿美
元，同比增长 49.8%，完成全年任务的 80.49%；实际利用内资 189 亿元，同比
增长 23.97%，完成全年任务的 93.79%，内外资总量在全市各区县和开发区中都
居第一位。2010 年 1 ~ 8 月份，实现外贸进出口总额 32.48 亿美元，同比增长
61.75%，完成全年任务的 81.2%；进出口总额在全市各区县和开发区中居第一
位，占全市的 48.97%[①]。

表 18-1 反映了西安高新区 1992 年以来的经济情况。主要经济指标的发展变
化情况如图 18-1 和图 18-2 所示，从图中可以直观看到西安高新区经济迅猛发展
的势头。

此外，高新区在自身财政收入快速发展的同时，还按照"共建、共享、共
赢"的原则，重点带动雁塔、长安等共建区发展。据统计，2011 年以来，高
新区共划转长安、雁塔、户县等共建区税款 5.56 亿元，有力地推动了周边区
县的发展。

表18-1　西安市高新技术产业开发区情况

指标	开发区企业数/个	高新技术企业数/个	年末从业人员/人	技术开发经费支出总额/万元	工业总产值/万元	技工贸总收入/万元	增加值/万元	利润总额/万元	上缴税费总额/万元	出口创汇总额/千美元
1992	535	155	10 585	20 156	19 800	48 105	—	1 663	614	15 330
1993	594	140	22 847	52 614	55 736	119 992	—	12 280	3 337	927
1994	567	79	31 742	36 317	136 201	260 781	—	8 468	9 082	4 559
1995	584	82	34 138	32 772	309 262	503 752	—	25 905	20 235	7 741
1996	434	79	32 690	11 284	480 102	769 599	—	36 372	34 242	36 270
1997	2 465	511	38 732	26 157	684 827	1 029 875	—	56 156	32 602	5 756
1998	2 529	510	61 741	50 156	958 822	1 416 061	—	56 140	50 252	4 903
1999	2 530	511	80 474	50 290.7	1 424 612	2 016 699	621 143.5	94 634	76 204	105 608
2000	3 025	632	97 738	134 285	1 916 251	2 741 984	754 499	158 360	107 454	104 079
2001	4 000	717	130 963	105 000	2 526 000	3 582 000	1 045 700	162 500	149 800	175 000
2002	4 991	755	146 436	83 958	3 184 296	4 811 659	1 205 300	213 933	181 227	209 850
2003	5 828	894	209 000	94 909	3933119	6 155 552	1 539 758	253 572	270 066	334 000
2004	6 895	951	246 000	243 264	5 105 173	8 009 400	2 080 000	332 767	340 212	423 286
2005	6 895	1 029	296 401	254 161	6 680 989	10 423 069	2 701 113	388 404	356 599	527 014

① 参见http://www.xdz.gov.cn/xdzinfo.jsp?ur1type=news.NewsContentUr1&wbnewsid=52007&wbtree id=17972[2010-11-05]

指标	开发区企业数/个	高新技术企业数/个	年末从业人员/人	技术开发经费支出总额/万元	工业总产值/万元	技工贸总收入/万元	增加值/万元	利润总额/万元	上缴税费总额/万元	出口创汇总额/千美元
2006	3 200	1 062	346 000	565 166	9 576 910	13 799 712	3 802 320	654 258	464 700	1 460 250
2007	3 501	1 311	368 757	705 066	13 163 200	—	5 342 700	1 087 311	1 394 194	1 927 114
2008	—				15 464 800		6 184 600	1 231 100	1 576 500	—

资料来源:《陕西统计年鉴》《西安统计年鉴》及计算所得，由于统计口径，1992～1998年出口创汇单位为万元

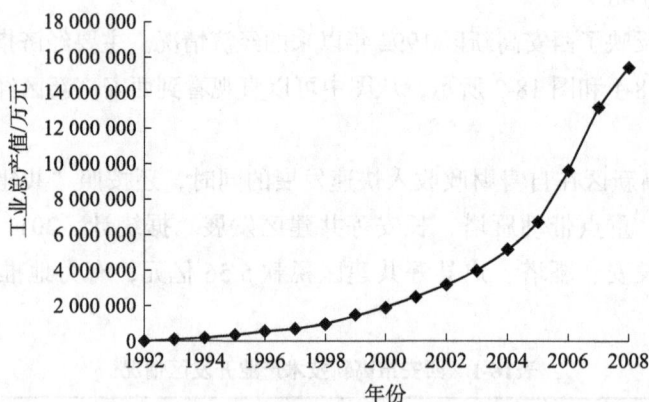

图18-1　西安高新区工业总产值情况

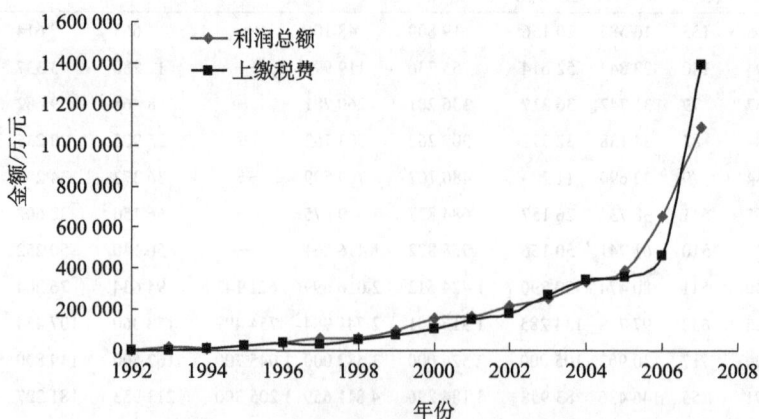

图18-2　西安高新区利润总额及上缴税费情况

　　以表18-1中的利润总额作为因变量（Y），以开发区企业数（X_1）、高新技术企业数（X_2）、工业总产值（X_5）和上交税费总额（X_9）为解释变量进行回归分析（以1992～2007年的数据为样本，其中技工贸总收入和增加值因为数据不

全不予考略），回归结果如图 18-3 所示（加入其他变量因为多重共线性导致变量无显著影响）。回归结果表明，开发区企业数每增加 1 个，利润总额会减少 18.4 万元。之所以会这样，是因为在近几年（2004 年后）在高新区企业数急剧下降的同时，利润总额却在大幅度增加，即呈现出一种反比例关系造成的。这可以理解为"拥挤现象"给经济发展造成的负效应。高新技术企业每增加一个，利润总额将增加 112.99 万元，而工业总产值和上交税费总额每增加 1 万元，利润总额仅增加 0.049 万元和 0.26 万元。不难看出，西安高新区的利润总额主要是由高新技术企业贡献的。

Dependent Variable: y
Method: Least Squares
Included observations: 16

	Coefficient	Std. Error	t-Statistic	Prob.
C	1439.166	7117.627	0.202197	0.8435
X_1	−18.38863	3.759033	−4.891853	0.0005
X_2	112.9856	36.91744	3.060495	0.0108
X_5	0.048671	0.003650	13.33326	0.0000
X_9	0.260013	0.028736	9.048245	0.0000
R-squared	0.998566	Mean dependent var		221420.2
Adjusted R-squared	0.998044	S.D. dependent var		290573.0
S.E. of regression	12849.75	Akaike info criterion		22.01034
Sum squared resid	1.82E+09	Schwarz criterion		22.25178
Log likelihood	−171.0827	Hannan-Quinn criter.		22.02271
F-statistic	1914.825	Durbin-Watson stat		2.881549

图18-3 高新技术企业数等变量对利润总额的回归结果

18.1.2 产业发展方面

科技园区是产业集群发展的重要模式，是高新技术产业聚集的经济特区，具有较强的区域竞争力。从 1991 年作为国家级高新区建设以来，西安高新区注重选择自己的特色产业，积极依靠集群优势来吸引相关产业，充分发挥集群内企业互补的优势、联盟机制和互相依赖的机制，实现了园区产业的稳步、健康发展，形成了新兴工业园、软件园、生物医药园、航天园等一些专业化的基地。经过二十几年的发展，已经形成了电子信息、现代服务、生物医药、先进制造四大主导产业。

近两年来，高新区不断调整产业结构，转变发展方式。在产业形态上，重点发展处于价值链高端、技术含量高、具有高附加值的先进制造业、创新型服务业和总部经济；在产业类别上，重点发展电子信息、先进制造、生物医药和现代服务业，尤其是重点培育通信、光伏与 LED、新型电子元器件、新能源汽车、电力设备、能源技术、软件与服务外包、创新型服务业等具有较强竞争力的产业集群。产业发展实现了从"重聚集"向"重聚焦"的转变。

2010 年前三个季度，高新区电子信息、先进制造、生物医药、现代服务业四大主导产业实现营业收入 2128 亿元，占园区总收入比重超过 80%。其中电子信息产业增长迅猛，实现营业收入 458 亿元，同比增长 35%。2010 年年初，全球领先的综合性通信制造企业中兴通讯西安研发生产基地在高新区正式开工，目前已经有研发人员 6000 多人，全部建成后将形成 2.6 万人的研发中心，仅前三个季度中兴软件入库税款已达 1.28 亿元，较上年同期增长近 5 倍。全球通信设备行业龙头华为技术，投资 18 亿元建设的研发基地，预计 2011 年底达到 1 万人规模，前三个季度已入库税款 0.77 亿元，较上年同期增长 3.7 倍。领军企业及其他 300 多家通讯企业的快速发展，使得高新区具备打造中国通信产业"第二极"的实力；先进制造业继续快速增长，实现营业收入 690 亿元，同比增长 29%。法士特公司实现工业产值 96.6 亿元，税收 2.6 亿元，同比增长 76.7%，年内预计实现产值过百亿；现代服务业在高新区"优二强三"政策的带动下，快速发展，实现营业收入 870 亿元，同比增长 65.48%。总部经济和服务外包已成为新的税收增长点，中航飞机、迈克金属、中石油陕西销售公司、延长集团、大唐发电、省电子信息集团等企业已经成为拉动现代服务业增长的重要动力。

18.1.3 引进外资方面

统计数字显示，招商引资为西安高新区做出了很大贡献，推动全区经济增长至少 10 个百分点。近年来，西安高新区连年保持年均 30% 以上的增速，其中，招商项目的贡献率超过 10 个百分点，招商引资成为高新区加快发展的重要动力。近年来，高新区积极推进专业化招商，围绕产业链引进了一大批重点项目、优质项目和重大项目，这些项目的投产营运，也为高新区财政收入快速增长做出了较大贡献，成为高新区产业调整的新亮点。

其中，投资 1.01 亿美元的 SIMMTECH 半导体零部件项目，是韩国在中国西部地区投资规模最大的项目，作为美光和应用材料的配套企业，年产值可达 2 亿美元，贡献税收超过 1 亿元人民币。美国应用材料公司投资增加到 3 亿美元，在西安高新区建设全球技术最先进、规模最大的太阳能研发中心；日本 Interaction 公司在高新区成立以太阳能发电设备为主业的研发及制造基地，进一步完善了陕西省的光伏产业链条；延长石油集团和陕西电子信息集团共同出资 200 亿元，在高新区组建陕西光伏产业股份有限公司，打造太阳能光伏产业链。这一切使得西安高新区在太阳能光伏产业中形成了较为完整的产业链与产业集群，形成了较强的竞争力，产生了较好的经济效益。

在引进外资的同时，研发与国际贸易业迅速发展。国外一批著名企业如 NEC、FUJITSU、Infineon、Intel 等先后在西安高新区建立研发中心，中兴通讯等国内著名企业也纷纷加入，西安高新区在一步一步地接近其"研发中心聚集地"的目标。根据表 18-1 数据，可得到图 18-4，由此可以看出西安高新区 1999 年到 2008 年以来研发支出和出口创汇总额一直处于增长状态，且从 2005 年开始增速明显提高。

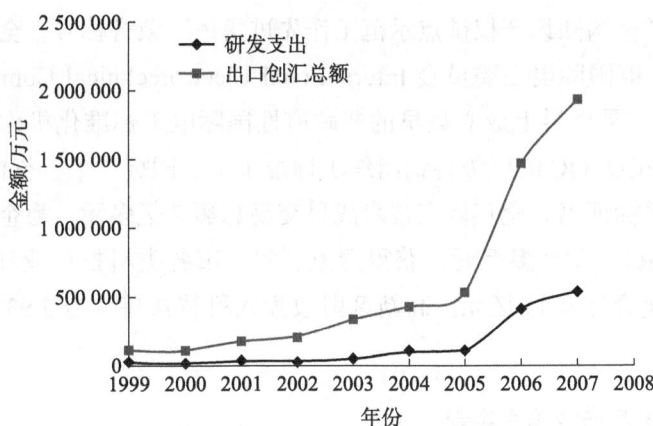

图18-4 西安高新区研发支出和出口创汇情况

18.2 西安高新区产业的集群化发展

近年来，西安高新区对产业发展模式进行大胆创新，采用大项目带动战略，使一大批国内外著名企业陆续进驻高新区谋求发展，使高新区的产业集聚效应空前加强。项目建设创历史新高。2008 年，高新区在建产业项目突破 100 家。37 个市级重点建设项目实现投资 61.4 亿元，17 个市级重点前期项目中有 7 个项目正式开工建设，完成投资 2.68 亿元。

1. 主导产业强势凸显

西安高新区始终坚持"产业第一"的发展理念。在产业形态上，重点发展研发及处于价值链高端、具有高附加值的创新型服务业和先进制造业；在产业类别上，重点发展电子信息、先进制造和生物医药产业，以光伏、新型电子元器件（重点是电子连接器）、半导体照明、软件及服务外包、创新型服务业等新兴产业为突破，按照专业化聚集、集群化促进、园区化承载的模式，着力打造现代服务业和先进制造业两个万亿元产业带。

目前，西安高新区已经形成了以高新技术产业为主体，电子信息、装备制造、生物制药、现代服务业等主导产业快速发展的产业格局。2008年，高新区电子信息、先进制造、生物医药等主导产业实现营业收入1862.39亿元，同比增长31.5%，占全区营业收入的77.55%，较上年上升了2.55个百分点。软件与服务外包产业实现营业收入227亿元，同比增长46%。全年新增各类知识产权7765件，其中专利4543件，发明专利1551件，同比增长都在100%以上，高新区获得"全国知识产权试点示范工作先进集体"荣誉称号。全年制定并发布国际IEC（即国际电工委员会International Electrotechnical Commission，成立于1906年，是世界上成立最早的非政府性国际电工标准化机构，是联合国经社理事会ECOSOC的甲级咨询组织）标准1个、国标8个、行标30个，61个产品获得采标证书。全年认定技术成果交易总额7亿多元，为企业的成果转化减免相关税收3300多万元。获得国家、省、市各类科技产业计划立项672项，获得资金合计4.35亿元。高新区财政投入科技扶持资金2.93亿元，同比增长40.91%。

2. 集成电路产业异军突起

西安是中国第一块集成电路的诞生地，作为对电子信息产业提供核心支撑和对传统产业具有极强带动作用的集成电路产业，其对科研与教育水平、技术装备、产品和人才智力储备均具有较高要求。近年来，西安高新区大力引进和创办半导体集成电路企业。随着应用材料、美光公司的进驻，两家企业的配套商，韩国Simmtech公司等相继进驻，使西安的半导体产业链更加完整，产业规模迅速提高。目前，高新区集成电路产业正迎来巨大的发展机遇，成为我国一个重要的半导体产业基地。另外，伴随着本地产业的兴起，一些知名的企业纷至沓来，在西安高新区建立自己的研发中心，给本地集成电路产业带回了先进的技术、大量的资金和丰富的管理经验，加速了集成电路产业的快速提升。西安高新区正在形成以集成电路设计业为基础、加工制造业为支撑、异军突起、蓄势待发的集成电路产业集群。

3. 通信产业有望全国第一

在通信产业方面，西安高新区通讯产业已经形成了以海天天线、华为西安研究所、中兴通讯、西电捷通、宇龙通信、华迅微电子、华天通信等为代表的企业群体；以中国电子科技集团第二十研究所、第三十九研究所，中国航天科技集团第五研究院504所，中国兵器工业集团第206所，电信科学技术第四研究所、第十研究所等为代表的科研机构群体；以西安交通大学、西北工业大学、西安电子科技大学、西安邮电学院等为代表的高等院校群体和中国电信、中国移动、中国联通、中国网通等为代表的电信运营商群体。这些科研院所和机构体系的存在，形成了集产品开发、测试、生产、销售、服务于一体的新一代移动通信产业集群，完全满足了通信产业发展所需要的四个组成部分。

随着高新区通信产业的强势崛起，高新区通信产业龙头企业进一步聚集，产业集群优势明显。2008年，中兴通讯投资60亿元，建设规模达2.6万人的研发、生产中心，主攻3.5G～4G产品；华为投资15亿元，建设1万人的研发中心；手机设计龙头企业上海龙旗投资5.2亿元，建设3G产品研发生产基地；手机核心芯片领军企业展讯通信投资2亿元设立研发中心；国内最大的射频前端设备设计与生产企业深圳摩比天线投资2亿元设立研发生产项目；业内亚洲第一、世界第五的研祥科技投资2.3亿元研发、生产特种计算机、嵌入式CPU项目；诺基亚与西门子合资建设研发中心。这些项目的入驻，加上高新区原有的290多家通信企业和已启动建设的长安通讯产业园，高新区有望在未来成为继深圳之后中国最大的通信产业基地。

4. 软件产业快步迈入国际化

在软件方面，随着全球最大的企业软件和信息管理软件服务供应商美国Oracle公司，世界500强、著名通信、能源设备制造商美国Emerson公司，全球服务外包百强、美国纳斯达克上市公司Objectiva，全球服务外包百强美国HOV公司，全球最大微处理器供应商日本瑞萨，拥有业界领先的蓝牙、无线局域网融合技术的美国3DSP等一批具有国际影响力的行业龙头和高成长企业竞相进驻到高新区，西安高新区软件和外包产业集群规模与产业层次得到进一步增强，产业实力也显著提升。

在软件产业国际化的浪潮中，西安高新区的软件业也得到突飞猛进的发展。从西安高新区软件业的产品构成看，软件企业已经走出了软件开发单一的发展模式，形成了集软件开发、系统集成、智能控制、网络工程、软件外包等为一体的软件产业集群。与此同时，也吸引了众多属于国际巨头的软件公司入驻。美国 INTEL、Sybase、SPSS，日本富士通、NEC、SORUN、NTTDATA 等大型跨国公司，以及中国台湾友立、力新国际等大批软件企业入驻，极大地促进了西安软件与国际软件产业的对接。单是 2008 年，高新区就吸引了平安保险、日本艾宾公司、全球服务外包百强 HOV、手机导航先驱企业美国泰为、华尔街金融领先软件服务商美国 HD 公司、宇龙通讯、中投科信、酷派软件、易思博、信源通等知名公司，以及来自日本、中国台湾、芬兰等地的一批企业，其中艾宾公司在高新区成立研发中心，填补了西安地区在 SAP 和 ORACLE 软件外包领域的空白。这一切使得高新区成为展示中国软件产业实力与人文环境魅力的新亮点。

5. 装备制造业优势明显

西安高新区的装备制造业向来优势明显，以制冷、电力设备、汽车、石油为主的装备制造业稳步增长，高新区已成为我国制冷产业和电力设备制造的重要基地。

其中，在电力设备方面，以电力控制和传输、互感设备为主的，有西电集团、西开高压、西变中特、中扬电气等 80 多家企业，技术含量高，创新性强。在未来，高新区将以同维电力、中扬电气、银河自动化、非晶科技为依托，重点发展磁光电流互感器、非晶变压器、干式电抗器、中低压开关、铁路电气开关、数字化变电仪器、电站自动化系统、柔性输变电系统新型装置等产品和技术；在制冷设备方面，随着庆安制冷的技改扩建完成，其产能将扩大到年产压缩机 1200 万台，产值达 45 亿元，以庆安、大金庆安等企业为主的高新区制冷产业在"十一五"末产值将达到 120 亿元；在汽车方面，以比亚迪汽车、法士特为代表的汽车产业更是突飞猛进，虽然形成规模只有短短两年多时间，却都取得了飞速发展，在各自的行业领域地位显著。法士特重型汽车变速器产量达到世界第一，比亚迪汽车年产 10 万辆以上，并以每年 100% 以上的速率增长，两家企业已经成为高新区近年最有望达到百亿元企业的候选者。未来将以比亚迪、法士特、联合汽车电子为重点，大力发展汽车零部件加工、总成制造、整车装配、电动汽车等产业。在石油装备方面，以宝美、宝德、海尔海斯企业为代表，通过多年艰苦的科研攻关和生产经营，西安高新区已经成为全国最大的石油钻机电控系统生产基地，占据了国内市场的 70% 以上，并在国际上占据了相当的市场份额。

6. 医药龙头带动作用强势崛起

近年来，西安高新区以现代制药为雄厚基础的中药提取和生物医药产业发展迅猛。东盛集团、陕西省医药集团、金花集团、绿谷制药等龙头企业带动作用明显。金花股份的"金天格胶囊"获得国家一类新药证书；绿谷制药的双灵固本散，已获得美国 FDA 临床认证；恒生堂制药的"解毒维康片"获得了国内唯一一个中药治疗白血病的批文；以浩天、益尔为代表的植物提取制药企业出口增长迅速。

在生物医药产业发展中，西安高新区将依托步长制药、绿谷制药、千禾药业、大唐制药等企业，重点发展新型中药和中药新剂型、中药有效单体成分提取；依托交大保赛、皓天药业、益尔制药等企业，重点发展紫杉醇、辅酶 Q10 等中间体产品；依托东盛集团、力邦药业、金花药业等企业，重点发展新型抗生素、抗肿瘤制剂、靶向制剂、抗艾滋病药、重大传染疾病疫苗、试剂盒等；依托西大北美、巨子生物等企业，开发基因芯片、组织芯片、蛋白芯片等产品和技术。

7. 新材料和现代服务业增光添彩

西安高新区还形成了以陕西有色集团、西部材料、理工大学科技园、迈克金属、金城堆钼业等为代表的新材料产业，同时应用材料太阳能电池设备、西京电气的单晶硅生产、理工大学的单晶硅设备生产为龙头的光伏产业也在飞速发展，新材料产业的发展使高新区的产业功能更加齐全和完备。另外，在西安高新区，金融、中介、餐饮、文化娱乐等服务企业聚集速度加快，使区域配套环境更加成熟。中国人民银行、中国工商银行、银监会、证监会等金融机构云集；世纪金花、金鹰国际、香格里拉等知名企业的商贸、餐饮业聚集速度明显加快，使高新区成为了名副其实的现代服务业聚集区。

目前，西安高新区正在大力建设世界一流科技园区，围绕创建世界一流科技园区的总体目标，在产业形态上，今后将重点发展研发及处于价值链高端、技术含量高、具有高附加值的先进制造业和创新型服务业；在产业类别上，重点发展电子信息、先进制造和生物医药产业，以光伏、新型电子元器件（重点是电子连接器）、半导体照明、软件与服务外包、创新型服务业等新兴产业为突破，按照"专业化聚集、集群化推进、园区化承载"的模式，打造"一区两街两带七园区（基地）"。电子信息产业以发展通信、电子元器件、软件及服务外包、集成电路等为重点，将抓住 3G 发展的机会，使高新区已形成优势聚集的通信产业、集成电路产业实现跨越式发展，营业收入同比增长达到 35%，其中软件及服务外包产业实现营业收入 318 亿元，同比增长 40% 以上；先进制造业以发展交通运输设备、制冷设备、电力设备为重点，抓住国家大力发展铁路、电力基础设施的机会，在高新区形成产业集群优势，营业收入同比增长达到 33%；生物医药产业以发展生物新药、中药现代化、植物提取物、化学制药、医疗器械为重点，抓住产业结构调整及复苏的契机，大力鼓励、支持新药研发与服务体系建设，营业收入同比增长达到 20%；创新型服务业以发展研发设计、信息服务、互联网、金融服务、现代物流、创意产业等为重点，同比增长达到 30% 以上。同时，抓住国家大力发展环保节能型产业的有利时机，发挥高新区现有产业链优势和招商优势，使光伏产业等环保节能型高科技产业成为高新区新亮点。

未来西安高新区将力争用 15 年左右的时间，实施"三步走"战略，把高新区建设成为高端人才荟萃、创新创业活跃、产业集群发达、新兴业态兴旺的科技创新之城，使西安高新区成为具有中国自主创新特色的世界一流的科技园区。

18.3 对西安高新区产业间技术溢出的评价

18.3.1 西安高新区高技术产业的分类

高技术产业是一个新兴的产业，是一个动态的、相对的概念。目前国际上对于高技术产业还没有规范的产业定义，联合国统计机构将其称为"技术密集型产业"，日本称为"知识密集型产业"，而我国则称为"高技术产业"。由于各国科技水平及经济发展水平的差异，对高技术产业各自也赋予了不同的含义。按照经济合作与开发组织对高技术产业的定义，在 1988～1995 年，高技术产业有 5 个：电子计算机及办公设备制造业、医药制造业、电子及通信设备制造业、电器机械制造业、科学仪器仪表制造业；1995～2001 年，这类产业有 4 个：航空航天器制造业、医药制造业、电子计算机及办公设备制造业、电子及通信设备制造业；2001 年后又调整为航空航天器制造业、电子及通信设备制造业、电子计算机及办公设备制造业、医药制造业及仪器仪表制造业等 4 个。

高技术产业的界定同时必须符合本国的国情，只有按照本国的国情选择和发展本国的高技术产业，才能形成比较优势，具有国际竞争力。我国的具体国情表现为研发经费过低，每年研发支出在 40 亿美元以下，人均研发经费在 2.2 美元左右。世界领先国家全年研究与试验发展（研发）经费支出占 GDP 比例为 3% 左右，而 2009 年我国仅为 1.62%[①]，与发达国家相比差距较大。按照经济合作与发展组织标准，我国制造业整体上属于低技术产业，因此必须从我国的实际情况出发，发挥自身比较优势，将高技术产业的界定与传统产业的改造相结合。1986 年国务院颁布的《国家高新技术研究发展计划纲要》（863 计划）将 8 个领域确定为高技术范围，分别为：生物技术、航天技术、信息技术、激光技术、自动化技术、能源技术、材料技术、海洋技术。

本篇对高技术产业集群溢出效应的分析，采取 2002 年 7 月国家统计局印发的《高技术产业统计分类目录的通知》，将中国高技术产业的统计分为医药制造业、航空航天制造业、电子及通信设备制造业、电子计算机及办公设备制造业和医疗设备及仪器仪表制造业五大产业，即采用与中国统计年鉴分类一致的划分。

18.3.2 对产品内涵型技术溢出的实证分析

根据选定的数据，分别利用 Eviews6.0 统计软件进行回归分析，得到高技术产业内部五大产业之间的产品内涵型技术溢出结果如下。

1. 医药制造业（X_1）产业部门

根据之前建立的产业间产品内涵型技术溢出计量模型（其中变量 P 表示相应部门的新产品产值），这里有

$$\ln Y_1 = A_1 + \alpha_1 \cdot \ln K_1 + \alpha_2 \cdot \ln L_1 + \beta \cdot \ln P_j + \mu_1$$

$$i = 1, j = (2, 3, 4, 5)$$

从即时效应看（即当期变量对当期变量的分析），在除了医药制造业以外的四个产业中，仅有电子计算机及办公设备制造业和医疗设备及仪器仪表制造业两个产业对医药制造业具有产品内涵型技术溢出，回归的结果如图 18-5 和图 18-6 所示。

---

① 资料源自《中国统计年鉴 2010》

Dependent Variable: LnY$_1$
Included observations: 13

	Coefficient	Std. Error	t-Statistic	Prob.
C	1.295970	1.034779	1.252412	0.2420
LnK$_1$	0.338536	0.054730	6.185568	0.0002
LnL$_1$	0.263102	0.056840	4.628814	0.0517
LnP$_4$	0.077617	0.032000	2.425527	0.0384
R-squared	0.957124	Mean dependent var		4.416751
Adjusted R-squared	0.942833	S.D. dependent var		0.511648
S.E. of regression	0.122333	Akaike info criterion		−1.116473
Sum squared resid	0.134689	Prob(F-statistic)		0.000002
F-statistic	166.97002	Durbin-Watson stat		1.802105

图18-5　电子计算机及办公设备制造业对医药制造业的产品内涵型技术溢出

Dependent Variable: LNY$_1$
Included observations: 13

	Coefficient	Std. Error	t-Statistic	Prob.
C	0.920497	0.428914	2.146111	0.6781
LnK$_1$	0.278142	0.033175	8.384074	0.0000
LnL$_1$	0.168708	0.055279	3.051942	0.0957
LnP$_5$	0.088557	0.019704	4.494368	0.0163
R-squared	0.964957	Mean dependent var		4.416751
Adjusted R-squared	0.953276	S.D. dependent var		0.511648
S.E. of regression	0.110596	Sum squared resid		0.110084
F-statistic	182.60903	Durbin-Watson stat		2.195858

图18-6　医疗设备及仪器仪表制造业对医药制造业的产品内涵型技术溢出

在图 18-5 和图 18-6 中，不难看出各变量均通过显著性检验。且由 P_4 和 P_5 的系数可知，电子计算机及办公设备制造业的新产品，以及医疗设备及仪器仪表制造业的新产品对医药制药业均具有显著的产品内涵型技术溢出效应。也就是说，在我们考察的五个产业中，对医药制造业而言，具有产业间产品内涵型技术溢出效应的仅有电子计算机及办公设备制造业、医疗设备及仪器仪表制造业，其技术溢出贡献率分别为 0.077 617、0.088 557。即这两大高技术产业每增加 1% 的新产品产出，医药制造业的产出将分别增加 0.077 617%、0.088 557%。虽然估计结果是显著有效的，但数据表明，电子计算机及办公设备制造业、医疗设备及仪器仪表制造业对医药制造业的技术溢出效应就即时效应看，仍然相对较小。

就滞后效应看，则是电子及通信设备制造业和医疗设备及仪器仪表制造业具有较强的产品内涵型技术溢出，分析结果如图 18-7 和图 18-8 所示。由图 18-7 和图 18-8 不难看出，滞后效应与即时效应相比，在数量上显得都要明显得多。即两大高技术产业上年的新产品产值每增加 1%，医药制造业的产出将分别增加 0.158 282% 和 0.141 623%。这说明了一点，在不同的产业之间，滞后效应比即时效应更强。

Dependent Variable: LnY_1
Sample (adjusted): 1997 2008
Included observations: 12 after adjustments

	Coefficient	Std. Error	t-Statistic	Prob.
C	2.207171	4.750282	0.464640	0.6546
LnK_1	0.300156	0.017489	17.16288	0.0000
LnL_1	−0.037683	0.472167	−0.079808	0.9384
$LnP_{3(-1)}$	0.158282	0.054896	2.883294	0.0204
R-squared	0.979145	Mean dependent var	4.490073	
Adjusted R-squared	0.971324	S.D. dependent var	0.457537	
S.E. of regression	0.077479	F-statistic	125.2001	
Sum squared resid	0.048024	Durbin-Watson stat	2.113536	

图18-7　医疗设备及仪器仪表制造业对医药制造业溢出的滞后效应

Dependent Variable: LnY
Sample (adjusted): 1997 2008
Included observations: 12 after adjustments

	Coefficient	Std. Error	t-Statistic	Prob.
C	−2.741520	5.624809	−0.487398	0.6391
LnK_1	0.254869	0.027471	9.277816	0.0000
LnL_1	0.488421	0.529807	0.921885	0.3835
$LnP_{5(-1)}$	0.141623	0.070764	2.001341	0.0803
R-squared	0.971661	Mean dependent var	4.490073	
Adjusted R-squared	0.961034	S.D. dependent var	0.457537	
S.E. of regression	0.090317	F-statistic	91.43319	
Sum squared resid	0.065257	Durbin-Watson stat	1.966516	

图18-8　电子及通信设备制造业对医药制造业溢出的滞后效应

2. 航空航天制造业（X_2）产业部门

通过使用与上述相类似的方法，就即时效应看，对航空航天制造业具有产品内涵型技术溢出的仅有电子计算机及办公设备制造业即 X_4，其计量模型为

$$\ln Y_2 = A_2 + \alpha_1 \cdot \ln K_2 + \alpha_2 \cdot \ln L_2 + \beta \cdot \ln P_4 + \mu_2$$

模型回归结果如表18-2所列（参数下面圆括号里的数字是用于检验的 t 统计量，* 表示95%可靠性条件下显著，** 表示99%可靠性条件下显著也称极显著）。

表18-2　对航空航天制造业存在产品内涵型技术溢出模型估计结果

产业	估计系数							
	α_1	α_2	β	A_2	R^2	$\overline{R^2}$	F	D.W.
电子计算机及办公设备制造业 X_4	1.52 (6.5)**	−0.72 (−1.33)	0.074 (2.47)**	6.44 (0.92)	0.974	0.965	110.3	2.185

由表18-2不难看出，电子计算机及办公设备制造业对航空航天制造业的技术溢出贡献率为0.074，即电子计算机及办公设备制造业每增加1%的新产品产值，航空航天制造业的产出将增加0.074%。这说明电子计算机及办公设备制造业对航空航天制造业的产品内涵型技术溢出效果比较显著。

就滞后效应看，对航空航天制造业具有比较显著（可靠性不低于80%）或极显著产品内涵型技术溢出的有电子及通信设备制造业（X_3）和电子计算机及办公设备制造业即 X_4，回归结果如表18-3所示。不难看出，滞后效应仍然比即时效应要大些。

表18-3　对航空航天制造业存在滞后产品内涵型技术溢出效应的产业

产业	估计系数							
	α_1	α_2	β	A_2	R^2	$\overline{R^2}$	F	D.W.
电子及通信设备制造业 $X_{3,\,(t-1)}$	1.1 (3.45)**	−2.11 (−5.5)**	0.154 (1.51)	22.75 (4.6)**	0.96	0.945	64.4	2.05
电子计算机及办公设备制造业 $X_{4,\,(t-1)}$	1.465 (8.38)**	−0.401 (−1.01)	0.089 (4.21)**	2.99 (0.58)	0.984	0.978	165.2	2.73

3. 电子及通信设备制造业（X_3）产业部门

就即时效应看，对电子及通信设备制造业具有产品内涵型技术溢出的也是电子计算机及办公设备制造业即 X_4，其计量模型为

$$\ln Y_3 = A_3 + \alpha_1 \cdot \ln K_3 + \alpha_2 \cdot \ln L_3 + \beta \cdot \ln P_4 + \mu_3$$

模型的回归结果如表18-4所列。回归结果显示，对电子及通信设备制造业具有产业间产品内涵型技术溢出效应的高技术产业仅有电子计算机及办公设备制造业，其技术溢出贡献率为0.108，即电子计算机及办公设备制造业每增加1%的新产品产值，电子及通信设备制造业的产出将增加0.108%。对应的回归系数数值说明，电子计算机及办公设备制造业与电子及通信设备制造业的关系比较紧密，产品内涵型技术溢出效应显著。

表18-4　对电子及通信设备制造业存在即时产品内涵型技术溢出的产业

产业	估计系数							
	α_1	α_2	β	A_3	R^2	$\overline{R}^2$	F	D.W.
电子计算机及办公设备制造业X_4	0.529 （4.439）**	0.394 （3.781）**	0.108 （2.86）**	3.504 （5.395）**	0.906	0.895	191.84	1.928

就滞后效应看，对电子及通信设备制造业具有滞后产品内涵型技术溢出的是医疗设备及仪器仪表制造业 X_5，回归结果如表 18-5 所示。容易看出，滞后效应也比即时效应要强些。

表18-5　对电子及通信设备制造业存在滞后产品内涵型技术溢出的产业

产业	估计系数							
	α_1	α_2	β	A_3	R^2	$\overline{R}^2$	F	D.W.
医疗设备及仪器仪表制造业$X_{5,\ (t-1)}$	0.637 （2.06）*	0.29 （0.86）	0.149 （2.12）*	-2.42 （-0.53）	0.734	0.634	7.355	1.95

4. 电子计算机及办公设备制造业（X_4）产业部门

从即时效应看，对电子计算机及办公设备制造业之间具有产品内涵型技术溢出的也是电子及通信设备制造业即 X_3，其计量模型为

$$\ln Y_4 = A_4 + \alpha_1 \cdot \ln K_4 + \alpha_2 \cdot \ln L_4 + \beta \cdot \ln P_3 + \mu_4$$

模型回归结果如表 18-6 所示。

表18-6　对电子计算机及办公设备制造业存在产品内涵型技术溢出模型估计结果

产业	估计系数							
	α_1	α_2	β	A_4	R^2	$\overline{R}^2$	F	D.W.
电子及通信设备制造业X_3	0.240 （1.739）*	1.059 （7.781）**	0.306 （2.334）**	0.504 （0.395）	0.951	0.946	171.64	2.106

表 18-6 中的回归结果显示，对电子计算机及办公设备制造业产生产业间产

品内涵型技术溢出效应的高技术产业仅有电子及通信设备制造业，其技术溢出贡献率为0.306。即电子及通信设备制造业每增加1%的新产品产值，电子计算机及办公设备制造业的产出将增加0.306%。对应的回归系数数值说明，电子及通信设备制造业与电子计算机及办公设备制造业之间产品内涵型技术溢出效应显著。

从滞后效应看，对电子计算机及办公设备制造业具有滞后产品内涵型技术溢出效应的是医疗设备及仪器仪表制造业X_5，回归结果如表18-7所示。不难看出滞后效应远比即时效应要强得多，达到1.254%。

表18-7 对电子计算机及办公设备制造业具有滞后产品内涵型技术溢出的产业

产业	估计系数							
	α_1	α_2	β	A_4	R^2	$\overline{R}^2$	F	D.W.
医疗设备及仪器仪表制造业$X_{5\,(t-1)}$	−1.94 （−2.54）*	0.84 （3.94）**	1.254 （2.88）*	−16.9 （−3.59）**	0.915	0.883	28.6	1.705

5. 医疗设备及仪器仪表制造业（X_5）产业部门

从即时效应看，对医疗设备及仪器仪表制造业具有即时产品内涵型技术溢出的是电子计算机及办公设备制造业即X_4，其计量模型为

$$\ln Y_5 = A_5 + \alpha_1 \cdot \ln K_5 + \alpha_2 \cdot \ln L_5 + \beta \cdot \ln P_4 + \mu_5$$

模型回归结果如表18-8所示。回归结果显示，电子计算机及办公设备制造业对医疗设备及仪器仪表制造业的贡献率表现为0.063，即电子计算机及办公设备制造业每增加1%的产品内涵型技术投入，医疗设备及仪器仪表制造业的产出将增加0.063%，技术溢出效果较弱。

表18-8 对医疗设备及仪器仪表制造业存在产品内涵型技术溢出模型估计结果

产业	估计系数							
	α_1	α_2	β	A_5	R^2	$\overline{R}^2$	F	D.W.
电子计算机及办公设备制造业X_4	0.218 （4.07）**	0.803 （9.71）**	0.063 （2.64）**	2.609 （4.35）**	0.94	0.93	134.06	1.97

从滞后效应看，对医疗设备及仪器仪表制造业具有滞后产品内涵型技术溢出效应的是航空航天制造业（X_2）和电子计算机及办公设备制造业（X_4），回归结果如表18-9所示。不难看出滞后效应仍然比即时效应要强很多。

表18-9　对医疗设备及仪器仪表制造业具有滞后产品内涵型技术溢出的产业

产业	估计系数							
	α_1	α_2	β	A_5	R^2	$\overline{R}^2$	F	D.W.
航空航天制造业$X_{2,(t-1)}$	−0.342 （−0.764）	0.274 （1.041）	0.778 （3.8）**	−8.63 （−2.29）*	0.902	0.866	24.6	2.07
电子计算机及办公设备制造业$X_{4,(t-1)}$	0.95 （4.2）**	0.68 （1.94）	0.137 （3.49）**	−7.04 （−1.85）	0.888	0.846	21.13	1.767

由以上可以看出，就即时产品内涵型技术溢出效应来看，电子计算机及办公设备制造业 X_4 的产品内涵型技术溢出最强，该产业对这里考察的其余四个产业均有溢出，其次是电子及通信设备制造业 X_3，该产业仅对电子计算机及办公设备制造业 X_4 有明显溢出。其余的产业均不具有明显的产品内涵型技术溢出。由此可以看出，首先，电子计算机及办公设备制造业和电子及通信设备制造业是当之无愧的主导型的高新技术产业；其次，电子计算机及办公设备制造业 X_4 与电子及通信设备制造业 X_3 之间的产品内涵型技术溢出实际上是双向的或相互的，或者说主导型的高新技术产业通常都是相互关联和相互依存的。

就滞后产品内涵型技术溢出效应看，首先医疗设备及仪器仪表制造业 X_5 的滞后产品内涵型技术溢出最强，该产业对其余的四个产业中的三个产业具有滞后产品内涵型技术溢出。这种情况可能与医疗设备所具有的促进居民或劳动力的身体健康作用有关，或者与仪器仪表制造业对相关产业的促进作用密切相关。其次，仍然是电子计算机及办公设备制造业和电子及通信设备制造业，这两个产业分别对其余的四个产业中的两个产业具有滞后产品内涵型技术溢出。滞后产品内涵型技术溢出最差的是医药制造业 X_1（完全没有溢出）和航空航天器制造业 X_2（仅对一个产业有溢出），这种情况主要是因为这两个产业的专业性太强、产品通用性差造成的。

18.3.3 资本内涵型技术溢出的实证分析

1. 对于医药制造业（X_1）

根据之前的推导，产业间资本内涵型技术溢出模型为

$$\ln Y_1 = A_1 + \alpha_1 \cdot \ln K_1 + \alpha_2 \cdot \ln L_1 + \beta \cdot \ln K_{j,\,t-1} + \mu_1$$

$$(j = 2, 3, 4, 5)$$

模型回归结果如表 18-10 所示。

表18-10　对于医药制造业具有资本内涵型技术溢出的产业

产业	估计系数							
	α_1	α_2	β	A_1	R^2	$\overline{R^2}$	F	D.W.
航空航天制造业$X_{2,\,(t-1)}$	0.242 （15.2）**	0.471 （1.47）	0.637 （4.94）**	-3.50 （-1.03）	0.9895	0.986	251.5	2.54
电子计算机及办公设备制造业$X_{4,\,(t-1)}$	0.208 （9.07）**	0.652 （1.86）	0.361 （4.47）**	-2.95 （-0.81）	0.988	0.983	216.7	2.285
医疗设备及仪器仪表制造业$X_{5,\,(t-1)}$	0.263 （14.02）**	0.301 （0.701）	0.3002 （3.16）*	-0.059 （-0.013）	0.981	0.974	138.5	2.06

表 18-15 的回归结果显示，对于医药制造业具有资本内涵型技术溢出的产业有航空航天制造业、电子计算机及办公设备制造业和医疗设备及仪器仪表制造业，其技术溢出贡献率分别为：0.637、0.361、0.3002，即这些不同部门上年的资本投入每增加 1%，医药制造业的产出将分别增加 0.637%、0.361% 和0.3002%。与医药制造业本部门当年的资本投入相比，这些部门上年的资本投入对医药制造业的贡献率都比本部门当年的资本投入要大，这说明，在产业发展过程中，产业间的相互依存和相互促进比本部门投入的增加更重要。这就在一定程度上说明了区域经济发展过程中所强调的需求的不可分性。

2. 对于航空航天制造业（X_2）

产业间资本内涵型技术溢出模型为

$$\ln Y_2 = A_2 + \alpha_1 \cdot \ln K_2 + \alpha_2 \cdot \ln L_2 + \beta \cdot \ln K_{j,\,t-1} + \mu_2$$

$$(j = 1, 3, 4, 5)$$

模型回归结果如表 18-11 所示。

表18-11　对于航空航天制造业具有资本内涵型技术溢出的产业

产业	估计系数							
	α_1	α_2	β	A_2	R^2	$\overline{R^2}$	F	D.W.
医药制造业$X_{1,\,(t-1)}$	0.505 （1.524）	0.640 （0.790）	0.356 （3.244）*	-5.453 （-0.621）	0.978	0.970	118.21	1.639
电子及通信设备制造业$X_{3,\,(t-1)}$	1.207 （4.399）**	-1.549 （-4.211）**	0.940 （1.787）	14.00 （2.387）*	0.963	0.950	70.375	1.556
电子计算机及办公设备制造业$X_{4,\,(t-1)}$	-0.985 （-0.964）	-1.499 （-4.505）**	1.315 （2.351）*	25.317 （5.532）**	0.970	0.958	85.622	1.918

根据回归结果，对于航空航天制造业来说，具有资本内涵型技术溢出的产业有医药制造业（X_1）、电子及通信设备制造业（X_3）和电子计算机及办公设备

制造业（X_4），其技术溢出贡献率分别为：0.356、0.940 和 1.315，即这些不同部门上年的资本投入每增加 1%，航空航天制造业的产出将分别增加 0.356%、0.94% 和 1.315%。与航空航天制造业本部门当年的资本投入（即系数 α_1）相比，除了电子计算机及办公设备制造业上年的资本投入对航空航天制造业的贡献率大于当年的资本投入以外，其余两个产业当年的资本投入的贡献率都比上年相关产业的资本贡献率要大，这是符合客观经济规律的，因为本部门资本投入的直接作用应该比其他部门资本投入的间接作用要强。

3. 对于电子及通信设备制造业（X_3）

产业间资本内涵型技术溢出模型为

$$\ln Y_3 = A_3 + \alpha_1 \cdot \ln K_3 + \alpha_2 \cdot \ln L_3 + \beta \cdot \ln K_{j,\ t\text{-}1} + \mu_3$$

$$(j = 1, 2, 4, 5)$$

模型回归结果如表 18-12 所示。

根据模型回归结果，对于电子及通信设备制造业来说，具有资本内涵型技术溢出的产业有航空航天制造业、电子计算机及办公设备制造业和医疗设备及仪器仪表制造业，其技术溢出贡献率分别为 0.784、0.313、0.526，即这些不同部门上年的资本投入每增加 1%，电子及通信设备制造业的产出将分别增加 0.784%、0.313% 和 0.526%。与电子及通信设备制造业本部门当年的资本投入相比，这三个产业部门上年的资本投入对电子及通信设备制造业的贡献率均大于当年本部门资本投入（当年本部门资本投入在与 X_2 和 X_4 配合时其贡献率均为负值且不显著）的贡献率，这又一次说明了在产业发展过程中，产业间的相互依存和相互促进比本部门投入的增加更重要，同时也进一步说明了区域经济发展过程中所强调的需求的不可分性。

表18-12　对于电子及通信设备制造业具有资本内涵型技术溢出的产业

产业	估计系数							
	α_1	α_2	β	A_3	R^2	$\overline{R}^2$	F	D.W.
航空航天制造业 $X_{2,\ (t\text{-}1)}$	−0.047 （−0.1125）	−0.2727 （−0.805）	0.784 （2.905）*	5.052 （1.119）	0.798	0.722	10.5	1.674
电子计算机及办公设备制造业$X_{4,\ (t\text{-}1)}$	0.167 （0.467）	0.04 （0.1336）	0.313 （2.904）*	3.691 （0.857）*	0.798	0.722	10.51	1.475
医疗设备及仪器仪表制造业$X_{5,\ (t\text{-}1)}$	−0.134 （−0.463）	−0.504 （−1.89）	0.526 （4.684）**	9.703 （2.584）*	0.889	0.847	21.3	2.32

4. 对于电子计算机及办公设备制造业（X_4）

产业间资本内涵型技术溢出模型为

$$\ln Y_4 = A_4 + \alpha_{41} \cdot \ln K_4 + \alpha_{42} \cdot \ln L_4 + \alpha_{43} \cdot \ln K_{j,t-1} + \mu_4$$

$$(j = 1, 2, 3, 5)$$

模型回归结果如表 18-13 所示。

表18-13　对电子计算机及办公设备制造业具有资本内涵型技术溢出的产业

产业	估计系数							
	α_1	α_2	β	A_4	R^2	$\overline{R^2}$	F	D.W.
医药制造业 $X_{1,(t-1)}$	−2.706 （−1.947）	0.794 （3.039）*	0.547 （1.678）	−4.465 （−2.429）*	0.871	0.823	18.064	1.398

表 18-13 回归结果显示，对电子计算机及办公设备制造业具有比较显著的资本内涵型技术溢出效应的，是医药制造业，其技术溢出贡献率为 0.547，即医药制造业上年的资本投入每增加 1%，电子计算机及办公设备制造业当年的产值会增加 0.547%。与电子计算机及办公设备制造业当年的资本投入相比，本产业部门的资本投入是负的贡献率，而医药制造业上年的资本投入对电子计算机及办公设备制造业却是正的贡献率，且数值较高，这充分说明，在产业发展过程中，产业间的相互依存和相互促进比本部门投入的增加更重要，以及区域经济发展过程中所强调的需求的不可分性是具有一定真理性的。

5. 对于医疗设备及仪器仪表制造业（X_5）

产业间资本内涵型技术溢出模型为

$$\ln Y_5 = A_5 + \alpha_{51} \cdot \ln K_5 + \alpha_{52} \cdot \ln L_5 + \alpha_{53} \cdot \ln K_{j,t-1} + \mu_5$$

$$(j = 1, 2, 3, 4)$$

模型回归结果如表 18-14 所示。

表18-14　对医疗设备及仪器仪表制造业具有资本内涵型技术溢出的产业

产业	估计系数							
	α_1	α_2	β	A_4	R^2	$\overline{R^2}$	F	D.W.
医药制造业 $X_{1,(t-1)}$	0.349 （1.703）	0.697 （3.092）*	0.350 （5.977）**	−5.515 （−2.409）*	0.948	0.929	48.813	2.321
电子计算机及办公设备制造业 $X_{4,(t-1)}$	−0.501 （−0.522）	0.279 （0.678）	1.723 （1.880）	1.059 （0.279）	0.804	0.730	10.916	0.965

表 18-14 的回归结果显示，对医疗设备及仪器仪表制造业具有资本内涵型技术溢出的产业是医药制造业和电子计算机及办公设备制造业，其技术溢出贡献率分别为：0.35 和 1.723，即这两个产业部门上年的资本投入每增加 1%，医疗设备及仪器仪表制造业产值将分别增加 0.35% 和 1.723%。与医疗设备及仪器仪表制造业本产业部门当年的资本投入相比，医药制造业上年的资本投入与医疗设备及仪器仪表制造业本产业部门当年的资本投入的贡献率基本相当。而电子计算机及办公设备制造业与医疗设备及仪器仪表制造业本产业部门当年的资本投入的贡献率相比，则明显要大得多，贡献率不仅由负变正了，而且显著地大于 1。这说明，医疗设备及仪器仪表制造业与电子计算机及办公设备制造业高度相关的关联产业，具有密切的相互依存相互促进和相互制约作用。

纵观产业间的资本内涵型技术溢出，就所考察的西安市高新区五个不同产业而言，不难看出，产业间的相互影响是客观存在不可避免的事实，一些产业强些，如航空航天制造业、电子计算机及办公设备制造业、医疗设备及仪器仪表制造业对于医药制造业，电子计算机及办公设备制造业对于航空航天制造业，航空航天制造业、电子计算机及办公设备制造业、医疗设备及仪器仪表制造业对于电子及通信设备制造业，医药制造业对于电子计算机及办公设备制造业，电子计算机及办公设备制造业对于医疗设备及仪器仪表制造业；这些产业上年的资本投入对于相关行业的贡献率，都大于本产业当年的资本投入贡献率。而一些产业则弱些，如医药制造业、电子及通信设备制造业对于航空航天制造业等，这些产业上年的资本投入对于相关行业的贡献率，则都小于本产业当年的资本投入贡献率。

第19章 结论、建议及展望

19.1 研究结论

对西安高新区高技术产业集群的技术溢出效应，本篇通过定性分析与实证研究，得到如下几点结论。

第一，产业间技术溢出是产业集群条件下技术扩散的一种特定形式，它直接关系到产业集群经济的发展与产业竞争力的提升，对推动产业技术进步发挥着重要作用。基于产业间的技术溢出特征，这种溢出可以分为产品内涵型技术溢出和资本内涵型技术溢出。就产品内涵型技术溢出来看，又可以分为即时效应和滞后效应两种。即时效应是不同产业当期新产品产值对某产业当期全部产品产值的分析；滞后效应是不同产业上期新产品产值对某产业当期全部产品产值的分析。

第二，就即时产品内涵型技术溢出效应来看，电子计算机及办公设备制造业 X_4 的产品内涵型技术溢出最强，该产业对这里考察的其余四个产业均有溢出，其次是电子及通信设备制造业 X_3，该产业仅对电子计算机及办公设备制造业 X_4 有明显溢出。其余的产业均不具有明显的产品内涵型技术溢出。由此可以看出，首先，电子计算机及办公设备制造业和电子及通信设备制造业是当之无愧的主导型的高新技术产业；其次，电子计算机及办公设备制造业 X_4 与电子及通信设备制造业 X_3 之间的产品内涵型技术溢出实际上是双向的或相互的，或者说主导型的高新技术产业通常都是相互关联和相互依存的。

第三，就滞后产品内涵型技术溢出效应看，首先医疗设备及仪器仪表制造业 X_5 的滞后产品内涵型技术溢出最强，该产业对其余的四个产业中的三个产业具有滞后产品内涵型技术溢出。这种情况可能与医疗设备所具有的促进居民或劳动力的身体健康的作用有关，或者与仪器仪表制造业对相关产业的促进作用密切相关。其次，仍然是电子计算机及办公设备制造业和电子及通信设备制造业，这两个产业分别对其余的四个产业中的两个产业具有滞后产品内涵型技术溢出。滞后产品内涵型技术溢出最差的是医药制造业 X_1（完全没有溢出）和航空航天器制造业 X_2（仅对一个产业有溢出），这种情况主要是因为这两个产业的专业性太强、产品通用性差造成的。

第四，就产业间的资本内涵型技术溢出看，在所考察的西安市高新区五个不同产业中，产业间的相互影响是客观存在不可避免的事实，一些产业表现强些，如航空航天制造业、电子计算机及办公设备制造业、医疗设备及仪器仪表制造业对于医药制造业，电子计算机及办公设备制造业对于航空航天制造业，航空航天制造业、电子计算机及办公设备制造业、医疗设备及仪器仪表制造业对于电子及通信设备制造业，医药制造业对于电子计算机及办公设备制造业，电子计算机及办公设备制造业对于医疗设备及仪器仪表制造业；这些产业上年的资本投入对于相关行业的贡献率，都大于本产业当年的资本投入贡献率。而一些产业则表现弱些，如医药制造业、电子及通信设备制造业对于航空航天制造业等，这些产业上年的资本投入对于相关行业的贡献率，则都小于本产业当年的资本投入贡献率。

第五，一般地看，在考察的五大产业中，电子及通信设备制造业、电子计算机及办公设备制造业表现比较活跃，分别对其他高技术产业存在较强的产品内涵型及资本内涵型的技术溢出效应。这主要是由于这两个产业属于通用技术、具有较高的产业关联性和渗透性，具有广阔的市场需求；而医药、医疗和航空航天行业基本属于特定技术，应用范围较窄、渗透性较低、市场需求不够强劲、技术密集度不高。

第六，西安高技术产业近年来发展迅速，主要得益于低劳动力成本与外资的持续增长。其国际竞争力的不断提高正是由于发挥了在劳动力密集型产品生产上低人工成本的比较优势，也在很大程度上当归结为外商直接投资（FDI）对高技术产业技术扩散的影响。外资企业拥有其在全球市场上赖以生存的高端科技，进入中国市场后，技术扩散现象会对我国本土高技术产业带来强烈冲击。西安高新区部分高技术产业缺乏自主创新的能力，只是引进外国技术进行自我加工，或只对相对先进的技术进行模仿。在一定程度上，外资企业的涌入促使许多内资企业意识到技术差距，而当无法用研发弥补这个差距时，大多数厂商都会选择外包，从而彻底丧失了技术领先权。外资企业的涌入，从更广层面上带来了它们的理念。在高技术产业领域，外资企业给人才提供优厚的待遇与良好的条件，直接导致优秀人才聚集到外资企业，从而引导了人才的流动。因此外资企业带来的技术溢出不仅大量抢占了中国内资企业的商品市场，同时也在抢占人才市场。

总之，西安高新区高技术产业集群内部五大产业之间是存在着一定的技术溢出效应，这是肯定的。这说明这些高技术产业在当地区域经济发展过程中，技术溢出机制起到了一定的作用，因此如何有效地利用技术在产业间的溢出促进区域经济发展，就是需要进一步探讨的一个重要问题。肯定地讲，充分利用技术溢出，合理利用各种技术"外部性"，无疑将大大节约经济资源，最大限度发挥溢出功效，加大研发投入力度，缩小经济差距。因此，加强政府支持、搞好技术创新和人才建设、加快产业升级，都将在一定程度上促进西安市高新区产业集群经济的发展。

19.2 政策建议

根据上述的实证分析，结合西安市高新区高技术产业集群的发展，利用技术溢出促进区域经济发展必须从以下几方面做好工作。

1. 充分合理利用外部技术溢出，提升自身产业技术吸收能力

国际经验表明，高技术产业必须有巨额的研发投入支撑，否则便难以形成企业核心竞争力。西安市高新区高技术产业研发经费投入目前远远低于国际水平，虽然本篇侧重点在于高技术产业集群内部五大产业间的技术溢出，但面对高新区所处的现状，应该注意到仅仅将视野停留在单纯的集群内部技术溢出上，而不是积极开发、利用现有的技术、合理地推进技术进步，最大化地发挥技术扩散及其外部性作用，不但会造成经济资源的大量浪费，同时对于内外部市场的占有也将受到多方面威胁。

因此在产业经济的发展中，西安高新区各产业都必须特别注重加强和提升自身产业经济发展能力，增强技术溢出能力和技术吸收能力，从而实现不同产业的双赢。特别是在加入世界贸易组织后面临着激烈的国际竞争的条件下，更应在知识产权许可前提下，充分合理地利用各种技术溢出效应，加快整个高技术产业的集聚，提高自身吸收能力，加快自身发展，促进高技术产业的持续增

长，提高其综合竞争实力。

2. 开展高校与高技术产业互动，加大对高校、科研单位研发的产业化引导力度

西安高新区高技术产业能否处于领先地位，在一定程度上取决于人力资本结构的状况。高校是高技术产生的摇篮，在发展高科技和推动高技术产业化方面，高校有其独特优势。高校应重新定位与科研机构的关系，重视科研成果的交流、合作，并打破高校与高校之间及高校内部的学科壁垒。通过跨学科的交流与合作实现学术资源的共享，把高校作为企业发展的"助推器"，真正实现教育与社会需要、经济发展、科技创新扩散的和谐统一，做到产学研滚动发展。

同时，要利用攻关计划、自然基金资助计划、星火计划、火炬计划等宏观调控手段，促进科技研发面向市场，提高科技成果转化率和利用率。大学和科研院所是企业创新体系的重要组成部分，要在加强战略高技术研究和基础性科学研究的同时，转变工作思路，注重成果转化，推动科研院所和大专院校的科技力量进入企业，促进科研成果向现实生产力的转化，形成具有自主知识产权的技术和产品，增加技术储备。要积极开展关键技术和适用技术的合作开发，为企业开展技术创新提供坚实的科学和技术支撑。

3. 推进实施人才高地战略

所谓人才高地战略就是要给予人才与众不同的待遇，从而吸引人才向需要的区域集中，以构筑一个能够适应现代科技发展的人才高地。西安是一个有突出特色的人才培养基地，目前高校有在校生80多万人。但是高新区的快速发展，还需要很多的高端人才，而这些人才西安还十分缺乏，国内的高端人才主要集中在沿海经济发达地区。所以根据产业化的进程和进一步推进技术创新的需求，还需要在全国范围内和世界范围内引进高端人才。西安高新区要进一步做大做强，特别是要进行产业集群的建设、整合，没有高端人才的引领就无法实现这样的目标。要通过这样的人才引领和对人才资源的整合，对进入集群的大型企业提供人才支持。要高度重视人才引进工作，开辟"绿色通道"，积极吸引各类创新人才包括海外留学人员来西安高新区企业工作，为西安地方经济发展服务。要进一步完善人才激励机制，更好地落实和完善技术要素参与分配的政策，加大科技奖励力度，充分调动创新人才和科技人员的积极性和创造性，推动科技创新不断涌现新成果。

4. 转变政府职能，建立分工协作的产业网络体系强化技术创新

西安高新区产业集群的发展不是以产业集群的自主机制和高新产业的内在关联性而形成，而是通过政府以税收、土地等优惠政策来吸引企业入住而形成的企业空间集聚。区内企业的成长主要得力于政府提供的税收减免、人才引进、资金扶持等优惠政策及帮助。因此，政府对于企业之间形成专业化分工与合作的网络具有重要的引导作用。国内外的实践已经证明，高技术产业园区是推进高技术产业化的主要途径之一，同时也是促进产业集群的技术溢出效应产生的有效方式。虽然西安高新区产业群已经形成一定的公共服务机构，但是其功能还远没有得到充分发挥。大学、科研单位、创业中心、行业协会、中介服务机构等在园区发展中虽然发挥了一定作用，但是由于其规模小、数量少，彼此独立行事，没有形成相互分工协作关系，服务体系的整体效益低，从而减弱了产业集群的技术溢出效应。这是西安高新区政府在未来发展中值得重视的问题，政府必须要引导高技术产业的技术溢出效应朝着促进市场经济的方向发展。

因此，政府必须实施积极培育战略，加快形成特色产业集群。要以科学的发展观为指导，按照新兴化、工业化发展的原则，科学地选择发展方向，充分地利用可行的手段与措施围绕产业链大力推动横向和纵向的聚集，逐步形成以产业结构为主体的新构架。政府要在产业集群发展方面有所作为，必须从以下四方面努力做好工作。

第一，要找准产业定位，这点是企业无法做到的，也是市场无法做到的。发展产业集群要以发展特色主导产业为突破口，要聚合各种生产要素进行重点培育，其中要利用龙头企业带动相关行业的发展。西安市 2008 年出台了一个龙头企业培育计划，到 2010 年前要培育 5 个过百亿的企业，100 个过 50 亿元的企业。2009 年又提出了到 2020 年培育 10 个过百亿的企业，其中有 5 个是在西安高新区。因此任务很重，无论是从地方的经济发展来看，还是从国家的高新技术发展来看，都要做好高新区产业发展规划。要避免以堆带群，促进产业集群健康发展，要抓住一些机遇，力争成为在全国有一定影响的产业集群。要以龙头企业为依托，全力扶持和培育有特色的龙头企业，使之成为集群的主体。通过龙头企业带动相关的企业聚集和配套，实现上下游企业的关联和产业链的延伸。

第二，要搞好产业间的链接，拉长区域产业链，建立分工协作的产业网络体系，从而降低生产和经营成本，以提高企业的核心竞争力。这方面需要做的

工作很多，要根据产业之间的相互联系，建立上下游相互补充相互促进的产业协作体系。产业布局要坚持分工协作，建立产业协同创新中心，形成企业集群网络式项目开发，努力建立大中小企业紧密结合，专业分工与协作完善的集群网络体系。

第三，要建立以产业集群为重要载体的科技创新体系，建立以龙头企业为核心的产业协同创新中心。西安高新区是一个创业、创新型的科技园区，到目前为止，产业85%是由本地科技人员和企业所支撑的，都是通过创新成果的产业化，使企业由小到大成长起来的。所以尽管现在总是强调要招商引资，但是资助创新仍然是西安高新区发展的原动力。所以必须围绕中小企业的成长，为创新建立平台，支持企业的发展。要用市场化的方式进一步加大企业创新，进行科技与企业资本的有效结合，加速西安高新区的成果转化。

第四，要加强政府职能和作用的转变。利用政府的宏观调控职能，制定切实科学的产业政策法规，创造良好的产业发展环境。二次创业之后，政府职已经能由过去的只是提供优惠的招商引资政策，转到了产业环境的建设上。当然产业环境建设也需要政策的支撑，这个支撑就是如何培育企业使之做大做强，这仍然需要政府在企业发展过程中根据创新的能力、水平、成长速度给予支持。特别是围绕产业集群出台一些政策，以便于优化产业发展环境，实现二次创业之后的重大转变和突破。

5. 建设有利于促进高新区产业集群发展的区域文化

一个科技园区的文化对于一个科技园区的发展至关重要。围绕着科技园区文化的建设，也专门有一些团队在研究，高新区和西安交大、西北大学都有多方面的合作关系，特别是在经济和产业发展方面，每年都会提出一些很好的研究课题，涌现很好的研究成果。在区域文化建设方面有很多需要研究的项目，而且项目的成果要及时地在高新园区加以应用。所以要推动园区内的企业建立广泛的横向联系，以促进相互间联系和交流，在企业内部创造良好的文化氛围，充分激发每一个管理者和员工的创新能力。

19.3　研究展望

本篇虽然取得了一些成果，但是受主观和客观两方面的限制，研究不可避免地尚存在着一些不足之处。在对于产业集群技术溢出效应的进一步研究中，我们认为，以下两方面的建议是值得考虑的。

首先，对于产业集群的技术溢出效应的研究尚属一个崭新的领域，目前学术界对于本领域的实证研究较少。在今后的研究中，运用恰当的经济计量学模型通过对不同产业的溢出效应的对比分析来展开研究应该说是一个可取的途径。

其次，本篇的实证分析部分主要是从宏观或产业层面上分析了不同产业部门间的技术溢出效应，受到西安市高新区数据的限制，部分变量的观测数据无法收集。如果能有效获得这些数据，对原有的技术溢出效应测度模型在变量纳入和数据选取上做进一步修正，以更加符合当地实际，结论可能会有所不同。比如，如果能获得影响产业集群技术溢出效应的区域性因素变量（如产业结构、经济发展水平等），则结论一定会更有说服力。因此，未来的研究可以考虑从这一角度展开更深入的分析。

参考文献

第一篇 技术溢出与区域经济

安虎森. 2004. 区域经济学通论. 北京：经济科学出版社.

安虎森. 2005. 空间经济学原理. 北京：经济科学出版社.

保罗·克鲁格曼，茅瑞斯·奥伯斯法尔德. 2002. 国际经济学. 北京：中国人民大学出版社.

布朗·约翰，杜吉德·保罗. 2002. 地区之谜：硅谷的知识能动性 // 李锺文等. 硅谷优势——创新与创业精神的栖息地. 北京：人民出版社.

曹广喜. 2009. FDI 对中国区域创新能力溢出效应的实证研究——基于动态面板数据模型. 经济地理, 29（6）：894-899.

陈斌，袁怀中. 2000. 江苏外商直接投资外溢效应的实证研究. 江苏统计, （9）：23-25.

陈涛涛. 2003. 影响中国外商直接投资溢出效应的行业特征. 中国社会科学, （4）：27-30, 33-44.

陈文. 2004. 外国直接投资促进中国高新技术产品出口作用探析. 湖南大学硕士学位论文.

陈秀山，张可云. 2003. 区域经济理论. 北京：商务印书馆.

段成荣. 2000. 影响我国省际人口迁移的个人特征分析. 人口研究, （2）：14-22.

范小虎，陈很荣，仰书纲. 2000. 技术转移及其相关概念的涵义辨析. 科技管理研究, （6）：44-46.

符浩勇. 2001. 加入 WTO 对我国金融业的影响及对策. 华南金融电脑, （1）：8-11.

耿莉萍，陈念平. 2006. 经济地理学. 北京：机械工业出版社.

郝寿义. 2007. 区域经济学原理. 上海：上海人民出版社，格致出版社.

何洁. 2000. 外国直接投资对中国工业部门外溢效应的进一步精确化. 世界经济, （12）：29-36.

何洁，许罗丹. 1999. 中国工业部门引进外国直接投资溢出效应的实证研究. 世界经济文汇, （2）：16-21.

克鲁格曼. 2000. 发展、地理学和经济理论. 蔡荣译. 北京：北京大学出版社，中国人民大学出版社.

克鲁格曼. 2005. "新经济地理学"在哪里 // 克拉克 G L，费尔德曼 M P，格特勒 M S. 牛津经济地理学手册. 北京：商务印书馆：49-50.

李平. 1999. 技术扩散中的溢出效应分析. 南开学报, （2）：28-33.

李松龄，生延超. 2007. 技术差距、技术溢出与后发地区技术收敛. 河北经贸大学学报, （4）：5-10.

刘贝，徐勇. 2007. FDI 对广东省国有工业企业技术溢出效应的实证分析——基于宏观数据的联立方程模型分析. 现代管理科学, （1）：15-17.

孟亮，宣国良. 2005. 不同来源 FDI 在华技术溢出效应实证研究. 科研管理, （5）：18-22.

潘文卿. 2003. 外商投资对中国工业部门的外溢效应：基于面板数据的分析. 世界经济, （6）：3-8.

潘文卿，李子奈. 2008. 三大增长极对中国内陆地区经济的外溢性影响研究. 经济研究, （6）：85-94.

彭文斌. 2008. 资本流动对区域经济差距的影响研究. 复旦大学博士学位论文.

秦晓钟，胡志宝. 1998. 外商对华直接投资技术外溢效应的实证分析. 江苏经济探讨, （4）：47-49.

沈坤荣，耿强. 2001. 外国直接投资、技术外溢与内生经济增长. 中国社会科学, （5）：82-102.

沈坤荣，胡凡．1999．外商投资、技术进步与经济增长——以南京市为例的实证分析．南京社会科学，增刊：70-77．

王海云，史本山．2007．我国 FDI 技术溢出效应的实证分析．现代管理科学，（4）：27-28．

王志鹏，李子奈．2003．外资对中国工业企业生产效率的影响研究．管理世界，（4）：17-25．

魏后凯．2002．外商直接投资对中国区域经济的影响．经济研究，（4）：19-21．

吴德进．2003．福建省外商工业直接投资溢出效应分析．福建论坛（社科教育版），（1）：22-24．

吴林海，陈继海．2003．集聚效应、外商直接投资与经济增长．管理世界，（8）：136-137．

熊义杰．2004．经济计量学教程．北京：国防工业出版社．

姚洋．1998．非国有经济成分对我国工业企业技术效率的影响．经济研究，（12）：29-35．

姚洋，章奇．2001．中国工业企业技术效率分析．经济研究，（10）：13-19．

游家兴．2003．如何正确运用因子分析法进行综合评价．统计教育，（5）：10-11．

张敦富．1999．区域经济学原理．北京：中国轻工业出版社．

张盛林，吴海鹰．2005．外商直接投资对西部地区经济增长影响的实证分析．宁夏社会科学，（1）：42-46．

张卫华，赵铭军．2005．指标无量纲化方法对综合评价结果可靠性的影响及其实证分析．统计与信息论坛，20（3）：33-36．

张玉明，李凯，聂艳华．2008．技术溢出、企业集聚与区域经济增长．东北大学学报（社会科学版），10（1）：26-31．

郑秀君．2006．我国外商直接投资（FDI）技术溢出效应实证研究述评：1994~2005．数量经济技术经济研究，23（9）：58-68．

周研．2002．对外商直接投资外溢效应的实证研究．经济问题探索，（6）：60-62．

朱长存，王俊祥，马敬芝．2009．农村劳动力转移、人力资本溢出与城乡收入差距．宁夏社会科学，（3）：65-70．

朱春临．2007．FDI 溢出效应国内外研究综述．世界经济情况，（12）：24-28．

邹漩．2004．资本要素流动机理分析．重庆工商大学学报（社会科学版·双月刊），（1）：31-37．

祖强，梁俊伟．2005．提高江苏利用外资整体水平及其溢出效应分析．南京工业大学学报（社会科学版），（4）：47-51．

Aitken B，Harrison A. 1999. Do domestic firms benefit from direct foreign investment? Evidence from Venezuela. American Economic Review，89（3）：605-618.

Arrow K J. 1962. The Economic implications of learning by doing. Review of Economic Studies，29：155-173.

Barrios S，Strobl E. 2002. Foreign direct investment and productivity spillover：Evidence from the Spanish experience. Weltwirtschaftliches Archiv，138（3）：459-481.

Barry F，Görg H，Strobl E. 1962. Foreign direct investment，agglomerations and demonstration effects：An empirical investigation. Weltwirtschaftliches Archiv.，140（4）：583-600.

Blomstrom M. 1986. Foreign investment and productive efficiency：The case of Mexico. Journal of Industrial Economics，15：97-110.

Blomstrom M，Persson H. 1983. Foreign investment and spillover efficiency in an underdeveloped economy：Evidence from the Mexican manufacturing industry. World Development，11（83）：493-501.

Blostrom M，Sjoholm F. 1999. Technology transfer and spillovers：Does local participation with multinationals matter? European Economic Review，43：915-943.

Caves R E. 1971. International corporations：The industrial economics of foreign investment. Economica，38：1-27.

Colombo M G，Mosconi R. 1995. Complementarity and cumulative learning effects in the early diffusion of multiple technologies. Journal of Industrial Economics，43：1-15.

Damijan J P，Knell M，Majcen B，et al. 2003. The role of FDI，R&D accumulation and trade in transferring technology to transition countries：Evidence from firm panel data for eight transition countries. Economic System,

27：189-204.

Das S. 1987. Externalities and technology transfer through MNCs. Journal of International Economics，22：1-12.

Djankov S，Hoekman B. 1998. Foreign investment and productivity growth in Czech enterprises. World Bank Economic Review，4：34-47.

Driffield N，Munday M，Roberts A. 2002. Foreign direct investment，transactionslinkages，and the performance of the domestic sector. International Journal of the Economics of Business，9：335-351.

Dunning J H. 1993. Multinational Enterprises and the GlobalEconomy. Wokingham：Addison Wesley Publ. Co.

Feldman M P. 1999. The new economics of innovation，spillover and agglomeration：A review of empiricalstudies. Economic Growth and International Trade，8（1-2）：5-25.

Findlay R. 1978. Relative backwardness. Direct foreign investment and the transfer of technology：A simple dynamic model. Quarterly Journal of Economics，92：1-16.

Girma M S，Wakelin K. 2001. Regional underdevelopment：Is FDI the solution? A semi-parametric analysis. University of Nottingham GEP Research Paper，No. 2995.

Globerman S. 1979. Foreign direct investment and "spillover" efficiency benefits in Canadian manufacturing industries. Canadian Journal of Economics，12：42-56.

Grossman G M，Helpman E. 1994. Endogenous innovation in the theory of growth. Journal of Economic Perspective，8（1）：517-526.

Haddad M，Harrison A. 1993. Are there positive spillovers from direct foreign investment? Evidence from panel data for Morocco. Journal of Development Economics，42：51-74.

Hymer S H. 1976. The International Operations of National Firms：A Study of Direct Foreign Investment. Cambridge：MIT Press.

Jacobs J. 1969. The Economy of Cities. New York：Random House.

Kapur S. 1966. Technological diffusion with social learning. Journal of Industrial Economic Review，1：62-68.

Kathuria V. 2001. Foreign firms，technology transfer and knowledge spillovers to Indian manufacturing industries：A stochastic frontier analysis. Applied Economics，33：0625-0642.

Kinoshita Y. 2001. R&D and technology spillovers through FDI：Innovation and absorptive capacity. CEPR Discussion Papers，2：7-75.

Koizumi T，Kopecky K J. 1980. Foreign direct investment，technology transfer and domestic employment effects. Journal of International Economics，（2）：1-20.

Kokko A. 1992. Foreign Direct Investment，Host Country Characteristics and Spillovers. Stockholm：The Economic Research Institute.

Kokko A. 1994. Technology，market characteristics，and spillovers. Journal of Development Economics，43：279-293.

Kokko A. 1996. Productivity spillovers from competition between local firms and foreign affiliates. Journal of International Development，8：517-530.

Liu Z Q. 2002. Foreign direct investment and technology spillover：Evidence from China. Journal of Comparative Economics，30：1-14.

Lucas R E. 1988. On the Mechanics of Economic Development. Journal of Monetary Economics，26：3-42.

MacDougall G D. 1960. The benefits and costs of private investment from aboard：A theoretical approach. Economic Record，36：13-25.

Markus H. 1999. Imperfect knowledge spillovers and endogenous growth. Paper of the conference on dynamics. Economic Growth and International Trade，（1）：1-16.

Marshall A. 1890. Principles of Economics. London：Macmillan.

Parente S L. 1994. Technology adoption，learning-by-doing and economic growth. Journal of Economic Theory，

63（2）：346-369.

Romer R. 1986. Increasing returns and long run growth. Journal of Political Economy，94：10021037.

Stokey N. 1988. Learning by doing and the introduction of new goods. Journal of Political Economy，96（4）：701-717.

Walz U. 1997. Innovation，foreign direct investment and growth. Economica，64：63-79.

Wang J Y，Blomstrom M.1992.Foreign investment and technology transfer，a simple model.European Economic Review，36（1）：137-155.

Ziss S.1994.Strategic R&D with spillovers，collusion and welfare.Journal of Industrial Economics，（12）：1-16.

第二篇　技术梯度转移中的溢出效应

陈丽珍，王术文．2005．技术扩散及其相关概念辨析．现代管理科学，（2）：56-57.

陈涛涛．2003．影响中国外商直接投资溢出效应的行业特征．中国社会科学，（4）：27-30，33-44.

陈芸，郑健壮．2008．论技术扩散及溢出效应．经济论坛，（5）：83-85.

邓伟根．1993．区域产业经济分析．广州：暨南大学出版社．

杜长征，杨磊．2002．技术创新、技术进步与技术扩散概念研究．经济师，（3）：43-44.

杜肯堂，戴士根．2004．区域经济管理学．北京：高等教育出版社．

范小虎，陈很荣，仰书纲．2000．技术转移及其相关概念的涵义辨析．科技管理研究，（6）：44-46.

高巍．1994．第三产业引进外资对我国服务贸易的影响．国际贸易问题，（6）：5，38-40.

郭凡生．1985．发展战略概论．内蒙古自治区：科学管理研究编辑部．

何钟秀．1983．论国内技术的梯度转移．科研管理，（1）：18-21.

华小红，杨荣珍．1994．利用外商直接投资的有关问题．国际贸易问题，（12）：009.

赖明勇，包群．2003．技术外溢与吸收能力：外商直接投资研究新进展．经济学动态，（8）：75-79.

李平．1994．东亚地区技术扩散的条件分析．世界经济研究，（2）：52-56.

李平．2007．国际技术扩散对发展中国家技术进步的影响：机制、效果及对策分析．北京：生活·读书·新知三联书店．

李晓帆．1993．生产力流动论．北京：人民出版社．

林康．1997．利用外资促进中国名牌产品的创立和发展．国际贸易问题，（7）：34-38.

刘国光．1984．中国经济发展战略研究．上海：上海人民出版社．

缪尔达尔．1992．亚洲的戏剧——对一些国家贫困问题的研究．谭力文等译．北京：北京经济学院出版社．

潘文卿．2003．外商投资对中国工业部门的外溢效应：基于面板数据的分析．世界经济，（6）：3-8.

潘文卿，李子奈．2008．三大增长极对中国内陆地区经济的外溢性影响研究．经济研究，（6）：85-94.

施纪平，张仁寿．2003．论浙江产业集群中的技术扩散．商业经济与管理，（12）：15-17.

孙家恒．1994．浅析外商直接投资企业的发展及其在我国外贸中的地位和作用．国际贸易问题，（7）：28-31.

唐晓云．2004．国际技术扩散的空间效应与东亚实例．世界经济研究，（12）：46-51.

童书兴．1997．论引进技术与我国利用外资问题．国际贸易问题，（7）：2，13-16.

王永齐．2006．FDI溢出、金融市场与经济增长．数量经济技术经济研究，（9）：56-60.

王允贵．1996．利用外商投资中"以市场换技术"剖析．国际贸易问题，（9）：50-53.

王铮，马翠芳，王莹．2003．区域间技术溢出的空间认识．地理学报，（9）：773-780.

夏禹农，冯文浚，何钟秀．1982．梯度理论与建议．研究与建议，（8）：23-26.

小岛清．2000．雁行型经济发展论——赤松原型．世界经济评论，3：E3.

曾刚，林兰，樊鸿伟．2006．论技术扩散的影响因子．世界经济地理研究，15（1）：1-8.

赵奇伟．2007．金融深化、FDI溢出效应与区域经济增长：基于1997～2004年省际面板数据分析．数量经济技术经济研究,(5):15-18.

赵晓晨.1997.保护中国名牌——利用外资中的新课题.国际贸易问题,(7):008,39-43.

赵勇,白永秀.2009.知识溢出测度方法研究综述.统计与决策,(8):051.

郑慕强.2009.FDI技术溢出效应与本地企业技术创新——基于闽粤139家本地企业实证研究.科学学研究,(11):1656-1659.

钟鸣长,郑慕强.2009.FDI技术外溢效应的实证研究——基于高新技术产业与传统产业的比较.科技管理研究,(11):268-271.

朱美光,韩伯棠.2005.空间技术溢出与中国区域经济增长的研究框架.科技进步与对策,(10):19-20.

Anselin L,Varga A,Acs Z J.1997. Local geographic spillovers between university research and high technology innovations. Journal of Urban Economics,42:1-12.

Anselin L,Varga A,Acs Z J.2000. Geographic spillovers and university research:A spatial econometric approach. Growth and Change,31(4):1-18.

Fischer M M,Varga A.2003. Spatial knowledge spillovers and university research:Evidence from Austria. Annals of Regional Science,37(2):1-12.

Girma M S,Wakelin K.2001. Regional underdevelopment:Is FDI the solution? A semi-parametric analysis. University of Nottingham GEP Research Paper,No. 2995.

Grilliches Z.1979. Issues in assessing the contribution of Research and Development to productivity growth. Bell Journal of Economics,10(1):92-116.

Grilliches Z.2008. The Search for R & D Spillovers. http://www. elsevier. com/locate/respol[2010-1-10].

Grossman G M.1991. Trade,knowledge spillovers and growth. European Economic Review,35:517-526.

Grossman G M,Helpman E.1994. Endogenous innovation in the theory of growth. Journal of Economic Perspective,8(1):517-526.

Haddad M,Harrison A.1993. Are there positive spillovers from direct foreign investment? Evidence from panel data for Morocco. Journal of Development Economics,42:51-74.

Jaffe A B.1989. Real effects of academic research. American Economic Review,79(5):9841001.

Javorcik B S.2004. The composition of foreign direct investment and protection of intellectual property rights:Evidence from transition economies. European Economic Review,48(2):39-62.

Krugman P.1991. Geography and Trade. Cambridge:MIT Press.

Krugman P.1991. Increasing returns and economic geography. Journal of Political Economy,99(3):483-499.

Markus H.1999. Imperfect knowledge spillovers and endogenous growth. Paper of the conference on dynamics. Economic Growth and International Trade,(1):1-16.

Porter M E.1998. Clusters and the new economics of competition. Harvard Business Review,76(6):77-90.

Sharif N.1994. Project evaluation framework for industrial technology capability enhancement. Technology Analysis&Strategic Management,6(1):83-106.

第三篇　产业集群的技术溢出效应

阿尔弗雷得·韦伯.1997.工业区位论.李刚剑,陈志人,张英保译.北京:商务印书馆.

埃得加·胡佛.1992.区域经济学导论(中译本).郭万清等译.上海:上海远东出版社.

包群.2006.技术外溢、吸收能力与内生经济增长理论及中国的经验研究. http://www. cenet. org. cn/cn/[2010-5-20].

陈炳才.1998.外商直接投资与中国技术进步的关系——兼谈如何实现"以市场换技术".国际贸易问题,(1):13-17.

陈芸，郑健壮．2005．论技术扩散及溢出效应．经济论坛，（5）：83-85．

楚尔鸣，李勇辉．2005．高新技术产业经济学．北京：中国经济出版社．

杜江，高建文．2000．外商直接投资与中国经济增长的因果关系分析．世界经济文汇，（1）：32-37．

弗朗索瓦·佩鲁．1998．增长极的概念．经济学译丛，（9）：32-37．

高巍．1994．第三产业引进外资对我国服务贸易的影响．国际贸易问题，（6）：5，38-40．

国家发展和改革委员会．2007．高技术产业发展"十一五"规划．http：//www．chinceom．cn/Poliey/txt/2007-
    05/15/content_8253351．htm[2007-5-1]．

何洁，许罗丹．1999．中国工业部门引进外国直接投资溢出效应的实证研究．世界经济文汇，（2）：16-21．

华小红，杨荣珍．1994．利用外商直接投资的有关问题．国际贸易问题，（12）：009．

蒋殿春，夏良科．2005．外商直接投资对中国高技术产业技术创新作用的经验分析．世界经济，（8）：3-10．

克鲁格曼．2000．发展、地理学和经济理论．蔡荣译．北京：北京大学出版社，中国人民大学出版社．

赖明勇，包群．2003．外商直接投资技术外溢效应的实证研究．湖南大学学报（自然科学版），（4）：94-98．

李琳，郑利．2006．产业集群中的知识溢出及其区域竞争力提升效应．西北民族大学学报（哲学社会科学版），
    （1）：31-34．

李平．1999．技术扩散理论及实证研究．太原：山西经济出版社．

廖杰．2003．FDI的技术效应的实证分析．商业研究，（14）：23-24．

林康．1997．利用外资促进中国名牌产品的创立和发展．国际贸易问题，（7）：34-38．

刘金钵，朱晓明．2004．跨国直接投资技术溢出效应实证研究．世界经济研究，（8）：51-58．

马歇尔．1983．经济学原理（中译本）．北京：商务印书馆．

迈克尔·波特．2002．国家竞争优势．李明轩，邱如美译．北京：华夏出版社．

彭中文．2005．知识员工流动、技术溢出与高技术产业聚集．财经研究，（4）：93-102．

强永昌，王天滨．2005．FDI与中国地区产业竞争力实证研究．世界经济文汇，（4）：132-141．

沈坤荣，耿强．2000．外国直接投资的外溢效应分析．金融研究，（3）：103-110．

施培公．1999．后发优势．北京：清华大学出版社．

史清琪．2000．中国产业技术创新能力研究．北京：中国轻工业出版社．

苏东水．2000．产业经济学．北京：高等教育出版社．

孙洪涛．1998．跨国公司直接投资的技术扩散效应和效果．经济纵横，（6）：28-32．

孙家恒．1994．浅析外商直接投资企业的发展及其在我国外贸中的地位和作用．国际贸易问题，（7）：28-31．

孙兆刚，徐雨森，刘则渊．2005．知识溢出效应及其经济学解释．科学学与科学技术管理，26（1）：87-89．

童书兴．1997．论引进技术与我国利用外资问题．国际贸易问题，（7）：2，13-16．

王允贵．1996．利用外商投资中"以市场换技术"剖析．国际贸易问题，（9）：50-53．

王震国，袁汝华．2003．外商直接投资对我国新经济增长的贡献评价．经济与管理，（11）：5-8．

王志鹏，李子奈．2004．外商直接投资、外溢效应与内生经济增长．世界经济文汇，（3）：23-33．

魏后凯．2002．外商直接投资对中国区域经济增长的影响．经济研究，（4）：24-25．

魏江．2003．小企业集群创新网络的知识溢出效应分析．科研管理，（4）：54-60．

徐涛．2003．引进FDI与中国技术进步．世界经济，（10）：22-27．

严兵．2005．外商直接在华直接投资的溢出效应——基于产业层面的分析．世界经济研究，（3）：4-9．

姚洋．1998．非国有经济成分对我国工业企业技术效率的影响．经济研究，（12）：29-35．

姚洋，章奇．2001．中国工业企业技术效率分析．经济研究，（10）：13-19．

叶建亮．2001．知识溢出与企业集群．经济科学，（3）：23-30．

喻世友，史卫，林敏．2005．外商直接投资对内资企业技术效率的溢出渠道影响．世界经济，（6）：44-45．

原毅军．2001．智力资本：企业价值的新增长点．中国软科学，（11）：47-50．

臧良运．2005．企业知识溢出效应与产业集群竞争力分析．北方经贸，（11）：38-39．

赵子健．2005．产业集群的经济效应分析．甘肃农业，（2）：54-55．

朱英明，陆洪芳 . 2006. 论产业集群的集聚优势 . 经济地理，（S1）：76-79，98.

Alemeida P, Kougut B. 1999. Localization of knowledge and the mobility of engineers in regional networks. Management Science, 45：905-917.

Audretsch D B, Feldman M P. 1996. R&D spillovers and the geography of innovation and production. American Economic Review, 86：630-640.

Feder G. 1983. On export and economic growth. Journal of Development Economics, 12：59-73.

Perroux F. 1950. Economic space：Theory and application. Quarterly Journal of Economics, 64（1）：89-104.

Porter M E. 1996. The Competitive Advantage of Nations. New York：Free Press.

Verspagen B. 1991. A new empirical approach to catching up and falling behind. Structural Change and Economic Dynamics, 2：359-380.

Weber A.1929.Theory of the location of industries.Chicago：The University of Chicago Press.

附录：在课题研究期间发表的论文

熊义杰.2011.技术扩散的溢出效应研究.宏观经济研究，总第159期（2）：35-41.

熊义杰.2012.论技术溢出效应的计量和分离.宏观经济研究，总第151期（6）：46-49.

熊义杰.2012.我国不同地区间的技术溢出效应研究.宏观经济研究，总第167期（10）：70-76.

崔影慧，王翠红.2011.跨国公司的技术扩散与提升西部企业技术能力分析.生产力研究，总第224期（3）：183-184.

崔影慧，张薇，王翠红.2010.技术扩散的溢出效应与东西部经济发展的研究.生产力研究，总第219期（10）：161-164.

崔影慧，冯建平.2011.西部地区人力资本对FDI技术溢出效应的研究.科技管理研究，第31卷总第236期（10）：54-57.

刘泽双，李婧，熊义杰.2011.R&D经费支出结构与科技创新人才培养的协整检验人才培养的协整检.科技进步与对策，第30卷（10）：130-136.

刘泽双，韩鑫鑫，熊义杰.2010.基于复合DEA模型的高科技企业家人力资本评价研究.科技管理研究，第30卷总第211期（9）：148-150.

后　记

　　本书的出版得到了陕西省城市战略研究所、西安理工大学城市经济管理研究中心、西安理工大学一级学科博士点管理科学与工程学科、西安理工大学一级学科博士点工商管理学科及西安理工大学一级学科硕士点应用经济学学科的大力支持，在此特对这些部门学科及相关负责领导表示衷心感谢，是这些部门、学科及其负责领导的大力支持，才使得本书得以顺利出版。所以，本书的出版，也算是我向这些相关部门和学科贡献的一份薄礼，我衷心地祝愿这些相关部门和学科能蒸蒸日上，不断繁荣光大。还有我的同事，原西安理工大学经济与管理学院院长党兴华教授，现任院长扈文秀教授、副院长胡海青教授，在本书的出版过程中都曾给了我多方面的鼓励和支持，在此也一并致以衷心的感谢。

　　另外，本书能顺利出版，与科学出版社领导和编审专家的充分肯定是密切相关的。尤其是在出版的过程中，从最初的选题申报，到出版方案的落实和审稿校对，再到最后的终审定稿，作为本书责任编辑的石卉编辑从方方面面都付出了极其艰辛的劳动。在此，对科学出版社领导和编审的充分肯定和石卉编辑所付出的劳动，我也表示由衷的感谢，感谢他们热忱的合作精神和无畏的牺牲精神。

　　最后，也要感谢我的夫人和孩子。在书稿的整理和出版过程中，我几乎不可能有时间照顾家里的任何事情。我的夫人和孩子她们只要知道我在办公室忙着工作上的事，从来都是无怨无悔，给予了我精神上莫大的安慰和支持。在这里，我要真诚地说一声，我亲爱的夫人和孩子，我爱你们，没有你们无私的奉献精神，我就不可能全身心地投入工作，这本书的面世也有你们的一半功劳。

作　者

2015 年 12 月 30 日